Psychologie des Alltagslebens

Antje Flade

Psychologie des Alltagslebens

Mehr Selbsterkenntnis und Selbstwirksamkeit

Antje Flade
Hamburg, Deutschland

ISBN 978-3-658-36594-3   ISBN 978-3-658-36595-0 (eBook)
https://doi.org/10.1007/978-3-658-36595-0

Die Deutsche Nationalbibliothek verzeichnet diese Publikation in der DeutschenNationalbibliografie; detaillierte bibliografische Daten sind im Internet über http://dnb.d-nb.deabrufbar.

© Der/die Herausgeber bzw. der/die Autor(en), exklusiv lizenziert durch Springer Fachmedien Wiesbaden GmbH, ein Teil von Springer Nature 2022
Das Werk einschließlich aller seiner Teile ist urheberrechtlich geschützt. Jede Verwertung, die nicht ausdrücklich vom Urheberrechtsgesetz zugelassen ist, bedarf der vorherigen Zustimmung des Verlags. Das gilt insbesondere für Vervielfältigungen, Bearbeitungen, Übersetzungen, Mikroverfilmungen und die Einspeicherung und Verarbeitung in elektronischen Systemen.
Die Wiedergabe von allgemein beschreibenden Bezeichnungen, Marken, Unternehmensnamen etc. in diesem Werk bedeutet nicht, dass diese frei durch jedermann benutzt werden dürfen. Die Berechtigung zur Benutzung unterliegt, auch ohne gesonderten Hinweis hierzu, den Regeln des Markenrechts. Die Rechte des jeweiligen Zeicheninhabers sind zu beachten.
Der Verlag, die Autoren und die Herausgeber gehen davon aus, dass die Angaben und Informationen in diesem Werk zum Zeitpunkt der Veröffentlichung vollständig und korrekt sind. Weder der Verlag noch die Autoren oder die Herausgeber übernehmen, ausdrücklich oder implizit, Gewähr für den Inhalt des Werkes, etwaige Fehler oder Äußerungen. Der Verlag bleibt im Hinblick auf geografische Zuordnungen und Gebietsbezeichnungen in veröffentlichten Karten und Institutionsadressen neutral.

Einbandabbildung: © Chilehaus Hamburg Innenhof – Stock-Foto/Adobe Stock

Planung/Lektorat: Lisa Bender
Springer ist ein Imprint der eingetragenen Gesellschaft Springer Fachmedien Wiesbaden GmbH und ist ein Teil von Springer Nature.
Die Anschrift der Gesellschaft ist: Abraham-Lincoln-Str. 46, 65189 Wiesbaden, Germany

Inhaltsverzeichnis

1	**Einleitung**	1
2	**Miteinander und gegeneinander**	7
2.1	Gleich und gleich gesellt sich gern	9
2.2	Die versteckte Dimension	13
2.3	Kuscheln	18
2.4	Vielfalt	22
2.5	Zwietracht	31
2.6	Schwierige Verständigung	35
2.7	Macht	38
2.8	Eitelkeit	45
3	**Die Umwelt wird erlebt**	51
3.1	Der erste Eindruck	53
3.2	Der verlorene Sohn	58
3.3	Was ist richtig?	63
3.4	Sich sicher fühlen	68
3.5	Geisterohren	73
3.6	Gebautes als Kommunikationsmittel	76
4	**Die natürliche Umwelt wird geschätzt und bewahrt**	83
4.1	Ab ins Grüne und Blaue	85
4.2	Umweltaktivisten	91
4.3	Der Kindheitsfaktor	96
4.4	Sparsamkeit	101

5 Besondere Orte — 105
- 5.1 Baumhöhle und Eisdiele — 107
- 5.2 Im Home Office — 110
- 5.3 Im Wald — 117
- 5.4 Orte der Antike — 122

6 Aktiv und kreativ — 129
- 6.1 Sich verwurzeln — 130
- 6.2 Sich zu eigen machen — 133
- 6.3 Immer fitter, immer schöner — 140
- 6.4 Vom Lachen — 145
- 6.5 Mutige Architektur? — 151

7 Was tun? — 157
- 7.1 Hybris — 159
- 7.2 Vorrückendes Eis — 163
- 7.3 Leere Plätze, leere Theater — 167

8 Schluss — 173

Literatur — 185

1

Einleitung

Der Titel „Zur Psychologie des Alltagslebens" weckt Assoziationen an die 1904 von Freud publizierte Studie „Zur Psychopathologie des Alltagslebens". Fehlleistungen wie das Versprechen, Vergessen und Verlieren sind zwar ebenfalls alltäglich, die Psychologie des Alltagslebens ist jedoch weniger auf Pathologisches und das Unbewusste ausgerichtet. Sie schaut sich vielmehr die alltägliche Lebenswelt und deren Einflüsse auf den Menschen an. Ausgangspunkt ist die Überlegung, dass man kaum verstehen kann, warum Menschen so und nicht anders handeln, wenn man die physischen, sozialen und gesellschaftlichen Bedingungen außer Acht lässt. Warum ist ein und derselbe Mensch sowohl hilfsbereit als auch abweisend und aggressiv? Offensichtlich sind es nicht seine Persönlichkeitseigenschaften allein, die sein Handeln bestimmen. Die Tendenz, Verhalten allein auf persönliche Eigenschaften zurück zu führen und die Einflüsse der umgebenden Umwelt zu ignorieren, hat Bierhoff (2006) als „Laiendispositionismus" bezeichnet. Er kommt auch in der Zweiteilung in gute und böse Menschen zum Ausdruck. In unzähligen bildlichen Darstellungen des Jüngsten Gerichts wurde den Menschen vor Augen geführt, dass die guten Menschen in den Himmel kommen und die Bösewichte auf ewig in der Hölle schmachten müssen. Doch die Menschen sind nicht immer gut und nicht durchweg böse. Denn ihr Tun hängt mehr oder weniger auch von äußeren Umständen und der augenblicklichen Situation ab. Wenn sie beleidigt und gekränkt werden oder sich jemand dreist vordrängelt, reagieren sie mit Aggression; wenn ein Mensch Hilfe benötigt, unterstützen sie ihn. Mit dem Laiendispositionismus kommt man nicht weit, wenn man erklären möchte, warum sich ein und derselbe Mensch einmal gut und ein anderes Mal böse verhält.

Was also tun? Man schaut sich in der Sozial- und Umweltpsychologie um, den Bereichen der Psychologie, die sich mit der Erforschung der Zusammenhänge zwischen den sozialen und physischen Umweltbedingungen und dem Erleben und Verhalten des Menschen befassen. In Fachbüchern und Fachzeitschriften kann man eine Menge darüber erfahren. Man wird informiert über Theorien und Modelle, über methodische Herangehensweisen sowie die Wirkungen von Natur- und Stadtumwelten, von Lärm und Luftverschmutzung, Wetter und Klima, hoher räumlicher und sozialer Dichte auf den Menschen. Man erfährt etwas über den Einfluss von Einstellungen und gruppendynamischen Prozessen. Es sind Fachbücher und Fachbeiträge, die sich in erster Linie an Leute vom Fach richten. Für Nicht-Fachleute ist die Fachliteratur nicht leicht verständlich. Abgesehen davon, müsste die Fachliteratur auch erst einmal gefunden und beschafft werden.

Das Ziel ist damit umrissen: Es geht um ein „giving psychology away" in der Weise, dass die Ergebnisse psychologischer Forschung einem über die Fachwelt hinaus reichenden Kreis an Menschen näher gebracht werden. Bemerkenswert ist, dass dieses Ziel schon William Stern in den 1930er Jahren vorgeschwebt hatte. Für ihn war die Psychologie eine Wissenschaft, die neben der Gewinnung theoretischer Erkenntnisse immer auch Einfluss auf das praktische Geschehen im öffentlichen Leben nehmen sollte (vgl. Probst, 2014). Ein solches Verständnis von Psychologie hat auch Miller gehabt, damals Präsident der American Psychological Association (APA). Es sei an der Zeit, wie sich Miller (1969) vernehmen ließ, dass sich Psychologen nicht immer nur mit Psychologen unterhalten und nicht nur in Fachjournalen, die von Psychologen gelesen werden, veröffentlichen, und sich ausschließlich mit experimenteller Forschung unter kontrollierten Bedingungen befassen, ohne sich auch einmal ernsthaft Gedanken über die Anwendung ihrer Forschungsergebnisse in realen Situationen zu machen. Zimbardo, einige Jahre später Präsident der APA, hat ernüchtert konstatiert: „Sadly, the banner raised by Miller's inspirational speech did not fly very high over most psychology departments for many years to come" (Zimbardo (2004, S. 340). Doch ganz so pessimistisch wie Miller war Zimbardo nicht. So hat er auf den praktischen Nutzen und die bisherigen Erfolge der Psychologie hingewiesen wie die fachgerechte Konzeption von Tests, die Entwicklung zuverlässiger Erhebungs- und Evaluationsmethoden, die Anwendung der Lerntheorie in der Erziehung und Therapie sowie die Schaffung besserer Arbeitsbedingungen.

Das Ziel eines „giving psychology away" ist sicherlich sehr hoch gesteckt. Der Anspruch ist alles andere als gering, wenn psychologische Erkenntnisse in den Bereichen Gesundheit und Wohlbefinden, Erziehung und Bildung,

Sicherheit und organisatorische Effektivität usw., in denen sich feste bürokratische Strukturen heraus gebildet haben, Veränderungen bewirken sollen.

Ein möglicher Ansatzpunkt für ein „giving psychology away" sind eigene Erfahrungen. Warum hat man sich unsicher gefühlt, als man zu später Stunde draußen unterwegs war? Warum hat man das dringende Verlangen nach einem „Tapetenwechsel"? Warum empfindet man es als nicht stimmig, wenn man der einzige Gast im Lokal ist?

Die psychologische Kommentierung solcher in Geschichten gekleideter Erfahrungen, die man selbst erlebt haben könnte oder über die jemand berichtet hat, kann ein Weg sein, solche Fragen zu beantworten. Nach Ansicht von Banyard und Hulme (2015) geht es um den Erwerb psychologischer Kompetenz (psychological literacy). Dazu gehört außer der Fähigkeit, effektiv mit persönlichen, sozialen und organisatorischen Problemen und Stresssituationen umzugehen, auch das Erklären können, warum Menschen etwas in dieser Weise sehen und warum sie sich so verhalten, wie sie es in einer bestimmten Situation tun.

Das menschliche Leben ist reich an Themen. Um sich nicht in der Fülle zu verlieren, ist eine Auswahl unumgänglich. Ausgewählt wurden dreißig Geschichten, in denen unterschiedliche Situationen und Geschehnisse geschildert werden. In einem sich anschließenden Kommentar wird dann das Erzählte psychologisch unter die Lupe genommen. Genau das ist mit „Psycho-Story" gemeint: Es ist eine Geschichte, an die sich eine psychologische Kommentierung anschließt.

Diese Vorgehensweise ähnelt durchaus derjenigen in Kriminalgeschichten, in denen über eine verbrecherische Tat berichtet wird, die von fähigen Kriminalkommissaren und klugen Detektiven aufgeklärt wird. Es ist nicht allein das Norm abweichende Verhalten, das so spannend ist, sondern es sind auch die Schritte, die unternommen werden, bis die kriminelle Tat schließlich aufgeklärt ist und die Motive des Täters offen zu tage liegen.

Eine Psycho-Story ist ziemlich weit entfernt von einem Psycho-Thriller, weil deren Inhalte alltägliche Geschehnisse sind. Es geschieht darin nichts Unerhörtes, das einem den Atem verschlägt und in Erregung versetzt. Die Frage ist also, warum man sich überhaupt für Alltagsgeschichten interessieren sollte. Es sind mehrere Gründe:

- Alltägliche Geschichten machen den größten Teil des Lebens aus.
- Das Alltagsleben ist nicht gerade arm an Konflikten und Problemen, die vielleicht auch auf eine andere Weise gelöst werden können.
- Es sind Geschehnisse, die man durchaus selbst so oder in ähnlicher Weise erlebt haben könnte.

Die meisten Geschichten kreisen um den Alltag mit seinen Begebenheiten, Ärgernissen, Lästigkeiten und Verpflichtungen, aber auch Erfreulichkeiten. In einigen Geschichten wird auf Märchen und Mythen Bezug genommen, in denen Alltägliches in die Welt der Fantasie versetzt wurde. Katastrophen, die über die Menschen herein brechen, sind glücklicherweise keine alltäglichen Vorkommnisse, deren Bewältigung zielt jedoch darauf ab, das Alltagsleben wieder herzustellen.

Doch was ist überhaupt der Grund, Geschichten zu erzählen statt ein verständliches Sachbuch der üblichen Art zu verfassen? Informationen, die in Geschichten gekleidet und dadurch in einen Kontext eingebettet werden, können leichter verarbeitet und behalten werden. Sie kommen der Struktur des Langzeitgedächtnisses entgegen, das neben dem semantischen das episodische Gedächtnis umfasst. Das episodische Gedächtnis (story memory) enthält individuelle Erinnerungen, Erlebnisse und Geschichten. Eine Wissensvermittlung in Form des storytelling führt schnurstracks ins story memory (Blümelhuber, 2005).

Die ausgewählten Geschichten wurden sechs Themen zugeordnet, die in sechs Kapiteln auf das erste einleitende Kapitel folgen. Im zweiten Kapitel wird die Daseinsform des Menschen als Sozialwesen in den Blickpunkt gerückt. Der Mensch ist zwar sichtbar ein Einzelwesen, doch er könnte ohne seine Mitmenschen nicht überleben. Er ist mit ihnen emotional und instrumentell verbunden. Und er braucht die anderen, um seine sozialen Bedürfnisse nach Kontakt, Kommunikation und Zugehörigkeit zu befriedigen und Einfluss zu nehmen.

Im dritten Kapitel geht es um die Aufnahme und Verarbeitung von Informationen aus der Umwelt. Zentrale Fragen sind, wie der Mensch mit der Überfülle an Informationen aus der Umwelt umgeht, was er auswählt und wie er etwas deutet. Umwelten, die gefühlsmäßig negativ erlebt werden, werden aussortiert. Ein existentielles Bedürfnis des Menschen ist, in einer sicheren Welt zu leben, was die Frage aufwirft, was Umwelten kennzeichnet, in denen man sich unsicher fühlt. Neben dem Sehen gehört auch das Hören zu den Distanzsinnen, mit denen auch weiter Entferntes wahrgenommen werden kann. Der Mensch hat jedoch keine „Geisterohren", er kann nur Schallwellen in einem bestimmten Frequenzbereich wahrnehmen. Aber er beherrscht die Sprache der Symbolik.

Die Geschichten im vierten Kapitel kreisen um den Wert und die Schutzwürdigkeit der natürlichen Umwelt. Um sie überhaupt wertschätzen zu können, muss man sie erst einmal erfahren haben. Auch wegen ihrer erholenden Wirkung ist die Natur wertvoll. Der Mensch nutzt die Ressourcen der Natur. Eine Übernutzung gefährdet die natürlichen Lebensgrundlagen und ruft damit den Umweltschutz auf den Plan. Ein sparsamer Umgang mit den Erzeugnissen der Natur ist angesagt.

Im fünften Kapitel werden Orte, die den Menschen aus unterschiedlichen Gründen wichtig sind, in den Blickpunkt gerückt. Das Spektrum reicht von Lieblingsorten bis zu antiken Stätten. Was kennzeichnet einen Lieblingsort? Was für Nachteile hat das Home Office? Warum ist der Wald ein besonderer Ort, abgesehen davon, dass man sich im dunklen Wald verirren kann? Warum sind antike Stätten faszinierend?

Der Mensch ist nicht nur ein passives kontemplatives Wesen, das die Umwelt auf sich wirken lässt, sondern er ist höchst aktiv, indem er eine eigene Sicht auf die Welt entwickelt und sich eine Lebenswelt schafft, die sein Überleben und Wohlbefinden sichert. In den Geschichten im sechsten Kapitel geht es um den aktiven Menschen, der emotionale Bindungen an seine Umgebung entwickelt, der die Umwelt gestaltet und personalisiert und der nach dem Bestmöglichen strebt. Auch vom Lachen, einer besonderen Aktivität, über die schon Philosophen wie Kant nachgedacht haben, wird die Rede sein. Die gebaute Umwelt ist ein sichtbares Zeichen für Aktivität und Kreativität.

Der Mensch hat das Bestreben, seine Umwelt zu kontrollieren und Kontrollverluste möglichst zu vermeiden. Diesem Thema ist das siebte Kapitel gewidmet. Der Mensch kann technische Unfälle nicht mit absoluter Sicherheit ausschließen, er wird mit Naturkatastrophen konfrontiert, denen er ausgeliefert ist, weil er den gewaltigen Kräften nichts entgegen setzen kann, und er muss sein ganzes Wissen und Können einsetzen und Strategien entwickeln, um biologische Katastrophen wie Krankheit und Tod bringende Pandemien abzuwenden.

Mit den dreißig Geschichten, die psychologisch kommentiert werden, wird der Versuch unternommen, durch das storytelling psychologische Kompetenz (psychological literacy) zu vermitteln. Die Geschichten bauen nicht aufeinander auf. Sie können in beliebiger Reihenfolge gelesen werden.

2

Miteinander und gegeneinander

Auch wenn der Mensch sichtbar als ein Einzelwesen in Erscheinung tritt, ist er immer zugleich ein Sozialwesen, das mit anderen Menschen, den *Mitmenschen*, emotional, sozial und durch gemeinsame Aktivitäten verbunden ist. Allein die Zusammensetzung „Mit-Mensch" drückt Verbundenheit aus. Der Mitmensch ist ein zur gleichen Zeit lebender Mensch, der einem nahe steht, der auch gar nicht präsent sein muss. Es reicht, wenn er in der Vorstellung da ist, wenn man sich an ihn erinnert oder wenn man mit ihm online kommuniziert. Der Mensch hört nicht auf, Sozialwesen zu sein, was Paul Watzlawick (2016) treffend formuliert hat: „Man kann nicht nicht kommunizieren". Auch wenn er sich der Kommunikation verweigert, sendet er Signale an seine Mitmenschen aus und sei es die Botschaft, dass sie ihn in Ruhe lassen sollen.

Was im alltäglichen Leben geschieht und wie sich die Menschen verhalten, hat immer einen sozialen Bezug und zwar auch dann, wenn sie allein sind. Auch wenn sie nicht anwesend sind, beeinflussen andere Menschen das individuelle Erleben, Denken, Fühlen und Verhalten. Die frühen und späteren Bindungen an andere Menschen gehören wie die Gene, die epigenetischen Regulationsmechanismen und die vorgeburtlichen Einflüsse zu den Faktoren, die uns zu der Person machen, die wir sind (Roth, 2021).

In ihrem mehrbändigem Wörterbuch verweisen die Brüder Grimm unter dem Stichwort „Mitmenschen" auf einen Ausspruch von Schiller: „meine glückseligkeit kann ohne liebe meiner mitmenschen nicht bestehen"[1]. Die

---

[1] Jacob und Wilhelm Grimm, Deutsches Wörterbuch, Bd. 12, Sp. 2363.

Beziehungen zu den Mitmenschen sind sowohl unterschiedlich stark ausgeprägt als auch unterschiedlicher Art. Sie sind keinesfalls immer glückbringend. Sie sind instrumentell oder emotional, pro- oder antisozial, symmetrisch oder asymmetrisch. Man versteht oder missversteht den anderen. Man mag den anderen oder auch nicht.

Die Verschiedenartigkeit und zugleich die Enge der sozialen Beziehung zu den Menschen, die nebenan oder nahebei wohnen, haben Skjaeveland et al. (1996) anhand von vier Dimensionen beschrieben:

- gegenseitige Unterstützung,
- emotionale Verbundenheit,
- einander kennen bzw. zwischen bekannten und fremden Menschen unterscheiden können,
- Auseinandersetzungen, Ärger und Konflikte mit den anderen.

Ein *gegenseitiges Unterstützen* ist für alle Beteiligten von Vorteil. Es sind konkrete Hilfen sowie das Ausnutzen des „social facilitation" – Effekts, der besagt, dass bereits die Anwesenheit anderer zu einer besseren Gesamtleistung führt. Es sind nutzbringende Beziehungen, von denen alle profitieren. *Emotionale Beziehungen* sind dagegen zweckfrei. Man tut etwas für einen anderen, weil man ihn liebt und mag. Soziale Beziehungen müssen nicht eng sein. Auch wenn sie nicht besonders eng sind, sind sie für das Zusammenleben von unschätzbarer Bedeutung. *Weak social ties* sind schwach ausgeprägte Beziehungen, die sich darin ausdrücken, dass man zwischen Fremden und Personen, die man kennt, unterscheiden kann, und dass man sich grüßt und vielleicht auch ein paar Worte wechselt, wenn man sich begegnet. Soziale Beziehungen sind mitnichten immer „pro" sozial. *Konflikte* sind kaum vermeidbar, wenn es um Begehrlichkeiten und die Aufteilung knapper Ressourcen geht oder wenn einem der als übergriffig empfundene Lebensstil der anderen missfällt oder man sich missversteht.

In den folgenden acht Geschichten geht es um Fragen wie:

- Woran liegt es, dass sich Menschen zu bestimmten anderen Menschen besonders hingezogen fühlen?
- Wie verständigen sich Menschen ohne Sprache?
- Wie wird das bei Kleinkindern besonders stark ausgeprägte Bedürfnis nach körperlicher Nähe und Geborgenheit befriedigt, wenn der Mensch, an den man sich anschmiegen möchte, nicht da ist?
- Soziale Vielfalt wird in unserer Gesellschaft positiv konnotiert. Wahrgenommene Vielfalt bedeutet das Erkennen von Unterschieden und Vergleichen. Wo ist hier das Problem?

- Das Wort „Gemeinschaft" weckt positive Assoziationen. Doch was geschieht, wenn sich alle mit weniger begnügen müssen, als sie gern hätten, weil das verfügbare Gut nicht ausreicht, um alle zufrieden zu stellen?
- Was nützen die besten Argumente, wenn der andere sie nicht versteht? Wer setzt sich schließlich durch?
- Warum streben Menschen nach Macht?
- Warum ist Eitelkeit überhaupt ein *sozial*psychologisches Thema? Eine Antwort vorweg ist: Ein eitler Mensch kommuniziert nicht nur mit sich selbst im Sinne von „Ich bin großartig", sondern auch im Sinne von „Schaut, wie großartig ich bin".

2.1 Gleich und gleich gesellt sich gern

Kunigunde wünscht sich den Prinzen, der auf Brautschau ist, zum Gemahl. Ihr ist bekannt, dass die von ihm Auserwählte einen Test zu bestehen hat: Ihr Fuß muss in einen Schuh passen, den der Prinz in einem schon etwas abgegriffenen Schuhkarton mit sich führt. Kunigunde ahnt, dass dieser Schuh relativ klein ist und dass sie mit großer Wahrscheinlichkeit mit ihrer Schuhgröße nicht hinein passen wird. Doch sie ist einfallsreich und nicht so einfältig wie ihre Stiefschwester Aschenputtel, die sich klaglos gefallen lässt, dass man sie schlecht behandelt, seit ihr Vater nach dem Tod seiner ersten Frau eine Witwe geheiratet hat, deren Tochter Kunigunde ist. Sie macht Aschenputtel das Leben schwer, wo sie nur kann. Sie muss putzen, in der Küche arbeiten und dann auch noch in der Asche neben dem Herd schlafen. Kunigunde hat die Idee, sich mit einem kostbaren Hausschuh zu präsentieren, bei dem man nicht merkt, ob er zu klein ist. Der Hausschuh ist so kostbar und glitzernd, dass er den Prinzen sicherlich von der absurden Idee der Anprobe des von ihm mitgebrachten Schuhs abbringen wird. Diese luxuriösen mit Diamanten bestückten Hausschuhe hatte Kunigunde im Schaufenster eines zu einem 5-Sterne Hotel gehörenden Ladens gesehen. Sie hat keine Kosten gescheut, um diese teure Schuhkreation zu erwerben, die Luxus ausstrahlt und dann auch noch geeignet ist, Füße, die ein bisschen zu groß sind, kleiner erscheinen zu lassen, denn schließlich gilt es, den Prinzen zu beeindrucken (Abb. 2.1).

Doch anders als erwartet rief der mit Diamanten besetzte Absatz beim Prinzen kein Entzücken hervor. Eine Frau mit solchen Schuhen war nicht nach seinem Geschmack. Seine Wunschvorstellung ging in die andere Richtung, was Kunigunde nicht hat ahnen können. Er wünscht sich eine Lebensgefährtin, mit der er Bergtouren unternehmen kann, was festes

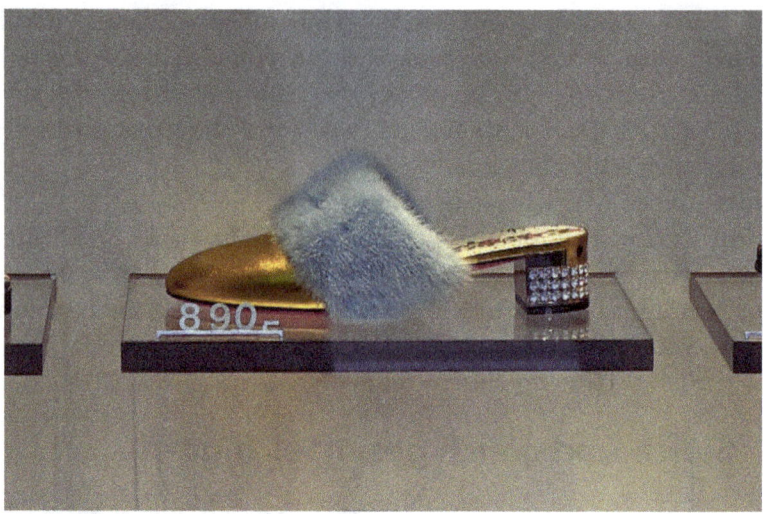

Abb. 2.1 Luxuriöser Schuh. (Eigenes Foto)

Schuhwerk erfordert. Seine künftige Frau muss auf jeden Fall gut zu Fuß sein. Der Schuh, den der Prinz aus dem schlichten Schuhkarton hervorzog, war ein Wanderschuh der Schuhgröße Sechsunddreißigeinhalb. Diejenige mit den dazu passenden Füßen, die in den strapazierfähigen Wanderschuhen eine gute Figur machte, sollte die Auserkorene sein. Er schaute sich bei den jungen Frauen sehr aufmerksam die Füße mitsamt den Schuhen an. Mit einer Ausnahme waren alle Schuhe höchstens für einen Hofball, aber nicht zum Wandern geeignet. So war es gar nicht schwer, die Richtige zu finden. Die besonders derben Schuhe, die Aschenputtel an ihren Füßen hatte, sprangen ihm geradezu ins Auge. Er fragte sie, ob sie bereit wäre, den mitgebrachten Schuh anzuprobieren (Abb. 2.2). Er passte perfekt. Der Prinz freute sich sehr, denn die junge Frau gefiel ihm trotz ihrer groben Arbeitskleidung über die Maßen gut. Er wunderte sich zwar ein bißchen über den merkwürdigen Namen Aschenputtel, aber Namen sind ja etwas Äußerliches, was man wie ein Kleidungsstück leicht ablegen kann. Er fragte Aschenputtel, ob sie mit ihm eine Tour in die Berge machen würde. Dem stimmte sie mit Freuden zu. Kunigunde musste ihren Zorn unterdrücken, denn ein Einspruch gegen die Wünsche des Prinzen war undenkbar. Doch zu langen Wanderungen hätte sie sowieso keine Lust gehabt.

Dem Prinzen machte die Wanderung mit Aschenputtel viel Spaß, und auch Aschenputtel war hell begeistert. Der Prinz war überglücklich, eine Gleichgesinnte, die keinen Wert auf Glanz und Flitter legt, und eine richtig

2 Miteinander und gegeneinander 11

Abb. 2.2 Der Prinz zieht Aschenputtel den Schuh an. (Aus der Briefmarkensammlung von R. Merckell)

fitte Gefährtin gefunden zu haben, die mit ihm auf seinen ausgedehnten Wanderungen Schritt halten kann, was den vielen Hoffräulein, die sich in Samt und Seide hüllen und luxuriöse Schuhe tragen, die keine Wanderung überstehen würden, bestimmt nicht gelingen würde. In Erinnerung an seine Urgroßmutter gab ihr der Prinz den Namen Aleida. Die beiden beschlossen, jetzt immer zusammen zu bleiben und ganz viel zu wandern.

Wenn sie nicht gerade am Wandern sind, wohnen sie in einem kleinen idyllischen Schloss, das, wenn man genauer hinsieht, schon recht baufällig ist. Doch, allein, was tuts! Die meiste Zeit sind Aleida und der Prinz ohnehin am Wandern. Steinige Wege bergauf und bergab bewältigen sie mühelos. Sie haben dafür das richtige Schuhzeug.

Zur Psychologie
Der Prinz lässt sich nicht blenden; er weiß genau, was er will, was es ihm ermöglicht gezielt vorzugehen, um die zu ihm passende Lebenspartnerin zu finden. Er erfindet einen Test, ohne je von diagnostischen Verfahren gehört zu haben, die in der Personalauswahl eingesetzt werden, um von den Bewerbern diejenigen ausfindig zu machen, deren Fähigkeiten und Fertigkeiten zu den Anforderungen und Tätigkeiten der zu besetzenden Stelle am besten passen. Mit standardisierten Verfahren werden dabei meistens die kognitive Leistungsfähigkeit, Ausdauer und Gewissenhaftigkeit erfasst (Felser, 2005).

Nicht nur Kunigunde, auch die Hoffräulein, die sich um Kunigunde scharen, hätten den Prinzen gern zum Gemahl gehabt. Doch er hat anderes im Sinn. Die künftige Lebenspartnerin soll ganz bestimmte Eigenschaften haben. Der handfeste Test, den er sich ausgedacht hat, befindet sich in einem kleinen Schuhkarton. Die darin enthaltenen ganz und gar nicht luxuriösen Wanderschuhe müssen der künftigen Gemahlin passen. Der Test wird durch das Verfahren der Arbeitsprobe vervollständigt, indem er mit Aschenputtel Wandern geht. Es sind lange Strecken bergauf und bergab. Man muss körperlich fit und ausdauernd sein.

Aschenputtel hat dem Prinzen bereits vor der Anprobe sehr gut gefallen. Hier stellt sich die Frage, woran es liegt, dass sich Menschen sympathisch finden oder nicht. Worauf kommt es an? Ein sehr wichtiger Faktor ist die wahrgenommene Ähnlichkeit, was in dem bekannten Spruch „Gleich und gleich gesellt sich gern" ausgedrückt wird. Die wahrgenommene Ähnlichkeit kann sich dabei auf unterschiedliche Merkmale beziehen. Wichtig sind das Alter, der Lebensstil, die kulturelle Zugehörigkeit, das Bildungsniveau, Einstellungen und Interessen. Der Prinz und Aschenputtel haben ähnliche Einstellungen und Interessen. Beide sind jung, beide legen keinen Wert auf ein luxuriöses Outfit, beide wandern gern durch die freie Natur – auch wenn Aschenputtel bislang noch kaum Gelegenheit dazu gehabt hat. Sie haben ähnliche Vorlieben. Aus äußeren Merkmalen – in diesem Fall dem Schuhwerk – wird auf Einstellungen und Interessen geschlossen (Bierhoff, 2006).

Eine Erklärung, warum man Menschen, die ähnlich denken, lieber mag als solche, die anders denken, liefert die Lernpsychologie: Ähnlichkeit wirkt als positive Verstärkung, Unähnlichkeit als negative Verstärkung. Der Verstärkungseffekt beruht auf positiven Gefühlen, die durch die erlebte Übereinstimmung ausgelöst werden. Der Ähnlichkeits-Anziehungs-Effekt (similarity-attraction effect) besagt nichts anderes, als dass wir andere mögen, weil sie uns ähnlich sind (Karremans & Finkenauer, 2014).

Zahlreiche empirische Studien haben den similarity-attraction effect bestätigt. Er wird zusätzlich dadurch bekräftigt, dass das Entdecken von Ähnlichkeit bewirkt, dass man noch weitere Ähnlichkeiten feststellt (Selfhout et al., 2009). Nachweise, dass sich Menschen, die sich überhaupt nicht ähneln, besonders mögen, dem Sprichwort „Gegensätze zieh'n sich an" entsprechend, sind dagegen selten. Eine Ausnahme ist, dass die meisten Frauen Männer mögen und die meisten Männer Frauen (Karremans & Finkenauer, 2014).

Neben der wahrgenommenen Ähnlichkeit sind weitere wichtige Faktoren, von denen es abhängt, inwieweit man sich sympathisch findet, räumliche Nähe und Vertrautheit. „Es ist schlicht schwieriger, Menschen zu treffen und kennen zu lernen, die nicht nebenan wohnen, in einem anderen Beruf arbeiten, auf eine andere Schule gehen oder mit ganz anderen Aktivitäten beschäftigt sind. Menschen neigen dazu, Freundschaften zu Menschen zu entwickeln, die sie häufig sehen, die im selben Büro arbeiten, in dem selben Häuserblock wohnen oder jeden Tag mit demselben Zug fahren. Umgekehrt ist es schwierig und aufwendig, Beziehungen aufrechtzuerhalten, wenn die räumliche Entfernung groß ist. „Wenn Menschen physisch nahe beieinander sind, ermöglicht ihnen dies, häufiger zu interagieren. Infolgedessen gibt es viele Gründe, warum räumliche Nähe die Entwicklung enger Beziehungen erleichtert. Häufigere Interaktionen machen es Menschen möglich, sich gegenseitig besser kennen zu lernen" (Karremans & Finkenauer, 2014, S. 418).

Bei dem Prinzen und Aschenputtel ist es, abgesehen davon dass sie beide jung sind, die Ähnlichkeit ihrer Einstellungen und Interessen, die sie zusammen führt. Bei ihren ausdehnten Wanderungen sind sie sich räumlich nah und werden miteinander vertraut. Sie werden sich immer sympathischer.

2.2 Die versteckte Dimension

Sie haben schon als Kleinkinder miteinander gespielt. Als Jugendliche sind Alice und Ellen immer noch eng befreundet, obwohl sie inzwischen unterschiedliche Schulen besuchen. Wenn sie sich treffen, ist das jedes Mal eine große Freude. Zugleich ist es die Gelegenheit, über alles, was sich zwischenzeitlich getan hat, zu berichten. Bisher haben sie sich immer erst einmal umarmt und geherzt, bevor sie sich an ihrem Stammplatz im Cafe an der Ecke, von dem aus man einen Ausblick auf den großen belebten Platz hat, nieder gelassen haben. Doch dann ist plötzlich alles anders. Ein hochinfektiöses Virus hat eine Pandemie ausgelöst, auf die vonseiten der Regierung mit einer Flut von Vorschriften reagiert wurde. Um die Ansteckungsgefahr zu verringern, müssen jetzt bestimmte Mindestabstände zu den anderen Menschen eingehalten werden. Das übliche Begrüßungsritual kommt jetzt nicht mehr infrage. Näher als 1,50 m darf man nicht zusammen rücken. Auch die Atmosphäre im Cafe hat sich verändert. Die Hälfte des Mobiliars musste entfernt werden, und nur halb so viele Besucher dürfen rein kommen. Das viel besuchte Cafe wirkt leer und ein bisschen trostlos. Es fehlt die gewohnte geschäftige quirlige anregungsreiche Atmosphäre.

Sie treffen sich nach wie vor und immer noch so oft es geht. Doch nach einiger Zeit spüren sie, dass sich ihre Beziehung verändert; sie wird unpersönlicher. Die Treffen werden seltener. Ellen findet, dass man nicht vorsichtig genug sein kann und alle nicht unbedingt erforderlichen Begegnungen meiden sollte, damit mögliche Ansteckungen vermieden werden und sich die Pandemie nicht immer weiter ausbreitet. Sie findet, dass man in dieser Situation besser häufiger telefoniert oder Mails schickt als sich wie bisher ins Cafe zu setzen. Alice bleibt nichts anderes übrig, als den Vorschlag zu akzeptieren, obwohl sie diese strikte Haltung ablehnt und es lieber so wie bisher gemacht hätte. Das Gefühl, dass man sich fremd wird, verstärkt sich von mal zu mal. Sie treffen sich immer seltener, die Gespräche werden unpersönlicher. Die emotionale Verbundenheit, die für beide ein Glück war, beginnt sich zu verflüchtigen.

Zur Psychologie
Die Sympathie, die sie füreinander empfinden, drückt sich in ihren Worten und Gesten und auch in dem räumlichen Abstand zueinander aus. Die beiden Freundinnen umarmen sich, wenn sie sich begrüßen, und sie sitzen eng zusammen, wenn sie einander berichten, was sich zwischenzeitlich ereignet hat. Die Enge ihrer Beziehung manifestiert sich nicht nur in ihren Worten sondern auch in ihrem räumlichen Verhalten. Genau das ist mit *der versteckten Dimension* gemeint: Der Abstand, den Personen zueinander anstreben, ist ein Kommunikationsmittel, mit dem etwas über das Vertraut sein miteinander und die Enge einer sozialen Beziehung ausgesagt wird (Hall, 1966).

Wenn die Freundinnen bei einem ihrer Treffen feststellen, dass sie in einem wichtigen Punkt unterschiedlicher Meinung sind, dämpft das ihre Freundschaft, denn wahrgenommene Ähnlichkeit, darunter auch ähnliche Einstellungen, sind ein wichtiger Sympathie-Faktor (Abschn. 2.1). Ihre bislang enge Beziehung wird einem Härtetest unterworfen, wenn die eine die Vorschriften, mit denen die persönliche Freiheit begrenzt wird, für richtig hält, während die andere diese verordneten Einschränkungen ablehnt. Sie wird noch weiter dadurch beeinträchtigt, dass sie sich räumlich nicht so nahe kommen dürfen, wie sie es eigentlich wollen. Mit anderen Worten: Das Abstandsverhalten als Kommunikationsmittel, mit dem sie einander versichern, dass sie sich gern haben, wird außer Kraft gesetzt.

Sofern es nicht äußere Zwänge sind, weil der verfügbare Raum, gemessen an der Zahl der anwesenden Personen, zu klein ist, werden fremde Menschen einander nicht so nahe kommen wie es eng Befreundete tun. Das Abstandsverhalten hat biologische Wurzeln, was man erkennt, wenn man Tiere beobachtet (Bell et al., 2001; Gifford, 2007). Zum Beispiel halten

Abb. 2.3 Einhaltung von Abständen in der Tierwelt. (Eigenes Foto)

Vögel, die sie sich auf einem Baumstamm niedergelassen haben, Abstand zueinander ein (Abb. 2.3). Sie machen es instinktiv. Der benachbarte Vogel wird, wenn er weit genug entfernt ist und sich nicht rührt, nicht als Angreifer wahrgenommen. Die Einhaltung von Abständen ermöglicht auf diese Weise ein friedliches Miteinander.

Hall (1966) hat von einer „hidden dimension" gesprochen. Die wortlose Art der Kommunikation wird nicht bewusst, sie ist „versteckt". In den Abständen, die man zu anderen Menschen unwillkürlich einnimmt oder anstrebt, drückt sich aus, wie eng oder distanziert eine soziale Beziehung ist. Weitere Formen einer Kommunikation ohne Worte sind das Blickverhalten, der Gesichtsausdruck, die Körperhaltung und Gestik, Berührungen und vokale Zeichen wie die Stimmqualität, Stimmhöhe, Stimmführung, Lautstärke, Klangfarbe, Sprechgeschwindigkeit und Artikulation. Mimik ist die Gesamtheit der nonverbalen Zeichen, die Menschen mit ihrem Gesicht ausdrücken, bei der Pantomimik ist der gesamte Körper (Gebärden, Körperhaltung und Gang) einbezogen.

Abstände sind ein *Beziehungs*merkmal, es gehören mindestens zwei Personen dazu. In den Abständen, die selbst gewählt werden – die also nicht von außen etwa durch eine hohe räumliche Dichte und Platzmangel bestimmt werden –, drückt sich die Art und Enge einer Beziehung aus. Es ist ein Kontinuum, das von „sehr eng" über „weniger eng" bis hin zu „nicht vorhanden" reicht. Hall hat das Kontinuum möglicher Abstände in vier Distanzzonen untergeteilt (Abb. 2.4):

vertraut
nah: 0 - 15 cm
weit: 15 - 45 cm

persönlich
nah: 45 - 75 cm
weit: 75 - 120 cm

sozial
nah: 120 - 200 cm
weit: 200 - 350 cm

öffentlich
nah: 350 - 700 cm
weit: mehr als 7 m

Abb. 2.4 Distanzzonen. (Darstellung bei Gifford, 2007, S. 137)

- *Die intime Distanz* (bis 45 cm) erlaubt sowohl intime körperliche Kontakte als auch kämpferische Aktivitäten.
- *Die personale Distanz* (45 bis 120 cm) ist typisch für Kontakte zwischen Freunden und vertrauten Personen. Es ist der übliche Abstand, wenn man mit einer näher bekannten Person redet.

- *Die soziale bzw. gesellschaftliche Distanz* (1,20 bis 3,50 m) ist kennzeichnend für unpersönliche und geschäftsmäßige Kontakte.
- *Die öffentliche Distanz* (ab 3,50 m) ist charakteristisch für Kontakte zwischen unbekannten Personen und in Veranstaltungen, in denen es Redner und Zuhörer gibt.

Berührungen setzen direkte Nähe voraus. Nur in der Distanzzone „intim" kann man den Körper eines anderen Menschen spüren. Das Umarmen und Herzen eines vertrauten Menschen gehört in jedem Lebensalter zum menschlichen Gefühlshaushalt (Schönhammer, 2009). Die unmittelbare Nähe, die körperliche Berührungen ermöglicht, ist unentbehrlich. Auch die Sexualität gehört in die Kategorie intime Distanz. Kleinkinder benötigen Körperkontakte, um sich, ohne psychische Schäden davon zu tragen, entwickeln zu können (Abschn. 2.3). Wenn sich die Freundinnen umarmen, ist es ein Ausdruck von Vertrautheit und Zuneigung.

Auf der anderen Seite kann man sich leichter vor unerwünschten Berührungen, Übergriffen und Angriffen schützen oder auch zum Gegenangriff rüsten oder aber noch frühzeitig die Flucht ergreifen, wenn man die anderen auf Distanz hält.

Sofern es keine auferlegten Restriktionen und Zwänge gibt, spiegeln sich die sozialen Distanzen in den räumlichen Distanzen wider: Bei der Kommunikation mit unbekannten Menschen rückt man weiter weg, mit vertrauten Menschen rückt man näher zusammen.

Eine Diskrepanz zwischen den interpersonalen Abständen und der Enge der Beziehung wird als dissonant erlebt. Nach der Theorie der kognitiven Dissonanz motiviert die als negativ erlebte Dissonanz den Menschen dazu, alles zu unternehmen, um diesen unerfreulichen Zustand zu beenden, was durch Einstellungs- oder Verhaltensänderungen sowie der Vermeidung dissonanter Informationen geschieht (Stroebe, 2014). Wenn der räumliche Abstand nicht mit der Enge der Beziehung korrespondiert, handelt es sich um dissonante Informationen.

Als dissonant wird z. B. erlebt, wenn sich ein fremder Mensch trotz eines ausreichenden Raumangebots direkt neben einen setzt oder stellt. Es wird darauf emotional negativ reagiert. Ein nicht erforderliches Zunahe-Herankommen führt zu Irritation, Erregungssteigerung, Stress und Flucht. Ist ein Ausweichen oder Entkommen nicht möglich, versucht man zu neutralisieren; man sieht weg und vermeidet Blickkontakte.

Dissonanz wird ebenfalls erlebt, wenn sich eine enge Beziehung nicht räumlich manifestieren kann, weil Abstandsregeln eingehalten werden müssen.

Um die Ausbreitung eines ansteckenden Virus zu verhindern, werden von der Regierung Mindestabstände von 1,50 m vorgeschrieben. Das bedeutet, dass man sich nicht mehr umarmen und die Hand reichen kann, wenn man sich begrüßt. Man kann sich nur freundlich zunicken und anlächeln. Man ist gezwungen, von der persönlichen in die soziale Distanzzone zu wechseln, die bei unpersönlichen und geschäftsmäßigen Beziehungen üblich ist (Abb. 2.4). Eine Möglichkeit, das Erleben von Dissonanz zu vermeiden, ist die Entemotionalisierung und Lockerung einer bisher engen Beziehung, was am Ende dazu führt, dass man einander fremd wird. Letztlich ist es eine Einstellungsänderung.

Als alleiniges Kommunikationsmittel führt das Abstandsverhalten leicht zu Missverständnissen und zwar vor allem dann, wenn die Beteiligten unterschiedliche Vorstellungen haben. So hängt es auch von kulturellen Normen ab, welche zwischenmenschlichen Abstände als passend gelten (Bell et al., 2001; Sommer, 2002). Menschen in südlicheren Ländern halten im Mittel geringere Abstände zueinander ein als die Bewohner nördlicherer Regionen. Es ist eine andere „Distanzkultur". Das bedeutet, dass es je nach den ländertypischen und soziokulturellen Gepflogenheiten unterschiedlich ist, wie leicht es fällt, auf eine engere räumliche Nähe, die mit der Enge der sozialen Beziehung korrespondiert, zu verzichten. Zu erwähnen ist hier, dass die in Abb. 2.4 angegebenen Maße für Distanzkulturen gelten.

Auftauchende Missverständnisse lassen sich beseitigen, wenn man darüber sprechen kann. Ein Beispiel findet sich in dem Andersen'schen Märchen von der kleinen Meerjungfrau. Sie muss ihre Verwandlung von einer Fisch- in eine Menschenfrau mit dem Verlust ihrer Stimme bezahlen. Stumm steht sie vor dem Prinzen, den sie aus den Fluten, in denen sein Schiff versank, ans Ufer gebracht hat. Der Prinz glaubt, dass ihn die Prinzessin vom Nachbarschloss, die nur am Strand gestanden hatte, gerettet hat. Die stumme Meerjungfrau, die nur dann eine unsterbliche Seele bekommt, wenn ein Mensch sie liebt – in diesen Fall kommt nur der Prinz infrage – kann ihm nicht sagen, dass sie seine Retterin gewesen ist, was wahrscheinlich seine Liebe zu ihr entfacht hätte. Da der Prinz stattdessen die vermeintliche Retterin zu lieben beginnt, ist sie verloren. Weil sie nicht verbal kommunizieren kann, lässt sich das Missverständnis nicht aufklären.

2.3 Kuscheln

Es ist der 24. Dezember und obwohl es dunkel und kalt draußen ist, so ist es doch der allerschönste Tag im Jahr. Noch nicht einmal zur Mittagszeit wird es wirklich hell, aber das ist überhaupt nicht wichtig. Die 3-jährige

Elisa kann es kaum erwarten, bis es endlich ganz dunkel wird und der Heilige Abend beginnt. Es fängt immer mit Gesang an. Viele Lieder werden gesungen. Auf keinen Fall darf „Maria durch ein' Dornwald ging" fehlen. Auch wenn die Melodie sehr traurig klingt, so schimmert doch auch Hoffnung durch. Schließlich kommt das Kind trotz des Spaziergangs im Dornenwald gesund zur Welt. Als erstes wird jedes Mal „O du fröhliche" angestimmt. Dann dürfen Elisa und ihre ältere Schwester Anna herein kommen. Der kleine Bruder ist erst wenige Monate alt und hat noch keine Ahnung davon, dass heute ein besonderer Tag ist. Anna ist in ein Computerspiel vertieft, sodass sie gar nicht an Heiligabend denkt. Doch Elisa ist sehr neugierig und möchte nur ein ganz bisschen sehen, was sich hinter der verschlossenen Wohnzimmertür tut. Sie öffnet die Tür einen Spalt breit und lugt hinein. Sie sieht einen wunderschön geschmückten Tannenbaum und daneben einen Tisch, auf dem kleine Päckchen liegen. Wie ist das spannend! Doch dann folgt ein richtiges Donnerwetter. Sie soll sofort die Tür wieder zu machen. Was ihr denn einfiele! Denn erst einmal muss ja das Christkind die Geschenke bringen, was niemand sehen darf, denn dann würde das Christkind sofort wieder umkehren und unverrichteter Dinge verschwinden. Sie wundert sich, dass die Geschenke erst noch gebracht werden müssen. Sie liegen doch schon auf dem Tisch! Oder kommt das Christkind mehrere Male? Dann hätte es ja sehr viel zu tun. Irgendwie stimmt das alles nicht. In ihr keimt der Verdacht, dass sich die Erwachsenen irgendwelche Geschichten ausdenken, die überhaupt nicht stimmen.

Elisas Vorfreude ist verflogen. Sie fühlt sich so jämmerlich allein. Es ist ja nicht nur diese schroffe Zurückweisung, die Kummer bereitet. Sie ist oft unglücklich, denn der kleine Bruder zieht die mütterliche Aufmerksamkeit allzu sehr auf sich. Sie will genauso geherzt und geliebt werden. Ihre Versuche, sich bemerkbar zu machen, sind meistens erfolglos. Auch ein energisches Ziehen am Rockzipfel der Mutter hat nicht geholfen (Abb. 2.5).

Am liebsten würde sie jetzt in den ersten Stock des Hauses hinaufsteigen, wie sie es oft tut. Dort wohnt Olga. Einfach die Treppe hinauf. Die allein stehende kinderlose Olga hat sogar etwas Spielzeug und Bilderbücher angeschafft. Eine tiefe Zuneigung verbindet die beiden. Olga freut sich immer über Elisas Besuch. Olga gehört auch der Garten. Dort taucht ab und zu eine kleine schwarze Katze mit weißen Pfötchen auf. Elisa ist entzückt, wenn sie die Katze sieht. Und das Glück ist grenzenlos, wenn sie nicht gleich wieder verschwindet, sondern sich streicheln lässt und zu schnurren beginnt und einem um die Beine streicht. Das Fell fühlt sich wunderbar an und das Schnurren ist offensichtlich die Sprache der Katzen und bedeutet: Ich fühle mich richtig wohl! Jetzt im Winter kommt sie zwar

Abb. 2.5 Verlangen nach Zuwendung. (Eigenes Foto)

seltener zu Besuch, aber, wenn nicht gerade hoher Schnee liegt, taucht sie immer wieder auf. Wahrscheinlich wohnt sie nicht weit weg.

Zur Psychologie
Elisa freut sich auf den Heiligen Abend. Sie ist erfüllt von Vorfreude, psychologisch formuliert: einer Belohnungserwartung. Wie der Neurowissenschaftler Roth (2021) berichtet, geht Vorfreude mit einer gesteigerten Aktivität belohnungssensitiver Neurone im mesolimbischen System einher, die beim Eintreten der Belohnung jäh abbricht. Möglicherweise kommen dann „Enttäuschungsneurone" zum Zuge. Bei Elisa wird die Vorfreude noch vor dem Eintreten der Belohnung, dem Auspacken der Geschenke, beendet. Dass Vorfreude die schönste Freude ist, wird in Antoine de Saint-Exupérys Geschichte „Der kleine Prinz" höchst poetisch veranschaulicht. Dort heißt es: „Am nächsten Morgen kam der kleine Prinz zurück. ‚Es wäre besser

gewesen, du wärst zur selben Stunde wiedergekommen', sagte der Fuchs. ‚Wenn du zum Beispiel um vier Uhr nachmittags kommst, kann ich um drei Uhr anfangen, glücklich zu sein. Je mehr die Zeit vergeht, umso glücklicher werde ich mich fühlen. Um vier Uhr werde ich mich schon aufregen und beunruhigen; ich werde erfahren, wie teuer das Glück ist. Wenn du aber irgendwann kommst, kann ich nie wissen, wann mein Herz da sein soll'" (S. 69 f.)

Der Heiligabend ist ein besonderer Tag für Kinder, weil er so viel Vorfreude bietet wie kein anderer Tag im Jahr mit Ausnahme des eigenen Geburtstags.

Elisa fühlt sich verlassen. Sie findet, dass der kleine Bruder sehr viel und sie nur sehr wenig Zuwendung bekommt. Für Kleinkinder ist diese emotionale Zuwendung (emotional care) einer Bezugsperson eine Notwendigkeit, denn es ist die sichere Basis, von der aus sie ihre Erkundungen der Umwelt mit der Gewissheit beginnen, dass es einen sicheren Hafen gibt, in dem man willkommen ist und den man jederzeit wieder erreichen kann (Rossmann, 2004). In dem Lied vom kleinen Hänschen, das in die große weite Welt hinein wandert und das weiß, dass es jederzeit wieder zurückkehren kann, wird das ausgedrückt.

Für Elisa ist Olga die Zuwendung spendende Person. Sie kann jederzeit zu ihr zurückkehren, indem sie die Treppe zu ihr hinaufsteigt.

Die Katze, die im Garten herum streicht, hat ein weiches samtenes Fell. Sie sieht nicht nur wunderschön aus, sie fühlt sich auch wunderbar an. Die Experimente von Harlow haben die emotionale Bedeutung haptischer Gefühle bestätigt (Harlow, 1958; Harlow & Suomi, 1970). Mit ihrer Versuchsanordnung konnten sie deren Bedeutung und Unabhängigkeit von der Befriedigung des Bedürfnisses nach Nahrung nachweisen. In den Experimenten hatten Rhesusaffen-Babys die Wahl zwischen zwei Attrappen: einer aus Draht nachgebildeten, Milch spendenden und einer mit plüschigem Stoff bespannten Puppe, die keine Nahrungsquelle war. Das Ergebnis war eindeutig: Die aus Draht bestehende Puppe wurde nur als Nahrungsquelle aufgesucht, danach wurde sofort zur fellbespannten kuscheligen Puppe gewechselt. Die enge körperliche Bindung an das Bezugsobjekt bzw. die Bezugsperson ist demnach in erster Linie emotionaler und erst in zweiter Linie instrumenteller Art. Wenn man gesättigt ist, ist man gleich wieder dort, wo man sich anschmiegen kann. Die Forscher hat die Eindeutigkeit des Experiments überrascht, wie aus dem Kommentar von Harlow hervorgeht: „The wire mother is biologically adequate but psychologically inept. We were not surprised to discover that contact comfort was an important basic affectional or love variable, but we did not expect it to overshadow so completely the variable of nursing; indeed, the disparity is so great as to suggest that the primary function of nursing as an affectional variable is that of insuring frequent and intimate body contact of the infant with the mother" (Harlow, 1958, S. 677).

Im Unterschied zu einer Puppe oder einem plüschigen Teddybär ist eine Katze ein responsives Lebewesen und damit noch etwas wirkungsvoller. Es fühlt sich nicht nur gut an, sondern schnurrt auch, wenn man es streichelt. Es reagiert auf Liebkosungen. Auf dieser Grundlage kann sich eine emotionale Mensch-Tier-Beziehung entwickeln. Dass Haustiere einen positiven Einfluss auf Kinder haben, ist empirisch vielfach bestätigt worden (Mueller, 2021).

Die therapeutische Wirkung, die Haustieren zugeschrieben wird, beruht auf emotionalen Bindungen (Garrity & Stallones, 1998; Keil, 1998). Katzen und auch Hunde können Stress mindern und in belastenden Situationen eine Art Puffer bilden, der den Stress abschwächt und die Stressbewältigung unterstützt. Das Vermögen, mit Stress, Konflikten und starker Erregung umzugehen, sind Schlüsselkomponenten der sozial-emotionalen Entwicklung. Wie Mueller berichtet, gibt es immer mehr Belege, dass diese Fähigkeiten durch emotionale Bindungen an ein Tier gefördert werden, abgesehen davon, dass sie Angst- und Verlassenheitsgefühle mindern. Dabei ist auch das Größenverhältnis nicht unwichtig: Die Katze, die ab und zu im Garten auftaucht, ist klein und deshalb auch in keiner Weise bedrohlich. Eine Katze, die man streicheln kann, ist, auch wenn sie einmal faucht, nicht Angst erregend, wie es zweifellos ein Tiger wäre. Der lebendige große Bär ist gefährlich, aber einen kleinen Bär in Puppengröße hat auch ein kleines Kind unter Kontrolle.

2.4 Vielfalt

Seit in der Klasse ein chinesischer Junge aufgetaucht ist, der ganz anders aussieht als alle anderen Schüler und an dessen Sprechweise man sich erst gewöhnen muss, ist es in der Klasse nicht mehr so wie früher. Der Junge ist schüchtern und zurückhaltend, doch er freut sich offensichtlich, wenn man sich mit ihm unterhält. Emilia findet ihn sehr nett. Doch einige in der Klasse mögen ihn nicht, sie halten ihn für eingebildet und machen sich über ihn lustig. Vor allem ein Junge tut das, ein Anführer-Typ, um den herum sich einige Jungen versammelt haben, die den neuen Schüler bei jeder sich bietenden Gelegenheit ärgern. Es macht ihnen richtig Spaß, ihn zu hänseln und nachzuäffen. Die Lehrer greifen ein und stoppen dieses Treiben, wenn sie es mitbekommen, aber sie sind ja nicht immer da. Andere in der Klasse finden das wie auch Emilia ziemlich schrecklich. Sie nehmen den Jungen in Schutz. Inzwischen haben sich zwei Gruppen gebildet, die sich geradezu feindlich gegenüber stehen. Es könnte bald zu handfesten Auseinandersetzungen kommen.

Nachdem Emilia von dem neuen Jungen und der Situation in der Klasse berichtet hat, kommt in der Familie eine richtige Diskussion in Gang. Allen ist klar, dass es sich um ein massives Mobbing handelt, und es ist gut, dass die meisten Schüler dabei nicht mitmachen, sondern sich aktiv dagegen stemmen. Doch warum wird überhaupt gemobbt? Was kann man dagegen tun? Gibt es Mittel und Wege, um Mobbing zu verhindern?

Emilias Mutter fällt dazu eine Diskussion ein, die sie kürzlich im Radio gehört hat. Die Politikerin, die in der Rundfunksendung am meisten zu Wort kam, hatte die großartige Vielfalt in unserer Gesellschaft gepriesen, um dann gleich im nächsten Satz das große Übel der weit verbreiteten Diskriminierung anzuprangern. Also: Vielfalt ja, aber bitte keine Bewertungen bzw. Abwertungen! Auf Emilias Klasse bezogen heißt das: der chinesische Junge ist willkommen, denn er vermehrt die Vielfalt, aber Vergleiche zwischen ihm und den anderen in der Klasse sind nicht erlaubt, denn es könnte ja als Diskriminierung aufgefasst werden.

Doch geht das überhaupt, dass man Verschiedenheit befürwortet, aber Vergleiche verdammt? Soziale Vergleiche sind doch etwas ganz Normales! Und außerdem liegen sie besonders nahe, wenn man Verschiedenheit feststellt. Wahrscheinlich geht das gar nicht. Es klingt aber sehr moralisch.

Es gibt dabei viel Widersprüchliches, worüber sich jetzt Emilias Vater auslässt. Bei seiner Ankunft auf dem Bahnhof der Hauptstadt ist ihm plötzlich aufgefallen, wie ungeheuer unterschiedlich die Menschen sind, die an Hauptbahnhöfen großer Städte zusammen treffen. Diese sichtbare Vielfalt ist natürlich in einer Metropole zu erwarten und fällt einem meistens gar nicht auf. Die Geschichte geht aber noch weiter. Auf seinem Weg durch die Stadt ist ihm ein nicht zu übersehendes, über dem Portal eines Museums aufgespanntes Plakat aufgefallen, auf dem in großer Schrift – damit es wohl auch noch aus großer Ferne gelesen werden kann – geschrieben stand:

„Für Weltoffenheit und demokratische Werte. Gegen Rassismus, Antisemitismus, Nationalismus und Hetze".

Offensichtlich wird hier ein Kulturort, nämlich ein Museum, genutzt, um für eine positive Einstellung zur Vielfalt zu werben. Man soll weltoffen sein. Wer es nicht ist, scheint die Demokratie nicht begriffen zu haben. Jetzt zum Widerspruch: An der Treppe vor dem Eingang des Museums, also in

Abb. 2.6 Reiter vor dem Museum. (Eigenes Foto)

unmittelbarer Nähe des Plakats steht das Denkmal eines Reiters, der mit seiner Lanze einen Löwen niederstreckt (Abb. 2.6).

Bei dessen Anblick ist ihm sogleich der heilige Georg in den Sinn gekommen, der zwar keinen Löwen, dafür aber bekanntlich einen Drachen getötet hat. Klar ist, dass weder der Reiter noch der heilige Georg als Vorbilder für Weltoffenheit taugen. Was anders ist, wird von ihnen nicht nur nicht akzeptiert, sondern brutal vernichtet. Es ist eindeutig: Weder der Reiter, der ohne zu zögern Gebrauch von seiner Waffe macht, noch der heilige Georg – mag er so heilig sein wie er will – sind Demokraten. Sie diskriminieren und zwar in übelster Weise. Der Reiter, der ein andersartiges Lebewesen tötet – wobei klar ist, dass es metaphorisch gemeint ist: er tötet das Andersartige – ist an einer Stelle, an der Vielfalt gepriesen wird, total fehl am Platze. Beim heiligen Georg sind es die Andersgläubigen, bei dem Reiter vor dem Museum sind es wahrscheinlich die Völker, gegen die man Krieg führt. Weltoffen sind beide jedenfalls nicht. Dass da ein Widerspruch zwischen dem Appell auf dem Plakat und dem Handeln des Reiters am Fuße der Treppe klafft, scheint niemandem Kopfzerbrechen zu bereiten.

Dazu fällt Karl, dem älteren Bruder von Emilia, etwas ein, was er vor kurzem erlebt hat, was ihn sehr nachdenklich gemacht hat. Im Konservatorium, in dem er Gitarrenunterricht hat, war, wie es dort üblich ist, ein Prüfungskonzert anberaumt worden. In dem Raum, in dem der junge chinesische Pianist sein Können zeigen sollte, wobei auch ein Stück von Messiaen auf dem Programmzettel angekündigt war, passten nicht alle, die zuhören wollten, hinein. Es hatte sich dort bereits eine recht große Gruppe junger Chinesen versammelt, die meisten davon offensichtlich seine in der Stadt lebende Peer Group, die wenigsten ebenfalls Schüler, sodass die Plätze für die Lehrer und Schüler des Konservatoriums, die meistens zu den Prüfungskonzerten kommen, nicht ausreichten. Keiner aus der chinesischen Peer Group war bereit, seinen Platz zu räumen und im Flur zu warten, obwohl der Klavierlehrer wiederholt darum gebeten hatte. Sie schauten betont gelangweilt einfach weg und brachten durch ihre Mimik und Gestik zum Ausdruck, dass sie leider überhaupt nicht verstünden, was man von ihnen will. Karl hätte gern zugehört. Vor allem die Präludien von Messiaen hätten ihn interessiert. Doch es war nicht möglich gewesen. Er hat das nicht nur ärgerlich gefunden, sondern auch noch desillusionierend: Toleranz gegenüber andern kann von den anderen auch ausgenutzt werden. Vielfalt kann enttäuschend sein.

Die Familie stellt fest, dass es über Vielfalt viel zu erzählen gibt und dass dieses schöne Bild auch unschöne Stellen hat. Der moralische Appell: Vielfalt ja, Diskriminierung nein, ist jedenfalls ein allzu vereinfachendes Schlagwort.

Zur Psychologie
Vielfalt ist ein diffuser Begriff, denn Vielfalt kann sich auf höchst unterschiedliche Merkmale beziehen: auf äußerliche Eigenschaften wie das Aussehen, die Sprechweise und Kleidung, und des Weiteren auf Einstellungen, Werteorientierungen, Lebensstile, Motive und Persönlichkeitseigenschaften. Wenn die Vielfalt in einem Land als Zeichen von Weltoffenheit gepriesen wird, fragt sich als erstes, welche Vielfalt überhaupt gemeint ist. Eine weitere Frage ist, welches Ausmaß an Verschiedenheit akzeptiert und toleriert wird. Und schließlich fragt sich, ob die Reaktionen auf Vielfalt situationsabhängig sind. Wann und wie wird diskriminiert? Und ist das überhaupt Diskriminierung oder nur weniger Sympathie?

Menschen sind wegen ihres individuellen Gen-Satzes, der epigenetischen Regulationsmechanismen, der vorgeburtlichen Einflüsse, der frühen Bindungserfahrungen sowie der Sozialisationsverläufe und individuellen Erfahrungen immer verschieden und damit letztlich wirklich einzigartig (Roth, 2021). Doch wenn von einer gesellschaftlich erstrebenswerten Vielfalt gesprochen wird, ist weniger die individuelle Vielfalt als die Vielfalt von Gruppen gemeint.

Tab. 2.1 Reaktionen auf Vielfalt

Reaktionen	Beispiele
Akzeptanz	Die meisten Mitschüler akzeptieren den chinesischen Jungen in ihrer Klasse
Abwertung/Aggression	Der chinesische Junge in der Klasse wird von einigen Schülern gemobbt. Der Reiter vor dem Museum tötet das Andersartige
Abschottung	Man will unter sich bleiben. Bei dem Prüfungskonzert schottet sich die chinesische Gruppe sichtbar ab
Assimilation/Vereinnahmung	Die anderen sollen sich anpassen und die Denk- und Verhaltensweisen der Mehrheit übernehmen

Auch die Reaktionen auf Vielfalt sind vielfältig. Sie reichen von der Akzeptanz der anderen bis zu deren Abwertung. Gruppen können konkurrieren und sich bekämpfen (wie z. B. die politischen Parteien im Wahl*kampf*) oder kooperieren und zu Kompromissen bereit sein. In Tab. 2.1 sind die diversen Reaktionen aufgelistet.

Der moralische Appell, andere Menschen keinesfalls zu diskriminieren, lässt ahnen, dass die Abwertung anderer, die nicht so sind, wie man selbst, nicht selten ist. Plakate, die dazu auffordern, tolerant und weltoffen zu sein, sollen das verhindern.

Es sind nicht nur pragmatische Gründe und Nützlichkeitserwägungen, die Menschen dazu veranlassen, sich zu Gruppen zusammen zu schließen. Es sind auch die sozialen Bedürfnisse nach Kontakt, Kommunikation und Zugehörigkeit. Man schließt sich anderen an, die man als ähnlich und folglich auch als sympathisch empfindet. Die Gruppe gibt Halt, was in unvertrauten Situationen und weniger bekannten Umwelten besonders wichtig ist. So haben sich die Menschen, die in fremde Länder ausgewandert sind, bevorzugt dort angesiedelt, wo es schon andere gab, die aus dem gleichen Land kamen. Sie bildeten kleine Kolonien, sodass sie sich nicht mehr allein und verloren fühlten, weil sie einer Gruppe von Menschen mit gleicher Sprache, ähnlichem Schicksal und ähnlichen Vorlieben und Gepflogenheiten angehörten.

Ähnlichkeiten als Grundlage der Gruppenbildung sind jedoch nicht unbedingt ausschlaggebend. Dies war eines der Ergebnisse der bekannten Feldexperimente in einem Ferienlager, die Sherif (1951) und Sherif und Sherif (1953) durchgeführt haben. Eine Gesamtgruppe von 24 Jungen im Alter von 12 Jahren, die sich bisher nicht gekannt hatten, wurde nach einer Kennenlernphase in zwei Gruppen aufgeteilt. Die beiden Gruppen wurden getrennt und hatten einige Tage lang keinen Kontakt. Danach begann eine

Wettbewerbsphase. Hier trat außer einem starken Zusammenhalt der Teilgruppen ein bemerkenswerter Grad an Feindseligkeit zwischen den Gruppen zutage. Der Abbau der experimentell erzeugten Gegnerschaft wurde dadurch in die Wege geleitet, indem beide Teilgruppen gegen eine auswärtige Mannschaft antreten mussten und indem sie eine Notsituation zu meistern hatten, die den Einsatz aller Beteiligten erforderte. Insgesamt zeigte sich:

- Die Bildung von Teilgruppen erfolgte sehr rasch. Dies ging Hand in Hand mit der Entstehung von Spannungen zwischen den beiden Gruppen; die jeweils andere Gruppe wurde schlecht gemacht.
- Die Mitgliedschaft in einer Gruppe wurde zum wichtigsten Merkmal, die individuellen Unterschiede zwischen den Gruppenmitgliedern verloren an Bedeutung.
- Angesichts einer äußeren Bedrohung und der Bewältigung einer Notsituation, die den Einsatz aller erforderte, wurde aus den Teilgruppen ziemlich schnell wieder eine Gesamtgruppe wie zu Beginn.

Die Bedeutung der Sherif'schen Experimente liegt darin, dass eine einfache Einteilung einer homogenen Gruppe gleichaltriger Schüler in zwei Teilgruppen, die in eine Konkurrenzsituation geraten, ausreicht, um ein bislang friedliches Miteinander zu beenden. Gruppen können sich somit auch durch Einflüsse von außen bilden. Sie müssen sich nicht durch Merkmale wie die Hautfarbe oder ethnische Herkunft unterscheiden. Eine zufällige Einteilung kann ausreichen.

Verschiedenheit erzeugt nicht immer eine positiv konnotierte Vielfalt, sondern führt stattdessen nicht selten zu Abwertungen der anderen. Eine Schulklasse, in der es lange Zeit friedlich zuging, spaltete sich in zwei Gruppen, als darin ein chinesischer Junge auftauchte. Er sah anders aus und sprach anders als alle anderen in der Klasse. Er bildete eine Minigruppe, die nur aus einer Person bestand. Die Maxigruppe aller übrigen Schüler spaltete sich in zwei Teilgruppen, wobei die eine auf den Zuwachs an Vielfalt mit Ablehnung, die andere mit Akzeptanz reagierte.

Eine Begründung, warum Differenzierung und Diskriminierung oft Hand in Hand gehen, liefert die Theorie der sozialen Identität (Tajfel, 1982). Deren Kernaussage ist, dass die Zugehörigkeit und Identifikation mit Gruppen die Ich-Identität eines Menschen mit bestimmt, auf die sich aus den Antworten auf die Frage: „Wer bin ich?" schließen lässt (Fuhrer, 2008). Eine der Antworten könnte sein, dass man Mitglied im Kulturverein, im Schachclub oder im Kirchenchor ist. Die Zugehörigkeit zu Gruppen, mit denen man sich identifiziert, formt die Ich-Identität eines Menschen mit.

Eine Annahme der Theorie der sozialen Identität ist, dass Menschen ein Bedürfnis nach einem positiven Selbstbild haben und deshalb dazu tendieren, die eigene Gruppe (Ingroup) höher zu bewerten als die andere (Outgroup). Eine konfliktfreie Vielfalt setzt voraus, dass man zum Erhalt eines positiven Selbstbilds nicht darauf angewiesen ist, andere abzuwerten, um sein Selbstwertgefühl dadurch zu erhöhen.

Durch Eigengruppenbegünstigung (ingroup favouritism) in Form einer *Abwertung* der anderen lässt sich der Wert der eigenen Gruppe und damit auch das Selbstwertgefühl steigern (Spears & Tausch, 2014). Man ist einfach besser, man ist den anderen überlegen. So empfinden viele Menschen Stolz über ihre Zugehörigkeit zu einer nationalen Gruppe oder politischen Partei und streichen die positiven Merkmale ihrer Gruppe oder Partei heraus. Zugleich werten sie die andere Gruppe ab, indem sie deren Schwächen hervorheben. Besonders sichtbar ist die Eigengruppenbegünstigung in patriarchalisch geprägten Gesellschaften.

Aggressionen sind wahrscheinlich, wenn die andere Gruppe als bedrohlich wahrgenommen wird. Sie werden gerechtfertigt, indem sie als Reaktionen auf Bedrohungen hingestellt werden (Spears & Tausch, 2014). Der auf den Bildern in vielen Kirchen und auf etlichen Plätzen zu sehende heilige Georg, der den Drachen niederstreckt, verkörpert die mit massiver Gewalt einher gehende Abwertung derjenigen, die anderen religiösen Überzeugungen anhängen.

Eine besondere Form der Diskriminierung ist das Mobbing oder „Bullying" (Krahé, 2014). Es ist aggressives Verhalten in Form von Verleumdung, Drangsalierung, Schikanierung, Belästigung, Bedrohung, Erpressung und Nötigung, das darauf gerichtet ist, einem Menschen, der nicht zur Ingroup gehört, zu schaden. Mobbing ist aggressives Verhalten gegenüber Personen, die sich nicht wehren können (Griffin & Gross, 2004). Gruppen, die sich vernehmbar als Opfer deklarieren, sind jedoch nicht immer wehrlos. Ihr anerkannter Opfer-Status kann ihnen sogar Einfluss und Macht verleihen (Lohre, 2020). Es sind „die neuen Opfer", deren vermeintliche Schwäche nicht ihr Selbstwertgefühl beeinträchtigt, sondern sich stattdessen daraus speist. Ihr Status beschert ihnen Beachtung und eine klar umrissene Identität. Sie tragen so auch noch zur Vielfalt bei.

Zwei Gruppen, die sich feindlich gegenüber stehen, sind ein geeigneter Stoff für Theaterstücke. Ein Beispiel ist die in Verona spielende Tragödie von Romeo und Julia, deren Familien, die Montagues und die Capulets, tief verfeindet sind und sich gegenseitig zu schaden versuchen, wo es nur geht. Die Montagues und die Capulets sind beide große Familien. Es gibt hier keine Starken und Schwachen. Meistens sind die Gruppen unterschiedlich groß und einflussreich. Die bestehende Vielfalt wird dadurch reduziert, dass die stärkere Gruppe auf die schwächere Gruppe Druck ausübt, sich zu assimilieren und anzupassen.

Die chinesische Peer Group im Konservatorium passte sich nicht an. Sie schottete sich in dem Raum, in dem das Prüfungskonzert stattfand, deutlich sichtbar ab. Ein Beispiel für das Abschotten großer Gruppen sind Gated Communities. Die Gruppe der Wohlhabenden wohnt in einer Community, deren Zugang durch bewachte Eingänge, elektronisch gesteuerte Zugänge, hohe Zäune und Mauern kontrolliert wird. Diese Abschottung ist von einer anderen Größenordnung, denn sie beeinflusst die Stadtstruktur. Die sozialräumliche Segregation wird vertieft und die Polarisierung zwischen Arm und Reich nimmt weiter zu (Wehrheim, 2012).

Vielfalt wird also nicht immer gewünscht. Dies gilt vor allem für die Meinungsvielfalt. Begriffe wie Mainstream und Cancel culture bringen diese Nicht-Akzeptanz zum Ausdruck. Revers und Traunmüller (2020) haben in einer auf dem Universitätscampus in Frankfurt am Main durchgeführten Studie einen starken Konformitätsdruck ausgemacht, der sich in restriktiven Sprachregelungen, gewalttätigen Protesten gegen umstrittene Redner und der Suspendierung „unbequemer" Professoren manifestierte. Ein nicht geringer Teil der Studierenden sprach sich für die Einschränkung der Meinungsfreiheit aus. Andere äußerten sich dahin gehend, dass man sich mit seinen Meinungskundgebungen zurück halten müsse: „One-quarter of all students had experienced personal dismissal for voicing their opinion and one-third felt at least somewhat inhibited about giving their view on controversial issues in a class discussion. Thus, our findings resonate with well known theories of public opinion … in that students chose to remain silent out of fear of being socially isolated and stigmatized" (S. 491). Die Forscher sprechen von einer Schweigespirale und beziehen sich damit auf Noelle-Neumann (1974), die dieses Phänomen schon vor etlichen Jahren beschrieben hat: Die Bereitschaft, seine Meinung zu sagen, hängt von der Einschätzung ab, wie die Mehrheit darüber denkt. Weicht die eigene Meinung davon ab, fühlt man sich gehemmt, diese zu äußern. Die (angebliche) Mehrheitsmeinung wird so zu einem „anschwellenden" Mainstream.

Hier tritt zutage, dass sich die propagierte Vielfalt im Sinne von Weltoffenheit offensichtlich auf nur wenige äußere Merkmale wie Hautfarbe, ethnischer Herkunft, Geschlecht, sexuelle Orientierung und Glaubensrichtung beschränkt[2].

---

[2] Wie weit das gehen kann, hat Jürgen Kaube in dem Artikel „Umerziehungsbedarf. Cambridge impft seinen Lehrkörper gegen Rassismus" in der FAZ vom 30.1.21 (S. 9) beschrieben.

Wie kann die Vielfalt an Meinungen und Weltanschauungen erhalten werden? Allen (2020) sieht eine Lösung im „Polypolitanismus", der Zugehörigkeit zu möglichst vielen Gruppen. Bei nur zwei Gruppen, die sich wechselseitig als In- und Outgroup sehen, ist eher mit einer sich vertiefenden Kluft und gegenseitiger Abwertung, Verunglimpfung und Bekämpfung zu rechnen. Die Zugehörigkeit zu vielen Gruppen würde dagegen, wie Allen meint, Abwertungstendenzen und nachfolgenden Aggressionen einen Riegel vorschieben.

Das Dilemma ist: Die Bedürfnisse nach Zugehörigkeit und Halt sowie nach einem positiven Selbstbild und sozialer Identität lassen sich leichter befriedigen, wenn man *einer* Gruppe angehört, der man sich zugehörig fühlt und auf die man stolz ist. Nach der Theorie der sozialen Identität ist ein ingroup favouritism ein normales zu erwartendes Verhalten. Das Problem ist eher, soziale Vergleiche, in denen Bewertungen enthalten sind, all zu schnell als Diskriminierung anzuprangern.

Exkurs zur (Welt-)Offenheit
Ein Grund, warum Vielfalt in der westlichen Gesellschaft positiv konnotiert wird, ist, dass Vielfalt als Zeichen von Weltoffenheit gilt. Dass darin eine subtile Diskriminierung enthalten ist, wird sichtbar, wenn man sich näher mit der Persönlichkeitspsychologie befasst. Dass nicht alle Menschen offen sind, zeigt ein Blick auf das Big Five Modell, das die fünf grundlegenden Persönlichkeitsdimensionen, die „Big Five", beschreibt (Asendorpf, 2019). Die ermittelten Faktoren sind das Ergebnis lexikalischer Analysen: Aus einer großen Menge von aus Lexika entnommenen Eigenschaftsworten wurden mithilfe von Faktorenanalysen fünf bipolare Faktoren extrahiert. Einer der Faktoren ist Offenheit, wie aus Tab. 2.2 zu entnehmen ist.

Menschen mit hohen Offenheitswerten sind unkonventionell, erproben Neues und sind aufgeschlossen für neue Erfahrungen. Sie schätzen Abwechslung und Vielfalt. Weniger offene Menschen erleben Vielfalt dagegen eher als beunruhigend und beängstigend. Sie schotten sich lieber ab oder bewerten die anderen negativ, um sodann begründet Grenzen zu ziehen. Sie lehnen ein in ihren Augen zu hohes Maß an sozialer Vielfalt ab.

Die fünf Eigenschaften sind nicht gänzlich unabhängig, z. B. korrelieren Offenheit und Extraversion. Sinnvoll wäre nach Roth (2021) eine Zweiteilung in einen stabilen und einen dynamischen Typ. „Der Dynamiker zeigt ein hohes Maß an Unternehmungsgeist, an Wagemut und an Offenheit für andere Menschen sowie eine erhöhte Bereitschaft zu Veränderung ……. Der Stabile liebt Ruhe und Ordnung, wählt Möglichkeiten und Risiken sorgfältig ab …" (S. 72 f.).

Tab. 2.2 Die „Big Five" (Asendorpf, 2019, S. 70)

Faktoren	Beschreibungen
Offenheit	erfinderisch, neugierig, interessiert an neuen Erfahrungen und Eindrücken; das Gegenteil: konventionell, konservativ, „keine Experimente"
Extraversion	gesellig, nicht gehemmt, aktiv, gesprächig; das Gegenteil: introvertiert, zurückhaltend, schüchtern, reserviert
Gewissenhaftigkeit	ordentlich, beharrlich, organisiert, ausdauernd, planend, überlegt, verantwortlich, zuverlässig, zielstrebig; das Gegenteil: unbekümmert, nachlässig, spontan
Verträglichkeit	freundlich, hilfsbereit, kooperativ, mitfühlend, altruistisch, verständnisvoll, nachgiebig; das Gegenteil: wettbewerbsorientiert, unfreundlich, antagonistisch, egozentrisch
Neurotizismus	fehlendes Selbstvertrauen, ängstlich, emotional labil, verletzlich, unsicher; das Gegenteil: selbstsicher, ruhig, emotional stabil

Die subtile Diskriminierung besteht darin, dass diejenigen Menschen, die weniger offen sind und kein Interesse an sozialen und gesellschaftlichen Experimenten haben, die Ruhe und Ordnung lieben, mit diesen Eigenschaften nicht akzeptiert werden. Alle sollen offen sein.

2.5 Zwietracht

Der kleine schwarze Kater hat ein neues Heim gefunden. Er ist extrem verängstigt gewesen und hat kläglich miaut, als er im Tierheim in den Transportkorb gehoben wurde und sich für ihn eine unbekannte Welt auftat. Jetzt braucht er erst einmal eine Weile, bis er den Leuten vertraut, die ihm ein Zuhause bieten wollen. Anfangs versteckt er sich an allen möglichen und unmöglichen Stellen, so auch hinter einer Reihe von Shakespeare-Bänden, die alphabetisch geordnet im unteren Bücherregal stehen, also an einem für ein kleines Katzentier leicht zu erreichenden Platz. Nach ein paar Tagen scheint er das Shakespeare Versteck nicht mehr zu brauchen, er beginnt, die nähere Umgebung zu erkunden, die ihm dann keine Angst mehr macht. Ein Name für den kleinen Kater ist schnell gefunden. Er soll Gurnemanz heißen.

Das Eingewöhnen wird Gurnemanz erleichtert, als er an einem Morgen an der Terrassentür eine Katze erblickt, die so schwarz ist wie er selbst. Sie muss aus der Nachbarschaft stammen, denn wie ein Streuner sieht sie nicht aus. Die Katze – wie sich herausstellt: ein Kater – bekommt von uns den Namen Hannibal, weil wir unwillkürlich an „Hannibal ante portas"

Abb. 2.7 Hannibal und Gurnemanz. (Eigenes Foto)

haben denken müssen. Doch anders als bei den Römern ist Hannibal hier willkommen. Die beiden Kater mögen sich. Wenn Gurnemanz jauchzen könnte, würde er es tun. So schnurrt er nur. Hannibal kommt oft vorbei. Er ist ein gern gesehener Gast. Der Ort, an dem sein Artgenosse Gurnemanz zuhause ist, wird im Laufe der Zeit sein zweiter Wohnsitz (Abb. 2.7).

Alles ist gut. Fast ist es ein Kater-Honeymoon. Doch dann ist es mit der Eintracht vorbei. Zwietracht kommt durch ein gemeinsames Jagdobjekt auf. In beiden Katern wird der Jagdinstinkt geweckt, obwohl die Beute nichts weiter ist als ein Bindfaden, der bewegt wird. Eine solche Situation zu schaffen, war ein großer Fehler. Auch eine Kater- Freundschaft geht in die Brüche, wenn der Jagdinstinkt geweckt ist und beide die Beute haben wollen. Gurnemanz erweist sich dabei als besonders aggressiv, er faucht und plustert sich auf. Hannibal trollt sich. Gurnemanz wendet sich wieder verstärkt seinen Leuten zu und entwickelt eine so starke Bindung an uns, dass wir es geradezu als „unkätzisch" empfinden. Er vermisst uns sehr, wenn wir einmal nicht da sind. Dann sitzt er im Flur und wartet.

Eines Tages ziehen wir um. Gurnemanz gefällt das überhaupt nicht, doch er muss mit. Die Bewohner, die in das früher von uns bewohnte Haus eingezogen sind, berichten uns, dass eine schwarze Katze eine Zeit lang an der Terrassentür aufgetaucht ist und länger dort gestanden und geguckt hat, was sich dort im Innern tut. Nach einiger Zeit sei die schwarze Katze dann nicht mehr gekommen.

Gurnemanz braucht eine Weile, bis er sich an die neue Umgebung gewöhnt hat. Er scheint ein Faible für schwarze Artgenossen zu haben.

Gestreifte Katzen, die in der Umgebung auftauchen, werden verjagt. Doch als eines Tages eine schwarze Katze im Garten erscheint, verwandelt sich Gurnemanz in einen liebevollen Gastgeber. Er läuft der schwarzen Katze entgegen und scheint ihr zu verstehen zu geben, dass sie willkommen ist. Vielleicht ist es eine ferne Erinnerung an die unbeschwerten Zeiten mit Hannibal, der auch schwarz war.

Zur Psychologie
Gemeinschaft kann schwierig sein, denn nicht alle, die dazu gehören, denken und handeln ähnlich. Wenn zu viele Hirten ihre Herden auf einer gemeinsamen Weide grasen lassen, die hungrigen Ziegen den letzten Grashalm ausrupfen, bis schließlich nur noch trockener Boden übrig bleibt, der die Erosion vorantreibt, sodass dann überhaupt kein Gras dort mehr sprießt, ist es mit der Gemeinschaftlichkeit bald vorbei. Wenn jeder Hirte oder auch Fischer nur die Maximierung seines individuellen Nutzens oder Fangs im Auge hat, gäbe es auf der Wiese bald keinen Grashalm mehr und das Meer wäre nach kurzer Zeit fischfrei. Wenn es nur eine Maus und zwei Katzen gibt, die sie gern fangen wollen, hat man es mit einer begrenzten Ressource zu tun. Verallgemeinert geht es um die individuelle Nutzung eines Gemeinguts, einer Allmende. Der Begriff der Allmende bezeichnete ursprünglich ein gemeinsames Weideland (Hellbrück & Kals, 2012). Weideland sowie Gewässer, Wiesen und Wälder sind Gemeingut, wenn sie nicht Eigentum eines einzelnen Menschen oder einer bestimmten Gruppe sind, sondern alle darauf zugreifen können. Hardin (1968) hatte von einer „tragedy of commons" in verschiedenen Bereichen gesprochen, darunter auch dem Problem einer übervölkerten Erde. Die Tragik ist unvermeidlich, wenn man nicht zu einer *gemeinsamen* Lösung kommt. Es wird tragisch, weil jeder versuchen wird, seinen Ertrag zu maximieren, obwohl das vorhandene Gut nicht so viel hergibt. Mögliche Szenarien sind:

- Das Gut wird bis auf den letzten Halm oder letzten Fisch geplündert, d. h. derart ausgebeutet, dass keine Regeneration mehr möglich ist. Alle sind Verlierer.
- Man bekriegt sich, wobei die Verlierer das Nachsehen haben und leer ausgehen, während die Sieger den Gewinn allein einstreichen.

Die Freundschaft verwandelt sich in Feindschaft, wenn jeder zuviel beansprucht. Die sinnvolle und ökologische Lösung ist, mit den verfügbaren Ressourcen *planvoll* umzugehen.

Abb. 2.8 Fischfang am Strand von Portugal früher. (Eigenes Foto)

Die Zeiten, in denen eine Übernutzung rein technisch noch nicht möglich war, sind lange vorbei. So war gar nichts anderes möglich als ein sparsamer Umgang mit den Fischbeständen, denn mit den traditionellen Fischfangmethoden hätte man das Meer kaum leer fischen können. Man arbeitete einträchtig zusammen (Abb. 2.8).

In der griechischen Mythologie wird die Allmende-Klemme durch Eris, die Göttin der Zwietracht und des Streites, verkörpert; in der römischen Mythologie heißt diese Göttin Discordia (Zwietracht). Der *eine* Apfel, mit dem Discordia daher kam – eine Metapher für eine begrenzte Ressource – wurde von *drei* Göttinnen begehrt. Er brachte Unheil in eine bis dahin heile Welt. Er war Auslöser eines zerstörerischen Krieges.

Katzen sind nicht grundsätzlich Einzelgänger. Sie mögen die Menschen, die sich um sie kümmern, und sie mögen mitunter auch andere Katzen. Doch wenn es nur eine Maus gibt, die beide haben wollen, ist es mit der Freundschaft schnell vorbei. Doch auch bei Katzen scheint es ein Verzeihen zu geben, wenn der Grund für die Zwietracht nicht mehr besteht und nicht beide die eine Maus fangen wollen. Hannibal tauchte nach dem Wegzug von Gurnemanz noch eine Zeitlang an der Terrassentür auf.

Was heißt das psychologisch? Verzeihen erfordert eine Leistung, nämlich zwischen Person und Tat zu trennen. Auch wenn die Tat ein Unrecht ist und ein Fehler bleibt und nicht vergessen wird, so bekommt doch der Täter eine neue Chance, indem man ihm – wenn auch nicht die Tat – verzeiht. „Durch das Verzeihen werden die Last und die Macht der prinzipiell unveränderbaren Vergangenheit gemildert" (Reichenbach, 2020, S. 161). Ob Katzen einander verzeihen können in dem Sinne, dass die Tat vom Täter losgelöst wird, sodass der Täter eine neue Chance bekommt und ein neuer Anfang gemacht werden kann, ist wenig wahrscheinlich. Zu beobachten war jedoch, dass Hannibal wieder kam, um seinen Kater-Freund zu besuchen. Und ob Katzen sich nach längerer Zeit an frühere Freundschaften mit Artgenossen erinnern, lässt sich nicht beantworten. Man kann jedoch beobachten, dass auch Katzen bestimmte andere Katzen sympathisch finden und andere überhaupt nicht. Es könnte sich um eine Prägung handeln. Der aus der Verhaltensforschung stammende Begriff der Prägung bezeichnet die irreversible Spezialisierung eines Auslöserschemas für Instinkthandlungen. Prägungsvorgänge finden in einer frühen Lebensphase statt (Rossmann, 2004). Möglicherweise war die Zeit mit Hannibal eine sensible Phase.

2.6 Schwierige Verständigung

Der dreijährige Emil ist richtig wütend. Er brüllt und schreit, wenn etwas nicht so gemacht wird, wie er es will oder sich vorstellt, oder wenn er etwas nicht sofort bekommt, wonach es ihn verlangt. Gutes Zureden und Argumente sind vergeblich. Die genervten Eltern nehmen es hin und geben nach, damit das Geschrei aufhört, was vor allem dann höchst peinlich ist, wenn man mit Emil unterwegs ist und man die Kommentare Außenstehender zu hören bekommt. Es ist schon passiert, dass sich Emil im Kaufhaus auf den Boden geworfen und ein Jammergeschrei losgelassen hat. Die vorwurfsvollen Blicke der Anwesenden, die auszudrücken scheinen: der arme Kleine, was hat der auszuhalten bei diesen hartherzigen stoischen Eltern, muss man ertragen.

Wenn Emil im Kindergarten mit Gleichaltrigen zusammen spielt, ist er ganz friedlich, ein liebenswertes Kind, wie die Leiterin der Gruppe den Eltern berichtet. Es ist offensichtlich, dass Emil nicht grundsätzlich ein Wüterich ist, denn seine Wutanfälle sind offensichtlich ortsabhängig. Die Eltern sind verunsichert. Sind sie manchmal nicht doch zu streng oder auch das Gegenteil, nämlich viel zu nachgiebig? Machen sie den Fehler, zwischen einem autoritären und einem Laissez-faire Verhalten hin und her zu schwanken? Vielleicht ist es aber auch nur eine normale Phase in der kindlichen Entwicklung. Es ist jedenfalls eine sehr stressige Zeit mit Emil, in der man offensichtlich nichts richtig machen kann. Sowohl Machtworte als auch gutes Zureden sind wirkungslos.

Zur Psychologie

Wie lässt sich das Verhalten von Emil gegenüber den Eltern erklären? Woran liegt es, dass sich Emil in der Kindergarten-Gruppe ganz anders verhält? Eine Erklärung liefert die Entwicklungspsychologie (Rossmann, 2004, Lohaus & Vierhaus, 2019). Im Alter zwischen eineinhalb und zwei Jahren entwickelt sich in Grundzügen das Selbstkonzept, was man mithilfe des Spiegelversuchs herausgefunden hat. Wenn das kleine Kind in der Lage ist, sich im Spiegel zu erkennen, d. h. wenn ihm klar wird: Das bin ich, besagt das, dass ein Selbstkonzept existiert. Die Entdeckung der eigenen Person zeigt sich des Weiteren daran, dass das Kind als Reaktion auf sein Spiegelbild seinen Namen nennt. Ab etwa zwei Jahren beginnen Kinder „ich" und „du" zu sagen. Mit der Fähigkeit, sich selbst als „ich" zu erkennen, erhöht sich zugleich die Präferenz für das eigene Gesicht, was sich zu einer Selbstverliebtheit entwickeln kann (Lohaus & Vierhaus, 2019). Nachdem man sich selbst als „Ich" entdeckt hat, möchte dieses Ich nun auch etwas bewirken. „Nach der Entdeckung des eigenen Ich wissen die Kinder zwar, dass sie von ihrer Umgebung und von anderen Menschen eine gewisse Unabhängigkeit besitzen, sie müssen aber erst austesten, wie weit ihr Einfluss wirklich reicht. Dies tun sie im Laufe der nächsten Monate, also im Laufe des dritten Lebensjahres, in einer Phase, die in älteren entwicklungspsychologischen Stufenlehren als Trotzalter oder erste Trotzperiode bezeichnet wurde" (Rossmann, 2004, S. 104). Genau in dieser Lebensphase befindet sich Emil. Auch wenn die Eltern ein optimales Erziehungsverhalten praktizieren, d. h. sich dem Kind liebevoll zuwenden, responsiv sind und ihm genügend Handlungsfreiraum lassen, entwickelt das Kind ein starkes Bedürfnis nach Selbstwirksamkeit. Es will herausfinden, was es bewirken kann.

Doch warum findet ein solches Austesten nicht in der Kindergartengruppe statt? Hier ist Emil von Gleichaltrigen umgeben. Typisch für die altersmäßig homogenen Kindergartengruppen ist eine klare Dominanzhierarchie. Die Kinder akzeptieren, dass sich bestimmte Kinder als Anführer betätigen, denen die anderen folgen (Lohaus & Vierhaus, 2019). Dieser Hierarchie ist zu verdanken, dass es friedlich zugeht.

Im Kindergarten ist Emils Verhalten nicht auf eine unbedingte Selbstwirksamkeit bzw. eine Veränderung der anderen ausgerichtet (other transforming), sondern er selbst wird verändert (selftransforming). Der Kindergarten wird auf diese Weise zu einem wichtigen Lernort, indem er das self transforming fördert.

Das Miteinander ist konfliktreich, wenn das Kind seine Selbstwirksamkeit erproben will und die Eltern Grenzen setzen. Die Konflikt-

Tab. 2.3 Kompetenzstufen in der interpersonalen Kommunikation (Reichenbach, 2020, S. 123)

Stufe	Beschreibung
0	Egozentrismus, Beharren auf dem eigenen Standpunkt/Gewaltanwendung, um sich durchzusetzen
1	Einseitigkeit, Machtausübung und Befehlen
2	Reziprozität, Erkennen, dass es andere Perspektiven gibt, Versuch, den anderen zu überzeugen
3	Enge gegenseitige Beziehung, erfolgreiche Zusammenarbeit

lösung wird dadurch vereitelt, dass man sich wegen der unterschiedlichen kommunikativen Fähigkeiten nicht oder nur schwer verständigen kann. Das wird deutlich, wenn man sich das Stufenkonzept der interpersonalen Verhandlungskompetenz von Selman (1984) ansieht, in dem zwischen vier Kompetenzstufen unterschieden wird (Tab. 2.3). Mit Kompetenz ist hier die Fähigkeit gemeint, die eigene Perspektive als eine unter anderen möglichen Perspektiven erkennen können.

In dieser Stufenfolge spiegelt sich die Entwicklung von einer anfänglichen Nur- eine- Perspektive zur Fähigkeit wider, auch andere Perspektiven zu erkennen. Emil befindet je nach Situation auf Stufe 0 oder 1. Die Dominanzhierarchie im Kindergarten ist einseitig, der Wille der „Anführer-Kinder" wird akzeptiert.

Doch auch unter Erwachsenen kann es schwer fallen, sich zu verständigen. Das ist dann der Fall, wenn Menschen mit unterschiedlichen kommunikativen Kompetenzen zusammentreffen. Probleme, die bei ungleichen Kompetenzniveaus auftauchen, sind häufiges Nein sagen, Widersprechen und Streit. Typische Verhaltensweisen sind Weghören, Kommunikationsverweigerung, Machteinsatz und Gewaltanwendung.

Ein kompetenter Mensch, der mit einem Menschen, der über die zweite Stufe nicht hinausgekommen ist, kommuniziert, macht die Erfahrung, dass seine klugen Argumente nicht verstanden werden. Er muss sich notgedrungen auf ein niedrigeres Niveau einstellen, denn: „Nur jene Sprache ist wirkungsvoll, die von der Gegenseite verstanden wird" (Reichenbach, 2020, S. 133). Das bedeutet, dass sich die unteren Kompetenzstufen durchsetzen. Die Beziehung ist asymmetrisch, wenn die Beteiligten unterschiedlich verhandlungskompetent sind. In dieser Situation befinden sich Emil und seine Eltern. Emil behält seine egozentrische Haltung und Selbstbezogenheit bei. Für die Eltern ist tröstlich, dass diese Asymmetrie nicht von Dauer ist, denn irgendwann wird Emil die Trotzphase hinter sich lassen.

2.7 Macht

Herr K. und Frau M. haben beide nach dem Besuch der Hannah Arendt Ausstellung in Berlin das Buch „Elemente und Ursprünge totalitärer Herrschaft" (1955) gelesen. Dann fahren sie nach Potsdam, um sich dort im Schloss Cäcilienhof die Ausstellung „1945 – Die Neuordnung der Welt" anzusehen. Das schöne, aufwendig restaurierte kleine Schloss wirkt fast gemütlich und gar nicht wie ein Zentrum der Macht, das es aber einmal gewesen ist. Hier wurde knallharte Politik gemacht. Auf dem Ausstellungsplakat an der Fassade sind drei Männer nebeneinander auf Korbstühlen sitzend zu sehen. Diese drei waren am Ende des zweiten Weltkrieges die mächtigsten Männer der Welt. Ihre Macht reichte so weit, dass sie im Sommer 1945 die Ländergrenzen in Europa neu ziehen konnten, was die Vertreibung von vielen Millionen Menschen und damit nach den Verheerungen des Krieges viel zusätzliches Leid zur Folge gehabt hat. Drinnen im Mittelteil des Schlosses wurde getagt (Abb. 2.9).

Der Konferenzraum, in dem sich die Macht geradezu geballt hatte, ist noch nicht einmal besonders groß. Man hat bauliche Monumentalität gar nicht nötig gehabt. An dem großen runden Tisch sind Entscheidungen gefällt worden, gegen die kein Einspruch möglich war. Kein Gericht hätte angerufen werden können.

Abb. 2.9 Konferenzraum im Schloss Cäcilienhof. (Eigenes Foto)

Beim Rundgang durch das Schloss sehen sie die Arbeitszimmer der drei Mächtigen und auch kleine Dinge wie das Tagebuch der jungen Sekretärin von Churchill. Aus ihren Aufzeichnungen geht hervor, dass die Mächtigen die gute Küche, die Konzertveranstaltungen und die schöne seenreiche Umgebung genossen haben. Jeden Abend gibt es Tanz und Konzerte, wie sie in ihrem Tagebuch notiert hat. Größer hätte der Kontrast nicht sein können: hier die Bilder zu Flucht und Vertreibung und dort die Aufzeichnungen, die das Wohlleben der Mächtigen dokumentieren.

Als sie nach dem Rundgang durch den mit Bildern, Exponaten und kostbaren Mobiliar gefüllten Räumen schließlich im Cafe im Neuen Garten sitzen, sind sich Herr K. und Frau M. einig: die Potsdamer Konferenz im Jahr 1945 verkörpert totalitäre Herrschaft, wie sie Hannah Arendt beschrieben hat, die weit in die Zukunft hineinwirkt.

Dass auch die Vergangenheit zur Einflusssphäre der Mächtigen gehört, wird ihnen sehr deutlich vor Augen geführt, als sie einige Zeit später im Theater das Stück „Macht und Widerstand" sehen, das um die Frage kreist, welche Chancen derjenige hat, der sich der Macht entgegenstellt. Man ahnt schon, dass er keine hat. Es ist eine Bühnenfassung von Ilija Trojanows Roman. Protagonisten sind der Revolutionär Konstantin Scheitanow und der mächtige Metodi Popow. Ihre Ahnung wird voll bestätigt: Jeder Widerstand gegen eine totalitäre Macht ist zum Scheitern verurteilt. Man riskiert oder verliert dabei sein Leben. Und das ist noch nicht einmal alles: Der Einfluss der Mächtigen reicht in die Vergangenheit zurück. Sie können die Vergangenheit auslöschen, indem sie Dokumente und Unterlagen vernichten oder verschwinden lassen oder eine neue Vergangenheit erfinden. In dem Programmheft zum Stück von Trojanow wird auf diesen Aspekt der Macht eingegangen. Es werden die verschiedenen Techniken des Vergessens wie Löschen, Zudecken, Verbergen, Schweigen, Überschreiben, Ignorieren, Neutralisieren, Leugnen und Verlieren geschildert. Mit deren Hilfe wird der Erhalt der Macht gesichert. Derjenige, der Widerstand geleistet und dadurch möglicherweise zu einem gesellschaftlichen Umbruch hätte beitragen können, bleibt ein Verlierer, wenn die Mächtigen die Techniken des Vergessens anwenden. Aus dem mutigen Menschen, der Widerstand geleistet hat und Lob verdient hätte, wird so ein Mitläufer oder sogar Täter gemacht, oder es hat ihn nie gegeben.

Vor allem Herr K. findet, dass das Theater nicht nur reines Entertainment sein sollte. Es ist der passende Ort für ein Edutainment, eine lehrreiche Unterhaltung. Frau M. meint, dass man das nicht ganz so strikt sehen sollte.

Zur Psychologie

Die drei mächtigsten Männer der Welt, die 1945 in Europa die Ländergrenzen neu gezogen haben, und der mächtige Metodi in dem Theaterstück „Macht und Widerstand" verkörpern totalitäre Macht, gegen die kein Widerstand möglich ist und jeder Versuch scheitern wird. Doch es gibt weitere Formen der Machtverteilung und auch die Illusion, dass man mächtig ist, auch wenn es nicht zutrifft. In der Erzählung „Der kleine Prinz" von Antoine de Saint-Exupery heißt es: „Er befand sich in der Region der Asteroiden 325, 326, 327, 328, 329 und 330. Er begann also, sie zu besuchen, um sich zu beschäftigen und sich zu bilden. Auf dem ersten wohnte ein König. Der König thronte in Purpur und Hermelin auf einem sehr einfachen und dabei sehr königlichen Thron. ‚Ah! Sieh da, ein Untertan', rief der König, als er den kleinen Prinzen sah. Und der kleine Prinz fragte sich: Wie kann er mich kennen, da er mich noch nie gesehen hat? Er wusste nicht, dass für die Könige die Welt etwas höchst Einfaches ist: Alle Menschen sind Untertanen" (S. 38). Auch wenn der König auf dem Asteroiden 325 keine Macht hat – er glaubt nur, dass er sie hat – und zwar nicht nur, weil ihm die Untertanen fehlen, sondern auch, weil er ihnen nur das befehlen kann, was sie ohnehin tun wollen, so führt die Geschichte dennoch vor Augen, dass Macht ein relationaler Begriff ist, denn über Macht kann ein Mensch nur dann verfügen, wenn es in seinem „Herrschaftsbereich" auch weniger mächtige Menschen – eben Untertanen – gibt. „Es braucht immer zwei… Macht auf der einen und Ohnmacht auf der anderen Seite" (Reichenbach, 2020, S. 22). Macht bedeutet, Einfluss auf andere zu haben (Busch, 2018; Schneider, 1994). Ohne diese anderen gibt es keine Macht.

Wie sich das Miteinander zwischen Individuen, Gruppen, Institutionen, Organisationen und Staaten gestaltet, hängt entscheidend von der Machtverteilung ab. Diese wird von verschiedenen Faktoren bestimmt: dem sozialen Status der Beteiligten, dem Wissen, der Legitimation, persönlichen Eigenschaften und Machtmotiven. Gesetze und Vorschriften sowie Anweisungen und Befehle von Personen mit einem höheren sozialen Status innerhalb einer definierten Hierarchie werden in der Regel beachtet und befolgt. Man gehorcht aus Respekt vor den Autoritätspersonen, aber auch, weil man die Konsequenzen von Ungehorsam fürchtet (Hewstone & Martin, 2014). Die hierarchische soziale Ordnung, die der Königin im Märchen von Schneewittchen einen hohen Status verleiht, ermöglicht es ihr, dem Jäger zu befehlen, Schneewittchen zu töten. Doch der Jäger kommt dem Befehl nicht nach. Sein Gehorsam, den er der Rang höheren Königin schuldet, bröckelt beim Anblick des arglosen schönen Schneewittchens. Er muss jedoch die Konsequenzen seines Ungehorsams nicht fürchten, denn der an der Spitze der Hierarchie stehende König schätzt ihn und würde seine Bestrafung nicht zulassen (vgl. Abschn. 2.8).

Eine subtile Form der Machtausübung sind moralische Appelle, die Schuldgefühle auslösen, wenn man anders handelt als man es sollte. Auf diese Weise kann man Menschen in Täter verwandeln und ihnen die Verantwortung für ein unheilvolles Geschehen aufbürden wie z. B. eine weitere Ausbreitung der Pandemie, weil sie sich nicht wie vorgeschrieben verhalten haben[3]. Wer mehr weiß als andere, kann diejenigen, die weniger wissen, lenken. Genau das besagt der Spruch: Wissen ist Macht. Ein Beispiel ist der alte Meister in Goethes Gedicht „Der Zauberlehrling", der im Unterschied zum Lehrling weiß, wie man mit dem Besen umgehen muss.

Eine neuere Form der Machtausübung sind Informationsselektion und Fake News sowie der Einsatz von Techniken des Vergessens wie Auslöschen und Beschweigen. In dem Stück „Macht und Widerstand" bleibt der Revolutionär nach dem gesellschaftlichen Umbruch weiterhin Opfer, denn die Mächtigen bleiben an der Macht, indem sie durch Vernichtung von Dokumenten die Vergangenheit auslöschen und neu erfinden. Auch in die Zukunft wirken die Mächtigen hinein, indem Kinder und Jugendliche in eine von ihnen geformte und kontrollierte Gesellschaft hineinwachsen und deren Normen internalisieren.

In Wissensgesellschaften hat derjenige Macht, der im Besitz von Informationen ist. Sensoren und Überwachungskameras sowie die Nutzung von Online Diensten und des Internet, die registriert wird, liefern persönliche Daten, ohne dass man es will oder überhaupt merkt. Der Mensch verliert dadurch die Kontrolle darüber, was andere über ihn erfahren (Mayer-Schönberger & Cukier, 2013; Lück, 2013). Mit dem Aufkommen der sozialen Medien hat sich für alle die Möglichkeit Macht auszuüben aufgetan, indem sie im Internet Meinungen kund tun und verbreiten.

Wer legitimiert ist, kann bestimmen und befehlen. Durch die Ausstattung mit den Insignien der Macht wie Szepter und Krone, dem Tragen kostbarer Gewänder und dem Residieren in prunkvollen Räumen und Palästen wird den „Untertanen" mitgeteilt, wer hier bestimmt (Abb. 2.10).

Der Herzog in Shakespeares Stück „Maß für Maß" ist legitimiert, Macht auszuüben. Als Adliger in der Zeit um 1600 in England ist seine Legitimation unstrittig. Er nutzt seine Macht auf eine besondere Weise,

---

[3] Ein Beispiel ist die Aussage eines Politikers, dass, wer jetzt Osterurlaub mache, den Sommerurlaub von allen gefährden würde. Der Osterurlauber, ein potentielles Opfer der Pandemie, wird so zum Täter umdefiniert (Steingarts Morning Briefing vom 22.3.21).

Abb. 2.10 Herrscherpaar in byzantinischer Kleidung. (Eigenes Foto)

indem er sie für eine Weile delegiert und so tut, als ob er weit weg reist. Er bleibt in der Nähe und kommt verkleidet als Mönch zurück. Er ist der Akteur, der eine Komödie inszeniert, in der die Mitspielenden nicht wissen, dass sie Marionetten sind, die er lenkt. Sie halten es für eine reale Situation. Am Schluss hält der Herzog den anderen in einer selbstgefälligen hypermoralischen Pose einen Spiegel vor, der ihre mangelnde Fähigkeit, umsichtig zu handeln und weise zu regieren, vor Augen führt. Er präsentiert sich als der einzig fähige Herrscher. Damit untermauert er seine Legitimation[4].

---

[4] Dass die Regeln und Institutionen einer Gesellschaft willkürliche Festlegungen sind und somit der Glaube, dass Herrschaft etwas von Gott Gegebenes ist, nicht begründbar ist, hatte Thomas Hobbes bereits im 17. Jahrhundert erkannt. Nicht mehr das Gottesgnadentum ist es, das dem Monarchen seine Legitimation verschafft, sondern eine Übereinkunft der Untertanen. https://de.wikipedia.org/wiki/Leviathan_(Thomas_Hobbes).

Schulz-Hardt und Brodbeck (2014), die sich mit der Arbeitswelt befasst haben, beschreiben charismatische Menschen als selbstbewusste, enthusiastische Führungskräfte, die von ihren Mitarbeitern respektiert und unterstützt werden, um gemeinsam und mit vereinten Kräften die gesetzten Ziele zu erreichen. Führung in Organisationen bedeutet die Beeinflussung, Motivierung und Befähigung der Mitarbeiter, effektiv zu arbeiten und aktiv zur Zielerreichung und Erledigung von Aufgaben beizutragen.

Wie mächtig ein Mensch ist, hängt nicht nur von seinem sozialen Status, seiner Legitimation, seinem Wissen und seinen Führungsqualitäten, sondern immer auch von gesellschaftlichen Strukturen und Normen ab, welche die Machtkonzentration und Machtausübung blockieren oder fördern. Gesellschaften unterscheiden sich hinsichtlich der in ihnen bestehenden Machtdistanz, d. h. in dem Ausmaß, in dem Unterschiede in der Machtfülle akzeptiert oder sogar erwartet werden (Busch, 2018). Machtdistanz tritt in hierarchischen Strukturen und Statusunterschieden zutage. Das Leitbild in demokratisch verfassten Gesellschaften sind flache Hierarchien, egalitäre Strukturen und annähernde Statusgleichheit. Ungeteilte Macht – die größtmögliche Machtdistanz – kennt nur zwei Gruppen: die Mächtigen und die Ohnmächtigen. Abgesehen davon, dass eine ungleiche Machtverteilung auch bewirken kann, dass die Stärkeren die Schwächeren unterstützen, wie es in Familien oder anderen Gemeinschaften praktiziert wird, so gibt es doch auch die Kehrseite: Die Mächtigen können die Machtlosen unterdrücken, ihre Arbeitskraft ausbeuten, sie schikanieren und demütigen, gefangen nehmen und töten. Totalitäre Herrschaft zeichnet sich, wie Arendt (1955) geschrieben hat, auch dadurch aus, dass das Töten von Menschen folgenlos bleibt.

Die Staatenlosen, die keinerlei Rechte haben, sind zu den extrem Schwachen zu rechnen; sie sind „vogelfrei", denn sie können sich nicht auf das in einem Staat geltende Recht berufen (Arendt, 1955).

Der Mächtige vergrößert seinen Einflussbereich durch Aufbau eines Machtapparats bestehend aus einer hierarchisch organisierten Verwaltung, Polizei und Militär (Arendt, 1955). Nicht die Machthaber selbst müssen tätig werden, dazu haben sie einen Machtapparat. In den Experimenten von Milgram (1974), in denen Verbündete des Versuchsleiters (Confederates) die Befehle eines Mächtigen ausführten, wurde diese Konstellation simuliert (Hewstone & Martin, 2014). Die Verbündeten repräsentieren den Machtapparat. Die Bereitschaft, die Befehle von oben auszuführen, auch wenn sie damit den ihnen ausgelieferten Opfern Schmerzen zufügten, war nicht gering. Es sind normale Menschen, die sich nicht verantwortlich für ihr Tun fühlen, weil sie im Auftrag einer übergeordneten Instanz handeln[5].

Macht haben bedeutet Selbstwirksamkeit, Autonomie und Umweltkontrolle. Das Machtstreben ist ein Wachstumsbedürfnis. Mit dem Modell der Bedürfnishierarchie von Maslow (1954), in dem zwischen den unteren existentiellen bzw. Defizit- und den höheren Wachstumsbedürfnissen differenziert wird, lässt sich verdeutlichen, was damit gemeint ist. Während die existentiellen Bedürfnisse nach Nahrung, Wärme, Gesundheit, Ruhe, Schlaf und Sicherheit aufhören zu existieren, sobald sie befriedigt sind, gilt das nicht für die Wachstumsbedürfnisse nach Selbstentfaltung, Selbstwirksamkeit, Umweltkontrolle und eben Macht. Bei Wachstumsbedürfnissen gibt es keinen definitiven Punkt, an dem sie erfüllt und damit nicht mehr Motor des Verhaltens sind. Sie sind im Prinzip auf ein „Immer mehr" ausgerichtet.

Macht heißt, andere Menschen beeinflussen und die Umwelt kontrollieren zu können. Das Bestreben des Menschen, Ereignisse und Zustände seiner Umwelt beeinflussen, erklären und vorhersagen zu können (Fischer & Stephan, 1996), ist genau genommen ein Machtmotiv. Der in der frühen Kindheit zu findende Ursprung ist ein unspezifisches Wirksamkeitsmotiv. So freut sich das Kleinkind, wenn es einen Effekt hervorruft, indem es z. B. durch Schütteln eines Objekts ein Geräusch erzeugt (Busch, 2018).

Machtstreben ist nach Alfred Adler, der die Entwicklung der Psychologie und Psychotherapie zu Beginn des 20. Jahrhundert wesentlich beeinflusst hat, einer der Hauptantriebe menschlichen Verhaltens. Er hatte angenommen, dass Menschen erlebte Unterlegenheit und Minderwertigkeitsgefühle durch Machtstreben auszugleichen versuchen. Eine Überkompensation tritt in einem übersteigerten Geltungsstreben sowie einem sehr ausgeprägten Willen zur Macht zutage. Infolge einer faktischen oder wahrgenommenen Unzulänglichkeit und einem geringen Selbstwertgefühl ist das Streben darauf gerichtet, sich selbst aufzuwerten und zwar auch in der Form, dass man andere abwertet (Stangl, 2021a).

Durch Identifikation mit den Mächtigen wird man selbst mächtig. Nach der psychoanalytischen Theorie ist die „Identifikation mit dem Angreifer"

---

[5] „Erich Kästner … musste … als Augenzeuge am 10. Mai 1933 die Verbrennung seiner Bücher am heutigen Berliner Bebelplatz erleben. Studenten übergossen seine Werke mit Benzin. Allein in Berlin wurden in dieser konzertierten NS-Aktion 20.000 Bücher verbrannt" (Steingarts Morning Briefing vom 23.2.21). Die das Feuer entfachenden Studenten handelten als Vollstrecker von Befehlen.

einer der Abwehrmechanismen, mit denen das Ich operiert, wenn es einer Übermacht gegenüber steht. „Das Ich … gilt …als Akteur und als Träger unserer geistigen Tätigkeit, also der Gedanken, Vorstellungen, Erinnerungen und Absichten, als Kommandeur über den Willen und als Koordinator unseres Handelns" (Roth, 2021, S. 154). Bei Kindern ist es, wie Anna Freud (1936) dargestellt hat, eine Zwischenstufe in der normalen Über-Ich-Entwicklung. Die Identifikation mit den aus der Sicht des Kindes mächtigen Erwachsenen liefert dem Über-Ich das Material zu seiner Ausgestaltung. Eine Machtdistanz zwischen Kind und Erwachsenen ist somit für die Entwicklung des Über-Ichs durchaus von Belang.

Abschließend noch ein Kommentar zu Theateraufführungen: Die beiden Protagonisten in der Geschichte waren sich einig, dass das Theater ein geeigneter Ort ist, um gesellschaftliche Fragen zu beleuchten und Wissen zu vermitteln, dass es also mehr bieten sollte als schiere Unterhaltung. Ohne Zweifel ist Unterhaltung in erster Linie auf Vergnügen und Spaß ausgerichtet. Unterhaltendes kann indessen zugleich auch lehrreich sein, was mit den Wörtern „Infotainment" und „Edutainment" ausgedrückt wird (Mangold, 2004). Infotainment bezeichnet einen Mix aus Information und Unterhaltung. Die Information wird mit unterhaltsamen Elementen „aufgepeppt", z. B. durch ein witziges Bild. Beim Edutainment (Überlappung von Unterhaltung und Lernen) werden Spaß- und Unterhaltungselemente integriert. Das Vergnügen am Witz eines Computerspiels oder einer Unterhaltungssendung kann dazu führen, dass man motiviert wird, sich vertiefend oder überhaupt mit einem Thema zu befassen.

2.8 Eitelkeit

Schneewittchen ist sehr schön. Es gibt viele Fotos und Bildnisse von ihr, in den Medien werden sie verbreitet, denn ein Bild von ihr lässt die Auflage in die Höhe schnellen. Die Prinzen aus vielen Ländern machen sich auf den Weg, um Schneewittchen live zu erleben und sich davon zu überzeugen, dass sie wirklich und nicht nur auf den Bildern schön ist und ihr sodann einen Heiratsantrag zu machen. Doch es gibt eine Stiefmutter. Der verwitwete König hat ein zweites Mal geheiratet, um bei offiziellen Anlässen eine First Lady an seiner Seite zu haben. Die Stiefmutter passt auf, dass die Prinzen dem schönen Kind nicht zu nahe kommen. Sie fertigt die anreisenden Prinzen mit der Bemerkung ab, dass Schneewittchen noch viel zu jung zum Heiraten ist. Das macht sie nicht aus Fürsorge, sondern aus Eitelkeit. Sie ist nur wenige Jahre älter als Schneewittchen und zweifellos auch hübsch. Sie ist in sich selbst verliebt und freut sich über ihren Anblick, wenn sie in den mit einem goldenen Rahmen eingefassten Spiegel blickt. Es ist ein besonderer Spiegel, der auf Fragen antwortet. Er hat ihr schon oft bestätigt, dass sie die Allerschönste im Lande ist. Eines Tages fragt sie ihn erneut:

„Spieglein, Spieglein an der Wand,
wer ist die Schönste im ganzen Land?"

Der Schreck fährt ihr in die Glieder, als der Spiegel Schneewittchen, die gerade 17 Jahre alt geworden ist, und nicht sie als die Schönste im ganzen Land nennt. Das ist eine Schmach und so unerträglich für sie, dass sie darauf sinnt, Schneewittchen aus dem Weg zu räumen. Ein direkter Mord kommt allerdings nicht infrage. Und es darf auch nicht so aussehen, dass sie ihre Hände im Spiel hat, wenn Schneewittchen von der Bildfläche verschwindet, denn dann wäre der König erbost und würde sich womöglich scheiden lassen und sie davon jagen. Denn seine schöne Tochter aus erster Ehe liebt er mehr als alle anderen Menschen auf der Welt.

Die Stiefmutter beauftragt einen Jäger, Schneewittchen mit in den Wald zu nehmen und dort umzubringen. Doch der Jäger ist so bezaubert von der Schönheit des Mädchens, dass er es nicht übers Herz bringt, sie zu töten. Er lässt sie laufen. Sie ist verzweifelt, aber sie ist auch eine Königstochter, die nicht einfach die Hände in den Schoß legt und ihre Hilflosigkeit beklagt. Sie macht sich auf den Weg durch das dichte Gestrüpp und findet schließlich nach vielen Stunden ein kleines Haus, das ganz versteckt im Wald liegt. Sie sieht erst einmal durch eines der Fenster, ob jemand sich darin aufhält. Doch es scheint niemand zu Hause zu sein. Nur ein Tisch mit sieben Stühlen drum herum ist zu erblicken. Die Tür ist nicht verschlossen, sodass sie nicht lange zögert und hinein geht, denn sie ist sehr müde und hofft, dass sie sich dort ein bisschen ausruhen kann. Sie legt sich in eines der Betten im anderen Zimmer und schläft sofort ein. Die Bewohner des Hauses, die sieben Zwerge, die im Bergwerk gearbeitet haben, sind sehr überrascht, als sie das schöne Mädchen in ihrem Haus finden, das tief schläft. Sie lassen sie erst einmal ausschlafen. Sie wird ihnen später sicherlich erzählen, was da überhaupt passiert ist. Das tut Schneewittchen dann auch. Die Zwerge heißen sie willkommen und laden sie ein, bei ihnen wohnen zu bleiben, solange sie will. Als Gegenleistung soll Schneewittchen Hausarbeiten verrichten und für sie alle kochen, was sie allerdings erst noch lernen muss, denn im königlichen Schloss sind Köche beschäftigt, die sich um alles kümmern.

Abb. 2.11 Die Stiefmutter. (Stepmother, Serie Dream Walkers, 2019, mit freundlicher Genehmigung von Katerina Belkina)

Währenddessen befragt die Königin ihren Spiegel ein weiteres Mal, wer die Schönste im ganzen Land ist. Sie prallt zurück, als er ihr sagt, dass es Schneewittchen ist. Sie lebt also noch! Der Jäger hat sie betrogen, er soll dafür büßen, was aber schwierig ist, weil der König ihn als verlässlichen Menschen und ranghöchsten Begleiter schätzt, wenn er selbst auf die Jagd geht. Dessen Bestrafung ist nicht möglich. Weil es für sie unerträglich ist, dass jemand sie an Schönheit übertrifft, nimmt sie die Sache selbst in die Hand und macht in verkleideter Gestalt mehrere Anläufe, um Schneewittchen umzubringen. Beim dritten Mal kommt sie als Bauersfrau verkleidet mit einem vergifteten Apfel zur Waldhütte (Abb. 2.11).

Wie die Geschichte weiter geht, kann man im Märchenbuch der Gebrüder Grimm nachlesen. Das Happy End ist bekannt. Schneewittchen heiratet einen Prinzen, der auch sehr schön ist, dem es aber gar nicht wichtig ist, ob sie die Allerschönste ist. Auch wenn Schneewittchen nur die Zweitschönste wäre, würde er sie heiraten. Schneewittchen liebt ihn auf den ersten Blick. Die Stiefmutter ist jetzt in einer üblen Lage, denn es ist offensichtlich, dass sie Schneewittchen nach dem Leben trachtete. Sie wird mit dem Tode bestraft. Wahrscheinlich hätte sie ihr Leben ohnehin nicht mehr lebenswert gefunden, weil sie ständig darunter gelitten hätte, dass eine andere tausendmal schöner ist als sie. Sie beißt in den giftigen Apfel, den man ihr überreicht. Der König freut sich, dass seine schöne Tochter einen hübschen Prinzen heiratet. Noch während der Hochzeitsfeier beschließt er, sich in der Runde der Hochzeitsgäste nach einer dritten Frau umzusehen. Ein König ohne First Lady an seiner Seite macht keinen guten Eindruck. Doch der Spiegel mit dem goldenen Rahmen, der Schönheitsurteile fällen kann, wird erst einmal auf den Dachboden des Schlosses gebracht, damit die neue Königin ihn gar nicht erst in Gebrauch nimmt. Bei nächst bietender Gelegenheit soll er verkauft werden. Ein Interessent, der hofft, die Kosten für die Jury bei den von ihm veranstalteten Schönheitswettbewerben einsparen zu können, hat sich schon gemeldet.

Zur Psychologie
Nachdem der kleine Prinz auf dem Asteroiden 325 den König getroffen hat, der hocherfreut war, dass endlich ein Untertan aufgetaucht ist und den er dann zu seinem Gesandten ernannt hatte, weil das ein plausibler Grund war, dass sich der Untertan wieder von dannen machte, gelangte er zum nächsten Asteroiden, auf dem ein Eitler wohnte. Den Eitlen freut es, dass jemand kommt, um ihn zu bewundern. „Ah, ah, schau, schau, ein Bewunderer kommt zu Besuch!' rief der Eitle von weitem, sobald er des kleinen Prinzen ansichtig wurde. Jetzt hatte er endlich jemanden, der ihn bewunderte, wobei der Eitle nicht in Zweifel zog, dass alle anderen Leute Bewunderer sind" (de Saint-Exupery, 1996, S. 43). Es ist eine Metapher: Eitle brauchen ein Publikum, das nichts weiter zu tun hat, als sie vorbehaltlos zu bewundern.

Für die Stiefmutter von Schneewittchen ist die Bestätigung lebenswichtig, dass sie die Schönste im ganzen Lande ist. Doch nicht nur sie selbst und der Spiegel, sondern auch alle anderen sollen ihre Schönheit bewundern. Sie will die Allerschönste sein, was Vergleiche erfordert. Die Frage, die sie an den Spiegel richtet, läuft auf einen sozialen Vergleich hinaus. Dieser dient dazu, die eigenen Eigenschaften an einem externen Maßstab – den Eigenschaften anderer oder einer Vergleichsgruppe – einzuschätzen (Morf & Koole, 2014). Vergleiche finden am laufenden Band statt, ohne dass man sich dessen bewusst ist oder sie wichtig findet. Eitle stellen diese Vergleiche jedoch ganz bewusst an, weil sie die Bestätigung brauchen, dass sie am allerklügsten, berühmtesten, erfolgreichsten, fittesten oder allerschönsten sind.

Nicht nur Psychologen, sondern auch Dichter und Philosophen haben über das Phänomen der Eitelkeit nachgedacht (vgl. Gammel, 2017). Im 17. Jahrhundert hat Andreas Gryphius in dem Sonett „Du siehst, wohin du siehst, nur Eitelkeit auf Erden" auf die Verbreitung dieses Phänomens schon vor Jahrhunderten verwiesen. Im 18. Jahrhundert hat David Hume Eitelkeit als die Neigung des Menschen umschrieben, eigene Vorzüge und Ehren übertrieben darzustellen und geradezu Bewunderung sowie Lobhudeleien zu verlangen. Im 19. Jahrhundert kam Friedrich Nietzsche zu dem Schluss, dass der Eitle nicht so sehr anderen, sondern vielmehr sich selbst gefallen will. Deshalb würde sich der Eitle nach außen besser darstellen als er tatsächlich ist, um dann die entgegengebrachte übertriebene Bewunderung bereitwillig selbst zu glauben. In der ersten Hälfte des 20. Jahrhunderts hat der Psychologe Philipp Lersch Eitelkeit als eine typische Haltung des narzisstischen Selbstwertgefühls definiert. Die extrem unkritische Selbstverliebtheit des Eitlen sei so stark, dass das Wertgefühl für andere Menschen und das Werturteil über sie völlig zurücktreten. Das Streben nach Geltung und der ganze Stolz des Eitlen würden nicht in ihm selbst liegen, sondern in der Meinung anderer. Es gäbe das Phänomen der Eitelkeit nicht, wenn der Mensch kein Sozialwesen wäre, das die anderen Menschen braucht, um das eigene Selbst zu bestätigen.

Dem Eitlen ist an zwei Antworten gelegen. Ausgehend von den beiden Kommunikationsformen (Fuhrer & Kaiser, 1993): Man sendet Informationen an sich selbst, indem man z. B. in den Spiegel guckt, und man sendet Informationen an andere, um eine Rückmeldung zu bekommen, erwartet der Eitle eine doppelte Antwort. Sowohl der Spiegel als auch die anderen sollen seine Frage so beantworten, wie er sich das vorstellt.

Das Selbstwertgefühl ist der Wert, den man sich selbst beimisst. Der Eitle misst sich einen sehr hohen Wert zu – kein Wunder, dass er in sich selbst verliebt ist. Von dieser Übersteigerung einmal abgesehen, ist das Selbstwertgefühl von elementarer Bedeutung für die Befindlichkeit und die psychische Gesundheit (Polce-Lynch et al., 2001). Ein mittleres Ausmaß an Eitelkeit ist somit nicht verwerflich. Auch Hannah Arendt meinte, dass Eitelkeit der Erscheinungsdrang alles Lebendigen ist (zit. bei Reichenbach, 2020, S. 21). Der Mensch strebt danach, von anderen anerkannt zu werden. Wenn er als bedeutend und strahlend gesehen wird, ist das ein Labsal für sein Selbst und förderlich für sein Wohlbefinden. Das Selbstwertgefühl lässt sich steigern, indem man genau diejenigen Merkmale hervorhebt, die einen in ein positives Licht rücken (Morf & Koole, 2014). Man ist z. B. hochmusikalisch, besonders sportlich, ein kluger Kopf oder kompetenter Kunstkenner.

Doch auch wenn Eitelkeit der Erscheinungsdrang alles Lebendigen ist, so fragt sich, wie stark dieser Drang ist. Bei der Königin ist dieser Drang extrem stark ausgeprägt, bei Schneewittchen ist er überhaupt nicht vorhanden.

Der im nachfolgenden Exkurs wieder gegebene kleinen Test: die Rosenberg Self-Esteem-Skala (RSES), misst zwar nicht direkt die Eitelkeit. Es lässt sich damit aber abschätzen, wie stark ausgeprägt das individuelle Selbstwertgefühl ist, eine Vorstufe zur Eitelkeit.

> **Übersicht**
>
> **Exkurs: der Test RSES** (vgl. Morf & Koole, 2014, S. 158).
> Geben Sie beim unten aufgeführten Test an, wie stark Sie mit jeder einzelnen der folgenden Aussagen übereinstimmen. Die Skala reicht von „lehne stark ab" (=1), über „lehne ab" (=2), bis „stimme damit überein" (=3) bis „stimme stark damit überein" (=4).
> (* bedeutet umgekehrt kodiertes Item).
> Um Ihren Testwert zu bestimmen, sollten Sie die Kodierung für die fünf negativ formulierten Items (2, 5, 6, 8 und 9) wie folgt umkehren: 1=4, 2=3, 3=2, 4=1. Dann zählen Sie Ihre Testwerte für alle zehn Aussagen zusammen. Mittelwerte zwischen 25 und 30 lassen auf ein normal ausgeprägtes Selbstwertgefühl schließen. Höhere Testwerte stehen für ein sehr starkes Selbstwertgefühl.
>
> 1. Alles in allem bin ich mit mir selbst zufrieden.
> 2. Hin und wieder denke ich, dass ich gar nichts tauge.*
> 3. Ich besitze eine Reihe guter Eigenschaften.
> 4. Ich kann vieles genauso gut wie die meisten anderen Menschen auch.
> 5. Ich fürchte, es gibt nicht viel, worauf ich stolz sein kann.*
> 6. Ich fühle mich von Zeit zu Zeit richtig nutzlos.*
> 7. Ich halte mich für einen wertvollen Menschen, jedenfalls bin ich nicht weniger wertvoll als andere auch.
> 8. Ich wünschte, ich könnte vor mir selbst mehr Achtung haben.*
> 9. Alles in allem neige ich dazu, mich für einen Versager zu halten.*
> 10. Ich habe eine positive Einstellung zu mir selbst gefunden.

3

Die Umwelt wird erlebt

Die Umwelt beeinflusst das Verhalten des Menschen nicht direkt, die Wirkungszusammenhänge sind komplexer, denn dazwischen geschieht einiges. Den Zugang zur Umwelt verschaffen die Sinnesorgane, von denen es abhängt, wie uns die Umwelt erscheint. Dass die wahrgenommene und nicht die reale Umwelt das Verhalten bestimmt, ist keine neue Erkenntnis. So hatte bereits Schopenhauer dargelegt, dass die wahrgenommene Umwelt kein schlichter Abdruck der realen Umwelt ist, sondern dem Menschen nur als Vorstellung erscheint.

Der heute unter Wissenschaftlern wohl am meisten verbreitete Standpunkt ist der ontologische und erkenntnistheoretische Realismus. Der ontologische Realismus bezeichnet die Anschauung, dass es eine vom Wahrnehmen und Denken des Menschen unabhängige Welt gibt, die nicht aufhört zu existieren, auch wenn niemand sie wahrnimmt oder über sie nachdenkt. Des Weiteren ist man der Ansicht, was als erkenntnistheoretischer Realismus bezeichnet wird, dass diese vom Menschen unabhängige Welt in einigen Eigenschaften erkennbar ist (Roth, 2021).

Die wahrgenommene Umwelt ist aber auch keine reine Konstruktion, denn die Quelle, auf der sie beruht, ist schließlich real. Aus neurobiologischer Sicht ist Wahrnehmung ein komplexes Konstrukt des Gehirns, von dem das meiste nicht aktuell von den Sinnesorganen stammt, sondern aus unserem sensorisch-kognitiven Erfahrungsgedächtnis. „Wir sehen die Welt so, wie wir individuell oder sozial gelernt haben, sie zu sehen. Erst drastische Abweichungen der aktuellen Wahrnehmung von der Erwartung können – müssen aber nicht – zu einer Korrektur unserer gewohnten Sichtweise führen" (Roth, 2021, S. 166). Wahrnehmen ist eine konstruktive Leistung, die durch Zugriff auf die im Langzeitgedächtnis repräsentierten Erfahrungen ermöglicht wird. Wahrnehmen meint somit die Aufnahme von Informationen über die Sinnesorgane *und deren Deutung*. Die Zunahme des Erfahrungswissens und des wachsenden Umfangs repräsentierter Erfahrungen im Verlauf des Lebens erleichtern ein immer schnelleres Erkennen und Einordnen der aufgenommenen Informationen und zugleich einer Konstruktion (Lohaus & Vierhaus, 2019).

Wahrgenommen werden nicht einzelne Teile und Elemente, sondern Ganzheiten wie Figuren, Objekte, Personen, Orte, Entfernungen und Räume. Beispiele für die Kontextabhängigkeit von Wahrnehmungen sind optische Täuschungen. Weithin bekannt ist die *Müller-Lyer'sche Täuschung*, das Phänomen, dass gleich lange Teilstrecken je nach deren Umrahmung als unterschiedlich lang wahrgenommen werden. Auch der Verlauf spielt eine Rolle: Kurvige Strecken werden als länger eingeschätzt als gleich lange gerade verlaufende Strecken (Appleyard, 1970).

Wie entscheidend der Kontext für die Wahrnehmung eines Elements oder einer Figur ist, lässt sich mit zahlreichen Beispielen belegen. Die Geräusche des Straßenverkehrs in der Stadt werden als weniger störend wahrgenommen als ein und dieselben Geräusche in einer Waldgegend, wie Carles et al. (1999) festgestellt haben. Das Meeresrauschen wird positiv bewertet, ein ebenso lautstarker Straßenverkehr dagegen negativ. „Everyone knows that the ocean waves breaking on the beach can have the same decibel count and even the same sound as heavy traffic, yet our perceptions of the ocean and the traffic are strikingly different because one is natural, the other mancaused" (Appleyard, 1979, S. 143).

Die Geschichten, die im dritten Kapitel erzählt werden, kreisen allesamt um die Frage, wie Menschen die Umwelt erleben, wie sie nach neuen Erfahrungen streben und welche Informationen sie aus dem riesigen Überangebot aufnehmen und weiter verarbeiten.

- Was bestimmt die Atmosphäre von Räumen?
- Was treibt Menschen an, ihren Erfahrungsraum zu erweitern und in unbekannte Umwelten vorzudringen, auch wenn es mit vielen Mühen und Entbehrungen verbunden ist?
- Wie gehen Menschen mit der Informationsfülle aus der Umwelt um? Was halten sie für richtig und was für falsch?
- Was kennzeichnet Umwelten, in denen man sich unsicher fühlt?

- Das Hören gehört wie das Sehen zu den Distanzsinnen, die es dem Menschen ermöglichen, auch weiter Entferntes wahrzunehmen. Doch wie weit reicht seine Hörwelt?
- Wahrgenommen werden nicht nur Menschen, Objekte und Umwelten, sondern auch Zeichen, die auf etwas hindeuten. Die gebaute Umwelt ist nicht nur etwas physisch-materielles, sondern auch Bedeutungsträger. Was teilt sie mit?

Diesen Fragestellungen und Themen wird in den folgenden sechs Geschichten nachgegangen. Es wird erzählt, wie sich die Menschen mit der Umwelt in Beziehung setzen, wie sie die Umwelt erleben und sich ein eigenes Weltbild schaffen.

3.1 Der erste Eindruck

Herr K. hat eine lange Bahnreise hinter sich, er ist müde und niedergedrückt und deshalb umso erleichterter, als das Taxi vor dem Hotel hält, in dem er ein Zimmer gebucht hat. Er war noch nie in dieser Stadt und wäre auch nicht dort hin gereist, wenn es ihn nicht dienstlich hierher verschlagen hätte. Er soll am nächsten Tag eine Podiumsdiskussion leiten, auf der sicherlich sehr unterschiedliche Standpunkte aufeinander prallen werden. Es wird nicht leicht sein, das Ganze zusammen zu halten und zu einem von allen Teilnehmern akzeptierten Ergebnis zu kommen.

Seine negative Stimmung schwindet dahin, als er das Foyer des Hotels betritt. Er fühlt sich dort auf Anhieb wohl. Das Hotel war einmal das Wohnhaus eines reichen Tuchhändlers gewesen. Das im 16. Jahrhundert erbaute Patrizierhaus hat man in ein Hotel umgewandelt, wobei man bemüht gewesen war, möglichst viel davon zu erhalten. Herr K. sieht gotische Gewölbe und bemalte Holzbalkendecken. Hier wurde die Vergangenheit nicht ausgelöscht, sondern in die Gegenwart hinein gerettet. Das Foyer strahlt eine wohltuende Ruhe aus. Auch in dem Zimmer im ersten Stock, in dem er für zwei Tage wohnen wird, fühlt er sich sofort wohl und entspannt (Abb. 3.1).

Zur Psychologie
Herr K. ist angetan von der wohltuenden Atmosphäre in dem traditionsreichen Hotel. Worauf beruht dieser Eindruck? Die primäre Reaktion auf einen Raum, den man zum ersten Mal betritt, ist gefühlsmäßiger Art. Man empfindet dessen Atmosphäre, noch bevor man einzelne Dinge und Details

Abb. 3.1 Hotelzimmer in einem ehemaligen Patrizierhaus. (Eigenes Foto)

genauer angesehen und sich in dem Raum orientiert hat. Dieser emotional response ist kein rein psychisches Phänomen; er ist im limbischen System im Gehirn verankert. Hier wird im ersten Schritt unbewusst das, was wir wahrnehmen, als positiv oder negativ einsortiert (Roth, 2021). Dass dieser emotional response entscheidend ist, leuchtet sofort ein, wenn man ihn als Weichensteller erkennt. Denn von den gefühlsmäßigen Bewertungen von Räumen und Umwelten hängt es ab, wie wir uns verhalten werden. Die Bewertung „positiv" wird in das Signal „Wiederholen!" umgewandelt, die Bewertung „negativ" in das Signal „Vermeiden!". Im ersten Fall führt dies dazu, eine angenehme Wahrnehmung erneut stattfinden zu lassen, man vollzieht eine Handlung noch einmal, bleibt an einem Ort oder sucht ihn erneut auf. Im Falle einer negativen gefühlsmäßigen Stellungnahme setzt man alles daran, die betreffenden Orte möglichst zu vermeiden (Mehrabian & Russell,1974).

Der Eindruck von Schönheit ist eine *positive* emotionale Reaktion (Nasar, 1997), d. h. in einer Umgebung, die als schön wahrgenommen wird, hält man sich gern auf. Emotionale Reaktionen auf Umwelten sind *primäre* Reaktionen, die sich auf die Atmosphäre eines Raums, einen Gesamteindruck, beziehen. Die Atmosphäre (=Gestimmtheit) lässt sich nicht an einzelnen Merkmalen wie der Helligkeit, der oder der Farbgestaltung festmachen. Wahrgenommen wird eine Kombination vieler Merkmale, die eine einzigartige Gestimmtheit ergeben. „Als gestimmten Raum erleben wird den Raum nicht in einzelnen, spezifizierbaren Eigenschaften (von Formen, Farben, Größenverhältnissen etc.), sondern in seinem Ausdrucksgehalt, seinen Anmutungsqualitäten, seiner Atmosphäre" (Kruse, 1996, S. 318).

Künstler und Umweltgestalter wie Architekten und Designer sind sich der Bedeutung der Atmosphäre bewusst. Giorgio de Chirico hat Gestimmtheit durch leere Plätze, lange Schlagschatten und linear perspektivisch angeordnete Arkadengänge, die in eine unbestimmte Ferne führen, erzeugt. Auf einigen seiner Bilder sind wenige schemenhafte Menschen zu sehen. Die langen Schatten, die im Sommer bei hoch stehender Sonne erheblich kürzer sind, rufen eine herbstliche Stimmung hervor.

Doch wie lässt sich so etwas Diffuses wie die Atmosphäre eines Raums erfassen? Hier bietet sich das Konzept des Semantischen Raums an, auf dessen drei Dimensionen Konnotationen einsortiert werden[1]. Gefühle und Anmutungsqualitäten wie nüchtern, feierlich, sachlich, gemütlich, behaglich, belebt, heiter, anheimelnd, kalt, abweisend, bedrückend, einschüchternd, überwältigend usw. werden als Punkte im Semantischen Raum dargestellt. Die Dimensionen sind (Mehrabian & Russell, 1974; Russell & Snodgrass, 1987):

- Die Valenzdimension Lust – Unlust: Räume werden als angenehm und lustvoll oder als unangenehm und lustfeindlich wahrgenommen.
- Die Aktivierungsdimension Erregung – Ruhe: Räume werden als hektisch, erregend, laut, schrill, knallbunt oder als leise, monoton, beruhigend und still erlebt.
- Die Dominanzdimension Monumentalität – Kleinheit: Räume werden als einschüchternd, übermächtig und herrschaftlich oder als klein, unscheinbar und bescheiden empfunden.

In Abb. 3.2 sind zur Veranschaulichung die beiden erstgenannten Dimensionen Valenz und Aktivierung dargestellt.

Herr K. fühlt sich in dem Hotel sofort wohl. Seinen gefühlsmäßigen Eindruck würde er, wenn man ihn fragen würde, als lustvoll und entspannt charakterisieren. Sowohl das Hotel insgesamt als auch sein Hotelzimmer sind weder übermäßig bunt und erregend noch völlig reizarm. Das Zimmer

---

[1] In der Semantik wird unterschieden zwischen der Hauptbedeutung (Denotation) einer Aussage und möglichen Mit- oder Nebenbedeutungen (Konnotationen). Der Semantische Raum (Bedeutungsraum) erfasst Konnotationen. Die Denotation von „Nacht" ist die Zeitspanne zwischen Untergang und Aufgang der Sonne, Konnotationen von Nacht sind z. B. Angst, Einsamkeit, Bedrohung, Liebe, Intimität, Geborgenheit, Geheimnis und Mystery.

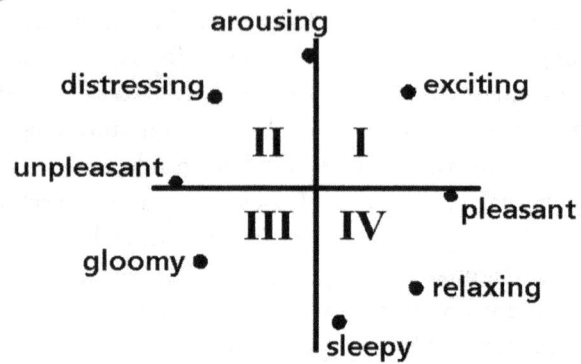

Abb. 3.2 Koordinaten des Semantischen Raums. (Russell & Snodgrass, 1987, S. 250)

hat mit den Holzbalken an der Decke und den kunstvollen Bildern an den Wänden eine anregende Wirkung.

Das Hotel ist kein monumentales Gebäude. Es hat nichts Einschüchterndes. Das Größenverhältnis zwischen Mensch und Bauwerk stimmt. „Das emotionale Interesse an einem Objekt kann dadurch verändert werden, dass es verkleinert oder vergrößert wird gegenüber der normalen Größe, die man erfahrungsgemäß erwartet" (Gropius, 1956, S. 33). Emotional positive Umwelten sind stets lustvoll. Man hält sich gern dort auf. Als unangenehm werden Räume erlebt, die finster, düster und bedrückend sind.

Lustvolle Orte werden immer bevorzugt. Ob stimulierenden oder ruhigen Räumen der Vorzug gegen wird, hängt jedoch stets auch von der augenblicklichen Gefühlslage und den persönlichen Handlungsabsichten ab. Emotional und motivational kongruent sind Räume, die man bezogen auf die eigenen Bedürfnisse und Absichten als stimmig empfindet (Fuhrer, 1996). Jugendliche, die eine Disco aufsuchen, streben nach maximaler Stimulation, Menschen, die in eine Kirche gehen, akzeptieren den nichtmenschlichen Maßstab, der auf Transzendentes hinweist.

Je nachdem, wie er einen Raum gefühlsmäßig erlebt, reagiert der Mensch mit Hinwendung (approach) oder Abwendung (avoidance) (Mehrabian & Russell, 1974). Eine besonders starke Abwendungsreaktion ist die Flucht. Einen emotional negativ erlebten Raum meidet man. Doch dann erfährt man nichts über ihn und kann dessen möglicherweise vorhandene, aber auf den ersten Blick nicht erkennbare Vorzüge auch nicht mehr entdecken. Negative emotionale Reaktionen auf Orte und Umwelten engen auf diese Weise den potentiellen Erfahrungsraum ein. Dieser wird noch dadurch verkleinert, indem vor allem Gefühlseindrücke erinnert werden. Die affektiven

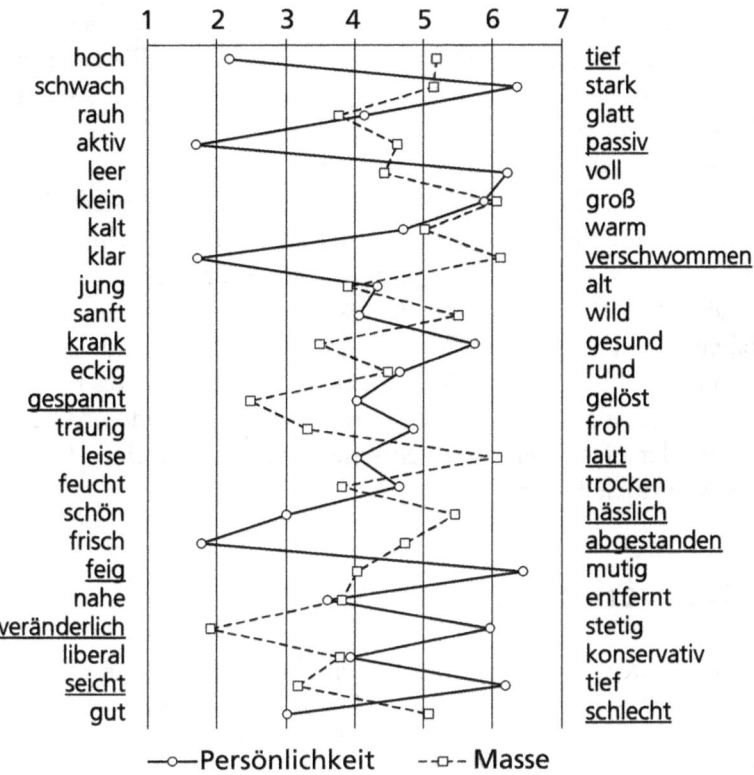

Abb. 3.3 Semantisches Differential und Konnotationen zu den Begriffen Masse und Persönlichkeit. (Hofstätter, 1959, S. 256)

Qualitäten von Orten bleiben im Gedächtnis haften; man weiß noch, dass man sich an dem betreffenden Ort sehr wohl gefühlt hat, aber wie es dort genau ausgesehen hat, kann man kaum mehr sagen (Russell & Snodgrass, 1987). Herr K. wird sich vermutlich später daran erinnern, dass ihm das Hotel und sein Zimmer darin sehr gut gefallen haben, auch wenn er nicht mehr sagen kann, wie die Holzbalken angeordnet waren und was auf den Bildern an der Wand dargestellt war.

Ein gängiges Verfahren, um konnotative Bedeutungen, Emotionen und die Atmosphäre von Räumen zu erfassen, ist das Semantische Differential, das aus einer Reihe von Adjektiv-Skalen besteht. Wie viele Adjektivpaare und welche es sind, ist unterschiedlich. Die Dimensionen Valenz, Aktivierung und Dominanz sind darin jeweils mit mehreren Adjektivpaaren vertreten. Ein Beispiel zeigt Abb. 3.3. Erfasst wurden mithilfe von 24 Adjektivpaaren mit jeweils 7-stufigen Skalen die Konnotationen der Begriffe „Persönlichkeit" und „Masse". Die Beurteilenden waren Studierende.

Die Mittelwerte der Einstufungen wurden als Profile dargestellt, was es erleichtert, Ähnlichkeiten und Unterschiede auf einen Blick zu erkennen. Die Unterschiede sind deutlich, z. B. wurde „Masse" als verschwommen und veränderlich, „Persönlichkeit" dagegen als klar und stetig charakterisiert.

Emotionale Reaktionen sind wegen der direkten Folgen für das Verhalten von Belang. Damit stellt sich die Frage, wie man positive Reaktionen hervorrufen kann. Ein wichtiges Merkmal ist die Farbe. Räume in helleren Farbtönen wirken offener und geräumiger als Räume in dunkleren Farben (Bell et al., 2001). Wichtig ist des Weiteren die Art der verwendeten Materialien. Holzverkleidungen nehmen Härte weg (Sadalla & Sheets, 1993). So findet Herr K. den Holzbalken an der Decke seines Hotelzimmers sehr gemütlich. Abgesehen von der Farbgestaltung und den Materialien ist jedoch stets der Gesamteindruck entscheidend, der auf einer Kombination mehrerer Merkmale beruht.

3.2 Der verlorene Sohn

In früheren Zeiten, als es noch kein Fernsehen gab, wurden an den langen Abenden im Winter Märchen erzählt. Der Vorrat war unerschöpflich, denn viele Dichter – und nicht nur die Brüder Grimm – haben sich Märchen ausgedacht und auch aufgeschrieben. Beliebt waren Aschenputtel und Sternthaler, die man immer wieder einmal erzählen konnte. Doch auch selbst ausgedachte Geschichten waren gefragt. Eine davon ist die folgende:

Es waren einmal zwei Brüder, die sich überhaupt nicht ähnelten. Der Ältere war groß und kräftig, der zwei Jahre jüngere Bruder war genauso groß, aber dünn und schlaksig. Der Ältere war „bodenständig", er hielt sich am liebsten auf dem großen Obsthof auf, den die Familie bewirtschaftete. Der Jüngere war dagegen rastlos und ständig „auf Achse". Schon als kleines Kind wollte er wie es einstmals das kleine Hänschen gemacht hat, in die große weite Welt hinein ziehen, aber nicht so schnell wie Hänschen wieder zurückkommen.

Zum Obsthof gehörten noch ein Laden und ein Cafe. Es war also eine Menge zu tun. Die Eltern, denen daran lag, dass der Hof als Ganzes erhalten blieb, vermachten diesen schon frühzeitig dem älteren Sohn, was nahe lag, denn er war immer unermüdlich auf dem Hof tätig und kannte sich in allen Angelegenheiten bestens aus. Der jüngere Sohn bekam seinen Anteil am Erbe in Form eines Studiums und einem größeren Geldbetrag, um sich eine eigene Existenz aufzubauen. Bevor er aber Überlegungen über seine Zukunft anstellte, die ja noch weit weg war, wie er fand, ging er erst einmal auf Reisen.

Was ihm aber bereits zu diesem Zeitpunkt klar war, dass er mit dem Obsthof und der täglichen Plackerei nichts zu tun haben wollte. Er sah fremde Länder und Menschen, lernte verschiedene Lebensweisen und Kulturen kennen und nebenbei erwarb er Kenntnisse in verschiedenen Sprachen. Doch das Geld, mit dem er reichlich ausgestattet gewesen war, schmolz dahin und das, was er in gelegentlichen, meist schlecht bezahlten Aushilfsjobs verdiente, reichte gerade eben für den augenblicklichen Lebensunterhalt. Er arbeitete als Tagelöhner, Kofferträger, Kellner, Taxifahrer und Gehilfe an verschiedenen Orten in verschiedenen Ländern. Doch irgendwann packte ihn die Verzweiflung; so hatte er sich sein Leben nicht vorgestellt.

Arm und abgebrannt kommt er zurück auf den Hof, dessen Bewirtschaftung der deutlich gealterte Vater schon lange dem älteren Sohn ganz überlassen hatte. Die Mutter ist bereits gestorben. Der Vater eilt dem Sohn, den er verloren geglaubt hatte, freudig entgegen, er schließt ihn in die Arme und ist überglücklich, dass er ihn noch einmal wieder sieht. Der Ältere steht abseits. Er kann sich nicht erinnern, dass der Vater ihn jemals so geherzt hat – auch nicht, als er ein kleines Kind war. Er war immer der Ältere, der vernünftig sein musste und dessen Mithilfe auf dem Hof selbstverständlich gewesen war.

Der Jüngere hat die Welt bereist, er hat vieles gesehen und erlebt. Sein Schatz sind seine Erfahrungen, die er in fremden Ländern gemacht hat. Sie reichen aus, um die Abende in den dunklen Wintertagen mit spannenden Geschichten zu füllen. Der Ältere ist kaum über das Dorf und die nähere Umgebung hinausgekommen. Er hat unermüdlich gearbeitet, um den Hof in den wirtschaftlich schwierigen Zeiten zu erhalten, ohne Ackerland verkaufen zu müssen, und er hat eine neue Obstsorte gezüchtet, die sehr nachgefragt wird. Der Vater, der eigentlich stolz auf ihn sein müsste, ist es entweder nicht oder zeigt es nicht. Wahrscheinlich findet er es selbstverständlich, dass der ältere Sohn sich um alles kümmert.

Alle haben dem Erzähler aufmerksam zugehört. Doch dann kritisieren sie, dass es gar keine richtig ausgedachte Geschichte ist, weil sie nämlich an den verlorenen Sohn erinnert, von dem im Neuen Testament berichtet wird. Hier wurde offenbar geschummelt und so getan, als ob es eine selbst ausgedachte Geschichte ist. Dabei wurde sie nur ein klein wenig umgemodelt. Die Bibel wird geholt. Die Geschichte vom verlorenen Sohn steht im Lukas-Evangelium. Dort heißt es im 15. Kapitel: „Ein Mensch hatte zwei Söhne. Und der jüngere unter ihnen sprach zu dem Vater: Gib mit Vater, das Teil der Güter, das mir gehört. Und er teilte ihnen das Gut. Und nicht lange danach sammelte der jüngere Sohn alles zusammen und zog ferne über Land". Als der völlig mittellose Sohn zurückkehrt, wird ein großartiges Fest veranstaltet (Abb. 3.4).

Abb. 3.4 Begrüßung des verlorenen Sohns. (Wandteppich im Hotel de Dieu in Beaune/Burgund, eigenes Foto)

Jetzt ist klar, dass die Geschichte schon sehr alt ist und nur ein bisschen anders erzählt wurde. Aber das tut eigentlich nichts zur Sache, denn die grundsätzliche Frage ist, ob der Vater gerecht ist, als er den jüngeren Sohn, der sein Erbe durchgebracht hat, freudig in die Arme schließt, während der ältere Sohn, der rastlos tätig gewesen ist, um den Hof zu erhalten und zu erweitern, vom Vater nie gelobt und nie freudig in die Arme genommen wurde.

Diese Frage taucht schon im Lukas-Evangelium auf. Dort begründet der Vater seine Freude: „Denn dieser mein Sohn war tot und ist wieder lebendig geworden; er war verloren und ist gefunden worden". Zum älteren Sohn sich wendend spricht er: „Mein Sohn, du bist allezeit bei mir; und alles was mein ist, das ist dein". Auch er soll sich über den wieder gefundenen Bruder freuen, der verloren war. Doch ist das wirklich so einfach?

Alle finden, dass es sich der Evangelist Lukas ein bisschen zu einfach gemacht hat, indem er das Geschehen nur aus einer einzigen Perspektive betrachtet hat. Letztlich ist es ungerecht. Ein Sohn, der sich einfach davon macht, sei es aus Abenteuerlust, aus Neugier auf fremde Länder und Menschen oder weil er das Arbeiten auf dem elterlichen Hof allzu eintönig findet, der dann auch noch sein Erbe verprasst hat und mittellos zurück kommt, wird wie ein Ehrengast willkommen geheißen. Wenn das Schule machen würde!

Zur Psychologie
Es geht in der Geschichte um Lebensentwürfe, um die Frage der Gerechtigkeit und um das Verzeihen. Der jüngere Sohn, der in die fremde Welt hinaus zieht, erweitert ganz im Unterschied zum sesshaften älteren Sohn seinen Erfahrungsraum. Auch wenn er in einer elenden Verfassung und mittellos zurückkehrt, so bringt er doch einen immateriellen Schatz mit: ein reiches Erfahrungswissen. Die Erfahrungen, die er auf seinen Reisen gemacht hat, sind in seinem Langzeitgedächtnis repräsentiert (Schneewind & Pekrun, 1994). Der jüngere Sohn verfügt über eine Fülle an Erfahrungswissen, das ihn gedanklich bereichert und das darüber hinaus auch künftig von Nutzen sein kann. Die sprachlichen Kenntnisse, die er in den fremden Ländern erworben hat, und der Import fremder Arten sich zu kleiden und zu kochen, könnten eine Grundlage für ein Erfolg versprechendes Start up sein.

Eine weitere Frage ist, ob der Vater nicht übertreibt, wenn er seinen verloren geglaubten Sohn allzu überschwänglich willkommen heißt, während der ältere verlässliche Sohn noch nicht einmal zum Festschmaus eingeladen wird. Was macht der Vater da eigentlich? Der Verlust des jüngeren Sohns hat ihn tief bekümmert. Er hat um ihn getrauert. Das unerwartete Wiederauftauchen des Sohns, den er schon aufgegeben hatte, erfüllt ihn mit einer ungeheuren Freude.

Ist der Vater ungerecht, indem er dem jüngeren Sohn alles durchgehen lässt und die Leistungen des älteren Sohns, der den Hof bewirtschaftet und tagtäglich für den Lebensunterhalt aller sorgt, nicht würdigt? Abgesehen von seiner übergroßen Freude, die alles andere in den Hintergrund geraten lässt, orientiert sich das Handeln des Vaters letztlich an universellen ethischen Prinzipien (Tab. 3.1). Der jüngere Sohn wird – ohne wenn und aber – wieder aufgenommen, er wird nicht bestraft, und es wird nicht danach gefragt, was er bislang zum Wohl der Gemeinschaft beigetragen hat.

Tab. 3.1 Stufenmodell des moralischen Urteils nach Kohlberg (wiedergegeben in Lohaus und Vierhaus, 2019, S. 264)

Stadium	Stufe	Richtschnur des Handelns
Präkonventionelles Stadium	1	Orientierung an Strafe und Gehorsam
	2	Orientierung am Kosten-Nutzen-Prinzip und der Bedürfnisbefriedigung
Konventionelles Stadium	3	Orientierung an sozialen Beziehungen und an Gegenseitigkeit
	4	Orientierung am Erhalt der sozialen Ordnung
Postkonventionelles Stadium	5	Orientierung am Prinzip: Rechte für alle
	6	*Orientierung an universellen ethischen Prinzipien*

Der Vater hilft dem zurück gekehrten Sohn, weil er ihn liebt und nicht, weil er von ihm eine Gegenleistung erwartet, wie es in dem Modell von Kohlberg einem Verhalten auf der dritten Stufe entspräche, und auch nicht, weil er auf die bestehende soziale Ordnung pocht (Stufe 4). Der ältere Sohn ist empört. Er hat sich der vierten Stufe entsprechend an die geltenden Normen gehalten und seine Pflicht getan. Er muss das Verhalten des Vaters ungerecht finden.

Dem verloren geglaubten Sohn, der seinen Vermögensanteil durchgebracht hat, wird verziehen. „Zu verzeihen oder zu vergeben heißt ... einem Missetäter eine neue Chance zu geben, die Tat von seiner Person zu trennen, ihm dadurch eine Last abnehmen. Verzeihen erfordert die eher emotional als kognitiv herausfordernde Leistung, zwischen Tat und Person zu unterscheiden" (Reichenbach, 2020, S. 161). Praktiken des Verzeihens und Versprechens sind nach Reichenbach wesentliche Modi der Verständigung und gegenseitigen Verstehens. Während das Versprechen zukunftsgerichtet ist, bezieht sich das Verzeihen auf die Vergangenheit. Die Vergangenheit wird aus einer starren Fixierung heraus gelöst. Der Vater verzeiht dem verloren geglaubten Sohn, auch wenn er in der Vergangenheit ein „Lotterleben" geführt hat. Er differenziert so zwischen Täter und Tat. Die Tat mag verwerflich sein, doch der Täter (Sohn) bekommt, eine zweite Chance, indem ihm verziehen wird.

Der Vater kennt seine Söhne, er weiß, dass sie sich in ihrer Art, wie sie leben und leben wollen, deutlich unterscheiden. Der Jüngere ist offen für Neues, den Älteren zieht es überhaupt nicht in die Welt hinaus. Offenheit für neue Erfahrungen ist einer von den Big Five- Faktoren (Asendorpf, 2019). Es ist ein stabiles Personmerkmal, das typisch für einen Menschen ist, dem sich ein „gut" oder „schlecht" nicht zuordnen lässt. Aus neuropsychologischer Sicht sind Persönlichkeitseigenschaften vergleichsweise stabil. Wie Roth (2021) berichtet, ist der Ort unseres Temperaments die untere Schicht des limbischen Systems, das kaum veränderbar ist. Werte sind dagegen veränderbar. Der sesshafte, pflichtbewusste ältere Sohn wirkt wie ein Relikt aus biblischen Zeiten, in denen die Menschen noch in Agrargesellschaften lebten. Mit dem Wandel hin zur Industrie- und schließlich zur Wissensgesellschaft verändern sich auch die Werte. Die sogenannten Pflicht- und Akzeptanzwerte wie Disziplin, Gehorsam und Ordnung verlieren an Bedeutung, während Selbstentfaltung und Selbstverwirklichung hoch im Kurs sind (Koch, 2005). Der jüngere Sohn verkörpert den modernen mobilen Menschen, der den vertrauten Lebensraum verlässt, um sich selbst zu verwirklichen, auch auf die Gefahr hin, dabei zu scheitern.

3.3 Was ist richtig?

Lina und Lena nehmen an einer schriftlichen Meinungsumfrage auf dem Uni-Campus teil, in der es, wie verlautbart wird, darum geht, die Meinungen der studentischen Bevölkerung zu den von der Regierung getroffenen Maßnahmen zur Bekämpfung einer durch ein Virus verursachten Pandemie zu ermitteln. Die Befragung ist ein Experiment, das Studierende der Psychologie durchführen, um den Einfluss unterschiedlicher Formulierungen von Fragen auf die Antworten zu untersuchen. Den Befragten ist das aber nicht bekannt. Zwei Versionen von Fragebögen werden nach dem Zufallsprinzip eingesetzt. Lina und Lena bekommen verschiedene Fragebögen, was sie aber in diesem Moment noch nicht merken. Als sie sich später darüber unterhalten, wie sie geantwortet haben, sind sie überrascht, dass sie sich offensichtlich unterschiedlich geäußert haben. Wie kann das sein? Sie sind doch fast immer einer Meinung! Sie gehen der Sache auf den Grund und entdecken jetzt, dass es einen Fragebogen A und einen Fragebogen B gibt. Die Buchstaben stehen auf der ersten Seite, aber man achtet nicht weiter darauf, sondern schaut sich gleich die Fragen an. Es war um denselben Sachverhalt gegangen, aber die Formulierungen waren nicht identisch. Jetzt wird den beiden klar, dass es keine übliche Umfrage war, sondern ein Experiment, um heraus zu finden, wie die Art zu fragen die Antwort beeinflusst. In dem einen Fragebogen wird davon geredet, wie viele Menschen sterben werden, im anderen werden Angaben gemacht, wie viele Menschen gesund bleiben oder wieder gesund werden (Tab. 3.2). In beiden Fällen lautet die Frage: Welcher Alternative a) oder b) stimmen Sie zu?

Lina, die den Fragebogen A bekommen hatte, hat die Alternative a) angekreuzt, Lena im Fragebogen B die Alternative b). Lina scheint offensichtlich für Einschränkungen zu sein. Sie befürwortet Restriktionen für alle, weil

Tab. 3.2 Fragebogen-Varianten

Fragebogen A	Fragebogen B
a) Wenn sich alle an die Maßnahmen* halten, werden insgesamt nur 2 % der Einwohner an der Pandemie sterben	a) Wenn sich alle an die Maßnahmen* halten, bleiben 98 % der Einwohner gesund oder werden wieder gesund
b) Wenn keinerlei Einschränkungen erfolgen, werden insgesamt 8 % der Einwohner sterben	b) Wenn es keinerlei Einschränkungen gibt, bleiben insgesamt 92 % der Einwohner gesund oder werden wieder gesund

Abstandsregeln und das Tragen einer Maske

dann 6 % weniger Menschen sterben werden, Lena hält Einschränkungen für alle für überflüssig, weil schließlich 92 % der Menschen gesund bleiben.

Beim Vergleich der Fragebögen wird ihnen klar, dass Umfragen so angelegt werden können, dass bestimmte Antworten mit größerer Wahrscheinlichkeit gegeben werden als bei einer andersartigen Formulierung. Ist es politisch erwünscht, dass das Volk zur Bekämpfung der Pandemie Einschränkungen befürwortet, wird man den Fragebogentyp A verwenden. Welche Erkenntnis!

Zur Psychologie
Welche Ansichten ein Mensch zu Ereignissen und politischen Entscheidungen oder über die erfolgversprechendsten Maßnahmen zur Bekämpfung einer Pandemie hat, hängt außer von seinem persönlichen Blickwinkel auch von äußeren Einflüssen ab. Der Blickwinkel ist angesichts der Menge an Informationen aus der Umwelt wegen der begrenzten Aufmerksamkeitsspanne und Informationsverarbeitungskapazität eine Notwendigkeit. Durch die Art der Formulierung der Fragen wird in Umfragen ein Blickwinkel mitgeliefert. Dies geschieht ganz gezielt, wenn auf Antworttendenzen gesetzt wird wie z. B., dass man eher „ja" als „nein" sagt. Es ist strategisches Framing (Oswald, 2019; Wehling, 2017). Frames wählen aus der Informationsmenge bestimmte Informationen aus und heben Informationen hervor, und zwar noch bevor der Mensch selbst darüber entscheidet, was er auswählt und wie er etwas deutet. Brosius und Dan (2020) führen als aktuelles Beispiel für Framing die Berichterstattung über die Bewegung „Fridays for future", das Fernbleiben von der Schule an Freitagen, an. Die zwei ganz unterschiedlichen Frames sind „faule Schüler" und „engagierte Jugendliche". Je nach Frame wird ein Schuldirektor, der Maßnahmen gegen das Schuleschwänzen ergreift, gelobt oder kritisiert.

Wie durch strategisches Framing der Blickwinkel verschwenkt werden kann, haben Kahneman und Tversky (1984) vorgeführt. Zum Einsatz gelangt dabei auch das Phänomen der Verlustaversion: Der Verlust eines bestimmten Guts schmerzt mehr als dessen Gewinn erfreut. Dies ist der Werte-Funktion in Abb. 3.5 zu entnehmen. Die Kurve verläuft im Bereich der Verluste erheblich steiler als im Bereich der Gewinne. Man ist eher bereit, Risiken einzugehen, um Verluste zu vermeiden als Gewinne einzustreichen.

Dass Menschen Verluste als gravierender ansehen, als sie Gewinne beglückt und dass sie eher bereit sind, mehr zu investieren, um einen Verlust zu vermeiden, wurde in vielen Experimenten bestätigt. In einem dieser Experimente von Kahneman und Tversky sollten sich die in zwei Zufallsgruppen unterteilten Versuchspersonen vorstellen, dass die Folgen eines Aus-

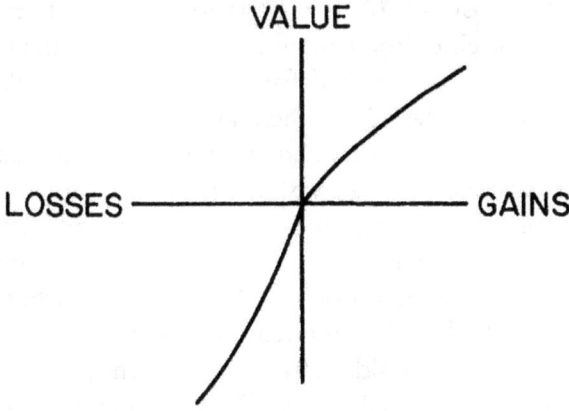

Abb. 3.5 Werte-Funktion. (Kahneman & Tversky, 1984, S. 342)

Tab. 3.3 Welches der Programme würden Sie bevorzugen? (Kahneman & Tversky, 1984)

Gruppe 1 (Gerettete)	Gruppe 2 (Gestorbene)
A: Wenn Programm A angenommen wird, werden 200 Menschen gerettet. (72 %)	C: Wenn Programm C angenommen wird, werden 400 Menschen sterben. (22 %)
B: Wenn Programm B angenommen wird, gibt es eine 1/3-Wahrscheinlichkeit, dass 600 Menschen gerettet werden und eine Zwei-Drittel-Wahrscheinlichkeit dass niemand gerettet wird. (28 %)	D: Wenn Programm D angenommen wird, gibt es eine 1/3-Wahrscheinlichkeit, dass niemand stirbt und eine Zwei-Drittel-Wahrscheinlichkeit, dass 600 Menschen sterben werden. (78 %)

bruchs einer Krankheit, bei der 600 Menschen sterben würden, wenn man nichts tut, durch zwei Maßnahmen gemildert werden können (Tab. 3.3). Gruppe 1 bekam Informationen über den Anteil der Geretteten, Gruppe 2 über den Anteil, die sterben werden. Sie sollten sagen, welche von zwei Maßnahmen A oder B bzw. C oder D sie bevorzugen.

Wie unschwer zu erkennen ist, sind die Programme A und C sowie B und D inhaltlich identisch, sie sind nur unterschiedlich formuliert. In der Gruppe 1 sind die meisten dafür, Verluste zu vermeiden: 72 % der Befragten ziehen das Programm A, d. h. die sichere Rettung von 200 der insgesamt 600 Menschen vor. Mit anderen Worten: Man will Verluste vermeiden. In Gruppe 2 verhält es sich umgekehrt: 78 % sind für das Programm D. Die Mehrheit befürwortet es, ein Risiko einzugehen, damit weniger Menschen sterben.

Zu den Framing-Strategien gehört die Vereinfachung komplexer Sachverhalte. Wie Oswald (2019) konstatiert hat, ist es für Politiker erfolgversprechender, eine Problematik zu vereinfachen, denn präzise hochinformative Berichte verwirren und frustrieren diejenigen, die nicht folgen können. Hinzukommt, dass Menschen aufmerksamer für Informationen sind, die sie schnell verarbeiten und als Grundlage für Entscheidungen nutzen können (Oswald, 2019), was mit Blick auf die Aufmerksamkeitsökonomie auch nicht anders zu erwarten ist. Knapp gehaltene Videos und Podcasts sind eine zumutbare, die Aufmerksamkeit nicht überstrapazierende Informationsmenge. Das gewünschte Produkt sind schnell konsumierbare Kurznachrichten. Das kommt den Menschen als „cognitive misers" (kognitive Geizhälse) (Oswald, 2019, S. 16) entgegen, nämlich ihrer Neigung, so wenig wie möglich an Denkleistung aufzuwenden. Diese Haltung hat eine neurobiologische Basis. Wie Roth (2021) berichtet, geht jegliche Art von Veränderungen im Fühlen, Denken und Handeln im Gehirn mit Veränderungen in neuronalen Netzwerken einher. Diese Änderungen sind stoffwechselphysiologisch teuer, was sich in dem Gefühl bemerkbar macht, belastet und gestresst zu sein.

Man hält sich bereits nach einem Bruchteil an Informationen für informiert, man kann mitreden und vertritt eine dezidierte Meinung. Dass Meinungen durch Framing-Techniken beeinflusst werden können, ist den meisten Menschen nicht bewusst. Sichtweisen und Deutungsmuster können durch strategisches Framing, das an drei Stellen ansetzt, gesteuert werden (Wehling, 2017; Oswald, 2019):

- bei der Informationsselektion
- bei der Art der Präsentation der Informationen
- bei der Vereinfachung komplexer Sachverhalte.

Wehling (2017) hat das anschaulich theatralisch formuliert: „Frames haben einen selektiven Charakter. Sie heben immer bestimmte Gegebenheiten hervor, indem sie ihnen eine kognitive Bühne bereiten, und blenden andere Gegebenheiten aus, indem sie ihnen keine Rolle in dem Stück zuweisen, das auf der Bühne gespielt wird" (S. 43).

Dass es eine Antwort auf die Frage, was richtig ist, nicht gibt, wird unmittelbar klar, sobald man sich die Flut an Informationen aus der Umwelt vor Augen führt (Blümelhuber, 2005). Es liegt auf der hand, dass eine Selektion wegen der begrenzten Aufmerksamkeitsspanne unumgänglich ist. Selektion erfolgt schon allein durch Platzierung der Nachrichten. So sind die Leitartikel auf der ersten Seite einer Zeitung eine Auswahl aus der Menge aktueller

Informationen. „To frame is to select some aspects of a perceived reality and make them more salient" (Entman, 1993, S. 52). Es ist der typische Mechanismus: Ein Sachverhalt wird durch Selektion und Hervorhebung (Salienz) ins Rampenlicht geholt. Salienz meint „making a piece of information more noticeable, meaningful, or memorable to audiences" (Entman, 1993, S. 53).

Einen erheblichen Einfluss, wie ein Sachverhalt wahrgenommen wird, hat die Art, wie er präsentiert wird. Dazu gehören Sprache und Bilder. Die Konnotationen sind je nach Formulierung unterschiedlich; man kann z. B. von einer *Flüchtlingswelle* oder von *Zuwanderung* sprechen. Wehling (2017) hat dazu ein anschauliches Beispiel geliefert: Deutsche und Spanier nahmen an einem Experiment teil, in dem sie zu vorgegebenen Wörtern frei assoziieren sollten, z. B. zum Wort „*die* Brücke" bzw. „*el* ponte". Die Deutschen beschrieben Brücken als wunderschön, elegant und grazil, die Spanier als groß, gefährlich und stark. In den mit Weiblichkeit (*die* Brücke) und Männlichkeit (*el* ponte) assoziierten Vorstellungen spiegeln sich die Geschlechterstereotype wider. Wörter legen so ein bestimmtes Denken nahe, sie können mächtig sein, weil sie unser Denken bestimmen. Dennoch sollte, wie Wehling betont hat, ihre Wirkung nicht überschätzt werden, denn ihre Deutung hängt immer auch vom Kontext ab, in dem sie auftauchen. Dass man nicht allein durch Worte und sprachliche Regelungen gesellschaftliche Umstände verändern kann, hat auch Oswald (2019) betont.

Was in der Welt geschieht, wird nur in kleinen Ausschnitten direkt erfahren. Informationen über das Nicht selbst erlebte werden über Medien vermittelt. Auch hier ist die Frage, welche Informationen für die mediale Übermittlung ausgewählt und wie sie präsentiert werden. Beim strategischen Framing werden Informationen gezielt ausgesucht und in einen bestimmten Deutungsrahmen gesetzt. Wegen seines Manipulationspotentials – man kann weg lassen oder stark hervorheben – haftet nach Ansicht von Oswald (2019) dem strategischen Framing ein schlechter Ruf an. Verschiedene Techniken gelangen dabei zum Einsatz:

- Bei der *Frame-Amplification* wird ein bestimmter Frame oder ein Teil davon verstärkt. Ein Beispiel ist der Frame zur Flüchtlingshilfe, bei dem die Hilfsbedürftigkeit der Flüchtlinge hervorgehoben wird, um das Mitgefühl zu aktivieren. Das Gegenteil bewirkt die Verwendung des Begriffs „Asyltourismus".
- Das *emotionale Framing* spricht die Gefühle an. Zum Beispiel löst der Eindruck, ungerecht behandelt zu sein, Wut aus. Ebenfalls effektiv sind Frames, die Besorgnis und Gefühle der Angst hervorrufen. Mit Empörungs-Frames wird eine emotionsgeladene Entrüstung erzeugt.

- Bei *Emphasen-Frames* werden bestimmte Aspekte eines Sachverhalts gewichtet, z. B. wird bei Demonstrationen entweder das Grundrecht auf freie Meinungsäußerung oder die Gefährdung der öffentlichen Ordnung hervorgehoben.

Berichte, die Entrüstung und Wut auslösen, erhöhen die subjektive Legitimation für Strafmaßnahmen. Durch die Betonung von Moralwidrigkeit lassen sich Meinungen besser beeinflussen als durch eine sachliche Berichterstattung.

Visuelle Frames sind besonders wirkungsvoll, denn Bilder werden sofort verstanden. Kognitives Kodieren wie bei Texten ist nicht erforderlich. Ihre Bedeutung erschließt sich auf Anhieb (Lemme, 2020). Die in den Medien verwendeten Bilder sind indessen keine genauen Abbildungen der Realität. Durch Bearbeiten, Vergrößern und Ausschnitte heraus nehmen, bieten sich vielerlei Möglichkeiten, Bilder für ein gezieltes Framing zu verwenden. Mit Bildern kann man inszenieren. Sie sind besonders gut geeignet, um Meinungen zu beeinflussen, denn Bilder sind „eye catcher"; sie ziehen die Aufmerksamkeit auf sich.

Cartoons und Karikaturen sind besondere Bilder. Sie lassen nicht etwas weg, sondern sie holen in Form der Satire etwas ans Licht wie zum Beispiel, dass im Zeitalter des Smartphones nur noch medial übermittelte Informationen den Empfänger erreichen. Wenn Menschen fortwährend auf ihr Smartphone starren und permanent mit anderen online kommunizieren, wird dadurch die Aufmerksamkeit voll beansprucht. Mehr geht nicht. So verlieren sie das Interesse an dem, was um sie herum geschieht (Abb. 3.6). Cartoons spitzen zu und übertreiben. Man erkennt sofort, um was es geht.

Cartoons haben darüber hinaus eine Art Ventilfunktion: Sie sind witzig und bringen einen zum Lachen (Abschn. 6.4). Es sind Bilder, die einen Lustgewinn versprechen.

3.4 Sich sicher fühlen

Sie war zwei Stationen zu früh ausgestiegen. Die Ansage im Bus hatte nicht gestimmt, auf die sie sich verlassen hatte, denn sie kannte die Gegend nicht. Erst als sie draußen stand, wurde ihr klar, dass es nicht die richtige Station war. Es war ein absolut trostloser Ort, es gab hier nichts als ein Haltestellenzeichen. In unmittelbarer Nähe war ein großer Parkplatz zu sehen (Abb. 3.7).

Sicherlich war es eine Park & Ride Anlage, doch zu dieser späten Stunde hatte niemand hier sein Auto abgestellt. Wahrscheinlich waren alle, die hier

Abb. 3.6 Revolution. (Mit freundlicher Genehmigung von Buschkow)

Abb. 3.7 Park & Ride Platz. (Eigenes Foto)

tagsüber geparkt hatten, schon längst nach Hause gefahren. Der nächste und auch letzte Bus würde erst in einer Stunde kommen. Das bedeutete, dass sie viel zu spät zu dem Vortrag käme, zu dem man sie eingeladen hatte. Nachdem auch das Handy nicht funktionierte – sie hatte in der Eile vergessen, es aufzuladen – und sie ein Taxi nicht herbei rufen konnte, machte sie sich zu Fuß auf den Weg. Per Anhalter zu fahren, kam für sie nicht infrage, denn dann hätte sie sich einem völlig unbekannten Menschen anvertraut. Sie hätte sich ausgeliefert gefühlt.

Es war eine unbelebte Gegend, in der sie „gestrandet" war. Kein Mensch weit und breit. Zu schaffen machte ihr, dass es ziemlich schnell dunkel wurde. Sie fühlte sich unbehaglich und unsicher. Sie ging sehr schnell und erreichte schließlich eine lange Unterführung, die nur spärlich beleuchtet war (Abb. 3.8). An deren Ende angekommen sah sie die ersten Häuser auftauchen. Sie atmete auf.

Sie wusste, dass es jetzt nicht mehr weit war, denn jetzt sah sie das Haltestellenzeichen der Buslinie. Hier wäre sie eigentlich ausgestiegen, wenn diese dumme Panne der Falschanzeige nicht passiert wäre. Im Grund hätte doch der Busfahrer auch stutzig werden können, als sie sich anschickte auszusteigen und sie fragen können: „Wollen Sie wirklich hier aussteigen?" Ein richtiger Muffel war das gewesen. Aber vielleicht hatte er auch gedacht, dass sie zu ihrem auf dem Parkplatz abgestellten Auto wollte. Jetzt konnte sie abschätzen, dass sie nur wenige Minuten zu spät eintreffen würde.

Abb. 3.8 Unterführung. (Eigenes Foto)

Denn der Uni-Campus lag direkt vor ihr. Die Peinlichkeit, deutlich zu spät zu kommen und in vorwurfsvolle Gesichter zu blicken, weil man die versammelten Leute hat warten lassen, bleibt ihr erspart und vor allem: Sie fühlt sich wieder sicher – ein richtig gutes Gefühl.

Zur Psychologie
Unsicherheitsgefühle sind negative emotionale Reaktionen, die Vermeidungs- und Fluchtverhalten zur Folge haben. Man macht sich, sofern man nicht gezwungen ist zu bleiben, sofort davon (Mehrabian & Russell, 1974). Sicherheit ist ein existentielles Bedürfnis (Maslow, 1954). Dementsprechend stark ist die emotionale Reaktion, wenn es nicht befriedigt wird.

Was kennzeichnet Situationen und Umwelten, in denen man sich nicht sicher fühlt? Allgemein ist festzustellen, dass man Unsicherheit erlebt, wenn man sich hilflos und ausgeliefert fühlt und keinen Einfluss darauf hat, was geschieht oder geschehen könnte. In ein Auto einzusteigen, dessen Fahrer man nicht kennt, wäre eine solche Situation. Es wäre ein Kontrollverlust (Fischer & Stephan, 1996).

Wenn man sich bei Dunkelheit in menschenleeren öffentlichen Räumen unsicher fühlt, liegt es zum einen daran, dass man nicht weit sehen kann und zum anderen, dass keine „rettende Insel" in der Nähe ist. Das theoretische Fundament dazu haben Fisher und Nasar (1992) geliefert. Die Prospect-Refuge- Theorie sagt voraus, dass Menschen Orte als unsicher erleben,

- die nicht überschaubar sind (kein „prospect"),
- die keinen Schutz bieten (kein „refuge").

Wenn man die Umgebung überblicken kann, kann man sehen, was sich weiter weg anbahnt. Ein Refugium bietet Schutz vor möglichen Angriffen und Gefahren. Die Prospect-Refuge-Theorie wird evolutionstheoretisch begründet: Wer sich an einem Ort aufhält, von dem aus er weit sehen kann, hat bessere Überlebenschancen, weil er Gefahren frühzeitig zu erkennen vermag und sich so gegen einen Angriff wappnen oder aber zu einem sicheren Ort fliehen kann.

Ein Beispiel, das nicht aus der Frühzeit der Menschheit stammt, ist eine lange Fußgänger- Unterführung, in der es auf der gesamten Strecke keine Seitenausgänge gibt. Wenn man zu später Stunde in einer solch spärlich beleuchteten Unterführung unterwegs ist, fühlt man sich nicht selten verunsichert und geht unwillkürlich einen Schritt schneller.

Für die evolutionstheoretische Erklärung spricht, dass die Prospect-Refuge–Theorie auch im Tierreich gilt. Das Eichhörnchen, das in den oberen Zweigen der Birke herum flitzt, überblickt die Umgebung und sieht so rechtzeitig die heran fliegende angreifende Elster und rast davon. Die Buchenhecke, in der es verschwindet, ist ein Refugium, weil der Vogel dort seine Flügel nicht ausbreiten kann. Oder: Der alte Kater sitzt am liebsten in der Nähe der geöffneten Tür, von der aus er das Außengelände überblicken, aber bei Gefahr auch sofort ins Haus fliehen kann.

Es wird instinktiv gehandelt. So suchen sich z. B. Menschen im Restaurant am liebsten die Plätze aus, von denen aus sie das Geschehen im Raum überblicken können. Auch die Menschen im Mittelalter handelten so, wie es die Prospect-Refuge-Theorie voraussagt. Die mittelalterlichen Burgen wurden auf hohen Bergen errichtet, man konnte weit ins Land blicken. In den Fensternischen hoch oben auf der Burg hatte man einen grandiosen Ausblick und zugleich fühlte man sich dort geschützt (Abb. 3.9).

Abb. 3.9 Fensternische in einer Burg. (Eigenes Foto)

Viele empirische Untersuchungen haben die Prospect-Refuge-Theorie bestätigt. Als die wichtigsten Einflussfaktoren der erlebten Sicherheit erwiesen sich in der Untersuchung von Loewen et al. (1993) die Helligkeit bzw. Beleuchtung, die Offenheit bzw. Überschaubarkeit eines Raums und die Nähe Schutz bietender Bereiche. Weil man eine Umgebung, die dunkel ist, weniger gut überblicken kann, fühlt man sich dort eher unsicher, als wenn man mitten am Tag dort unterwegs ist.

Die Komponente „refuge" kann von ganz unterschiedlicher Art sein. Bei dem Eichhörnchen, das vor der angreifenden Elster flieht, ist es die Hecke, in der die Elster keine Chance hat, das schnelle Eichhörnchen zu erreichen. Im U-Bahnnetz der Großstadt kann es die Notrufsäule oder das Sicherheitspersonal auf dem Bahnsteig sein. Im weiteren Sinne beinhaltet ein Refugium auch, dass es eine Fluchtmöglichkeit gibt und man einen sicheren Ort erreichen kann.

Unsicherheitsgefühle werden vor allem in anonymen öffentlichen Räumen erlebt, in denen die anderen Menschen Unbekannte sind, deren Absichten man nicht einschätzen kann. Für jemanden, der bei beginnender Dunkelheit zu Fuß durch eine menschenleere und unbekannte Gegend läuft, weil er an einer falschen Bushaltestelle ausgestiegen ist, wären vorbeikommende Autofahrer, die ihn mitnehmen könnten, Unbekannte. Man steigt lieber nicht ein.

3.5 Geisterohren

Wir sind mit Leuten verabredet, die wir nicht oft sehen. Man hat mit einer längeren Autofahrt zu rechnen, wenn man sie besucht. Sie wohnen im oberen Stockwerk eines Hauses, von dessen hochgelegener mit einem Glasdach überspannten Terrasse man in den großen äußerst gepflegten Garten blickt. Es ist ein warmer Sommertag, wunderbar geeignet für genussvolle Augenblicke im Freien und einen kleinen Gang auf den Wegen durch den blühenden Garten und schließlich auch noch für einen Ausflug in den Park der Gärten. Es ist nicht irgend ein Park, sondern eigentlich eine Gartenschau, obwohl der Prospekt mit einem Lageplan, der am Eingang des Parks der Gärten ausliegt, die Besucher darüber informiert, dass sie hier einen der schönsten Parks in Deutschland vor sich haben. Auf dem weitläufigen Gelände sind die unterschiedlichsten Mustergärten ausgestellt. Für jeden Geschmack findet sich etwas. Auch ein Partygarten fehlt nicht.

Es ist sehr warm an diesem Nachmittag. Die Pause, die wir an dem großen Wasserbecken verbringen, der im Prospekt als See bezeichnet wird, tut gut. Man sitzt eine Weile im Schatten und trinkt einen gut schmeckenden Kaffee, den man sich am Kiosk geholt hat. Die klatschenden Geräusche des Springbrunnens in der Mitte des Beckens hören sich an wie ein pladdernder Regenguss. Allein dieses Geräusch macht die sommerliche Wärme, die inzwischen schon fast als Hitze bezeichnet werden kann, erträglich.

Man hat mit der Betrachtung der zahlreichen und vielfältigen Mustergärten viel zu tun. Doch dann sind plötzlich Klänge zu hören, die aus dem Himmel zu kommen scheinen. Was ist das? Die Klänge kommen von einem Baum in der Nähe. Dort sieht man eine an einem Ast aufgehängte Windharfe. Äolsharfen kommen einem in den Sinn. Äolus, der Gott des Windes, hat solche Harfen zum Klingen gebracht. Und bekanntlich liebte es König David, dem wunderbaren Klang der durch den Wind angeregten Saiten zu lauschen. Doch die meisten Besucher achten nicht auf die himmlisch anmutenden Klänge, sie sind mit dem Betrachten der Gärten und Pflanzen und den verschiedenen Objekten, mit denen man einen Garten schmücken könnte, voll und ganz beschäftigt. Die Klänge erreichen wohl noch ihre Ohren, aber sie werden nicht bewusst. Im großen Laden am Ausgang kaufen wir eine üppig blühende Fuchsie, die wir in unseren kleinen Garten zuhause pflanzen werden. Sie ist „winterhart" – wir werden sehen, ob sie im nächsten Jahr wieder da ist. Leider gibt es in unserem kleinen selbstgestalteten Garten keinen Baum, der geeignet wäre, an ihm eine Windharfe aufzuhängen. Sonst hätten wir sie bestimmt auch mitgenommen.

Zur Psychologie
Unser Gehörsystem ist für einen sehr weiten Bereich physikalischer Intensitäten von Schallreizen empfänglich. Die Empfindlichkeit des menschlichen Gehörsystems ist beträchtlich. Menschen sind in der Lage, das Ticken einer Armbanduhr aus rund sechs Metern Entfernung zu hören (Becker-Carus & Wendt, 2017). Physikalisch gesehen sind Töne Druckwellen, die sich longitudinal mit einer Geschwindigkeit von 330 m pro Sekunde in der Luft fortpflanzen. Charakterisiert werden diese Wellen durch ihre Schwingungsfrequenz, gemessen in Hertz (Schwingungen/Sekunde), und ihre Schwingungsamplitude (Schalldruck). Töne mit niedriger Frequenz benötigen einen höheren Schalldruck, um wahrgenommen zu werden.

Jenseits der Hörschwelle hört für den Menschen die Welt der Töne auf. Die himmlische Musik, die im Prolog von Goethes Faust die Erzengel wahrnehmen, ist für menschliche Ohren nicht vernehmbar. Die Töne der Windharfe, die durchaus anders als die Töne der von Menschen gespielten Musikinstrumente klingen, vermitteln eine Ahnung von den Klängen und Tönen, die Engel mit ihren Geisterohren hören können, was den Menschen nicht vergönnt ist (Abb. 3.10).

In Goethes „Faust" preisen die Erzengel Raphael, Gabriel und Michael die Harmonie der Schöpfung Gottes. Im Prolog heißt es: „Die Sonne tönt nach alter Weise … Tönend wird für Geisterohren schon der neue Tag geboren".

Nur Auserwählte können die Harmonie der Sphären und die im Kosmos tönende Urmusik hören. Der menschliche Wahrnehmungsraum wird nicht nur durch Wahrnehmungsschwellen abgesteckt, sondern auch durch die begrenzte Aufmerksamkeitsspanne. Die Aufmerksamkeit der Menschen im Park der Gärten ist auf die Pflanzenwelt gerichtet. Sie achten nicht auf die tönende Äolsharfe. Selektive Aufmerksamkeit (selective attention) bedeutet, sich auf einen bestimmten begrenzten Aspekt zu konzentrieren – vergleichbar der Ausrichtung eines Scheinwerfers – und andere Teile der

Abb. 3.10 Musizierender Engel. (Gemälde von Julius Kronberg, abgedruckt in Emil Naumanns Illustrierte Musikgeschichte, Union Deutsche Verlagsgesellschaft, 9. Aufl. 1928, S. V)

Information außen vor zu lassen (Becker-Carus & Wendt, 2017). Im Park der Gärten sind es die akustischen Reize, die ignoriert werden. Worauf die Aufmerksamkeit gerichtet ist, hängt sowohl von der Salienz einer Information (Entman, 1993), also von äußeren Merkmalen, als auch von den individuellen Absichten und Interessen ab. Die Besucher des Parks der Gärten sind hierher gekommen, um sich Gärten und die Pflanzenpracht anzuschauen. Sie richten ihre volle Aufmerksamkeit darauf. Die Töne der Windharfe liegen außerhalb ihrer Aufmerksamkeitsspanne.

3.6 Gebautes als Kommunikationsmittel

Sechs Jahre nach dem letzten Umzug zog die Familie wieder um. Das neue Haus, eine stattliche weiße Villa, war sehr viel größer und auch der Garten war riesig (Abb. 3.11). Eigentlich war es eher ein Park, für den man jetzt einen Gärtner beschäftigen musste. Im früheren Garten hatte man noch selbst alles gemacht. Irgendwie schade. „Als Chef eines großen Unternehmens und jetzt auch im Vorstand einer internationalen Organisation muss dein Vater Geschäftsleute einladen können. Dazu braucht man eben

Abb. 3.11 Weiße Villa. (Eigenes Foto)

einen repräsentativen Wohnsitz", war die Antwort der Mutter auf die Frage des 12-jährigen Sohns, warum sie denn überhaupt haben umziehen müssen, denn ihm hatte es im früheren kleineren Haus mit dem etwas verlotterten Garten viel besser gefallen. Dort hatte er am Ende des Grundstücks zusammen mit seinem Freund eine Baumhöhle gebaut. Er wäre viel lieber dort geblieben, auch weil auf dem angrenzenden Grundstück sein bester Freund wohnte. Jetzt war die Baumhöhle Vergangenheit und die Entfernung zum besten Freund sehr viel größer, was dazu führte, dass man sich viel weniger traf. Auch das Familienleben war jetzt anders. Den Vater sah man noch seltener als früher. Dabei war jetzt doch viel Platz im Haus, sodass er sich ein geräumiges Home Office hätte einrichten können. Ein gemeinsames Frühstücken oder Abendessen war die Ausnahme. Dafür tauchten jetzt mehrere Dienstboten auf und zwei Rassehunde.

Man wohnte jetzt in einer vornehmen Gegend, in der eine selbst gebastelte Baumhöhle vollkommen unpassend gewesen wäre. Der Gärtner, der den Park in Schuss hielt, hätte sie sicherlich stillschweigend „entsorgt".

Zur Psychologie
Die Familie ist in eine geräumige Villa umgezogen. Nicht allein die größere Wohnfläche mitsamt dem weitläufigen Außenbereich war ausschlaggebend gewesen, denn im früheren Haus hatte es genügend Platz gegeben. Es ging um Repräsentation. Die Art und Weise wie man wohnt, sagt etwas über die Bewohner aus. Wohnumwelten sind nicht nur physischer Raum, den Menschen zur Befriedigung ihrer existentiellen Bedürfnisse und für diverse Aktivitäten nutzen, sie teilen anderen Menschen auch den gesellschaftlichen Status der Wohnenden mit. Eine Villa mit einem umgebenden Park vermittelt die Botschaft, dass hier wohlhabende Leute residieren. Fuhrer und Kaiser (1993) haben die Kommunikationsfunktion des Wohnens genauer untersucht. Sie kamen zu dem Ergebnis: „Orte mit ihren Dingen – und dem Gebauten als größtes Ding – sind … Träger sozialer Information" (S. 58).

Eine Villa im Park oder ein prachtvoller Palast sind als Träger sozialer Information mehr als nur physisch-materielle Umwelt. Wie wir wohnen, zeigt den anderen, wer wir sind. Eine Hütte in den Favelas oder Slums ist nicht nur ein notdürftiges Dach über dem Kopf, sondern Ausdruck von Armut und Ohnmacht. Das Gegenteil bringt eine Villa zum Ausdruck.

Je nach Kultur unterscheiden sich die Kommunikationsformen. Reichtum kann unterschiedlich zum Ausdruck gebracht werden. Beispiele sind: Bei dem polygamen Stamm der Moundang bewohnt jede der Frauen eine eigene Hütte. Wie reich ein Mann ist, kann man an der Zahl der Hütten auf seinem Anwesen ablesen (Rapoport, 1969). Die antiken römischen Villen, die sich die reichen Patrizier errichten ließen, waren nicht nur komfortable Bauten, sondern zugleich auch Ausdruck eines luxuriösen Lebensstils.

In den westlichen Gesellschaften der heutigen Zeit ist es immer noch die Villa, die Status und Reichtum weithin sichtbar macht. Hier kann jeder sehen, dass dort ein reicher Mensch wohnt. Mit baulichen Elementen wie reich dekorierten, mit Skulpturen geschmückten Fassaden und aufwendigen Gestaltungen werden Macht, Reichtum und Herrschaft zum Ausdruck gebracht.

Nicht nur im Bereich des Wohnens, auch im öffentlichen Raum werden Botschaften ausgesendet. Rathäuser, Kirchen, Museen, Konzerthäuser, Bahnhöfe und Bürogebäude teilen durch die Gestaltung ihrer Fassaden, Eingangsbereiche und Treppenaufgänge etwas mit. Einzigartige Bauwerke können einen Ort berühmt machen. Ein Beispiel ist der Eiffelturm in Paris oder seit neuerer Zeit die Elbphilharmonie in Hamburg. Diese Bauwerke repräsentieren die Stadt, in der sie sich befinden und machen sie unverwechselbar. Es ist nicht nur ein schlichter Turm, von dem man eine schöne Aussicht hat, oder ein Konzerthaus, in dem die Akustik besonders gut ist, sondern es sind Wahrzeichen. Der in Planung befindliche 233 m hohe Elbtower an den Elbbrücken, der eine Höhe von 233 m haben wird, hat zweifellos eine Wahrzeichen-Funktion.

Auch die Gebäudehöhe teilt etwas mit. Das Hochhaus, das den Menschen um etliches überragt und ihn klein erscheinen lässt, hat eine Nebenbedeutung: Es ist nicht nur ein bauliches Gebilde, das in die Höhe ragt, sondern auch ein Symbol für technische Kompetenz, Finanzkraft und Macht. Monumentalität in Form der Größe und Höhe von Gebäuden gewährleistet Sichtbarkeit und Salienz. „Size, especially apparent size, has always been used to symbolize power" (Appleyard, 1979, S. 148). Über viel Raum verfügen können, symbolisiert Macht. Diese Symbolik wird unmittelbar verstanden und wird auch erwartet. Ein König muss „standesgemäß" wohnen. Einem Regierungssitz muss man ansehen, dass es ein Regierungssitz ist. Es wird erwartet.

Es geht hier um die Kommunikationsfunktion der gebauten Umwelt. Saegert und Winkel (1990) haben diesen Sachverhalt als soziokulturelles Paradigma bezeichnet. Was damit gemeint ist, wird verständlich, wenn man einen Blick auf zwei „handfestere" Paradigmen wirft: das Anpassungsmodell (adaption paradigm) und das Gelegenheitsstrukturmodell (opportunity structure paradigm). In allen Fällen geht es das Verhältnis zwischen dem Menschen und der gebauten Umwelt. Wichtigstes Kriterium im *Anpassungsmodell* ist Funktionalität. Abmessungen, Anordnungen und Einrichtungen sollen sich nach den (durchschnittlichen) körperlichen Maßen wie Körpergrößen, Schrittlängen, Griffhöhen und Griffweiten sowie den in den Räumen ausgeübten Tätigkeiten richten. Den Nutzern wird das Passende geliefert. Sie brauchen nichts weiter zu tun. Sie sollen es auch nicht, denn es könnte die bis ins Detail durchdachte ausgeklügelte ergonomische Kongruenz verringern (Abb. 3.12).

Der Schwachpunkt ist, dass es ein statisches Modell ist; es trifft nur für einen bestimmten Zeitraum zu und berücksichtigt nicht, dass sich die Anforderungen an die gebaute Umwelt im Laufe des Lebens verändern können. Dies wird im *Gelegenheitsstrukturmodell* berücksichtigt. Die bauliche Gestaltung soll den Menschen Handlungsspielräume bzw. Gelegenheiten lassen, etwas so oder anders zu machen. Nutzungsoffenheit ist ein grundlegendes Kriterium, das den Menschen ermöglicht, ihre Umwelt mit zu gestalten und zu verändern. Nicht allzu kleine Balkone sind z. B. „opportunities", sie lassen sich unterschiedlich nutzen. Die Leitvorstellung ist, keine fix- und fertigen unveränderbaren Bauwerke zu liefern, sondern so zu bauen, dass individuelle Modifikationen möglich sind (Abb. 3.13).

Eine solche Flexibilität ist nicht nur wegen der unterschiedlichen individuellen Bedürfnisse und Anforderungen sowie der nicht ausbleibenden Veränderungen im Verlauf des Lebens erstrebenswert, sondern ist auch von

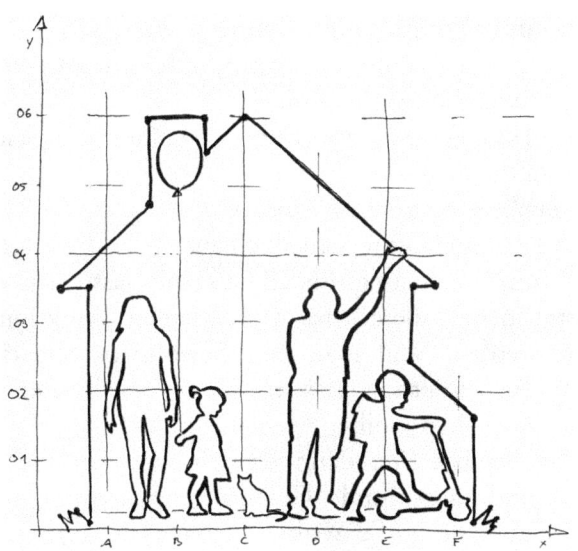

Abb. 3.12 Anpassungsmodell. (Illustration Niels Flade)

Abb. 3.13 Gelegenheitsstrukturmodell. (Illustration Niels Flade)

Vorteil für Bau- und Wohnungsunternehmen, weil dann das heute Gebaute auch in den kommenden Jahren und Jahrzehnten mit größerer Wahrscheinlichkeit noch gebrauchsfähig sein wird.

Von welchem Paradigma man ausgeht, ist keineswegs gleichgültig, denn die Antworten auf die Frage.

„Wie viel Wohnfläche braucht der Mensch?"

fallen je nach Paradigma unterschiedlich aus.

Wenn man vom Anpassungsmodell ausgeht, lässt sich eine Quadratmeterzahl ausrechnen, indem die erforderlichen Funktions- und Stellflächen addiert werden. Will man den Bewohnern Spielräume für eine selbstbestimmte Ausgestaltung lassen, wie es nach dem Gelegenheitsstrukturmodell geschehen sollte, werden zusätzliche Flächen benötigt. Die Wohnfläche bemisst sich dann danach, wie viel Freifläche für den individuellen Handlungs- und Gestaltungsspielraum für erforderlich gehalten wird. Dass eine große Wohnung mehr Bewegungsmöglichkeiten, Raum für unterschiedliche Tätigkeiten, mehr Privatheit und Möglichkeiten für eine individuelle Gestaltung bietet, ist offensichtlich. Beziehungen können durch räumliche Aufteilungen und Zuordnungen besser geregelt werden, man kann Räume so oder so nutzen und Möbel hier oder woanders hinstellen.

Was das soziokulturelle Paradigma betrifft, sind Wohnfläche, das Haus mitsamt dem Außenraum und die Wohnlage allesamt Träger soziale Information.

Der Einsatz gebauter Umwelt als Kommunikationsmittel ist nicht auf die individuelle Ebene beschränkt. So sind spektakuläre Bauwerke, seien es Konzerthäuser, Museen, Hochhäuser wieder Elbtower oder weit gespannte Brücken ein Symbol ökonomischer und politischer Macht und technologischen Könnens. Städte und Länder können sich auf diese Weise im weltweiten Wettbewerb, dem technische Kulturen unterliegen (Heßler, 2012), als führend darstellen. Es ist die Welt der Superlative. Beispiele sind:

- Himmlische Unterkünfte: Das sind die höchsten Hotels der Welt
- Big Business: Die spektakulärsten Firmensitze der Welt
- Spitzenmäßige Ausblicke: Die höchsten Aussichtsplattformen der Welt
- Kunstvolle Architektur: Die spektakulärsten Museen der Welt
- Die höchsten Wolkenkratzer der Zukunft: Wer knackt die 1000-m-Marke?
- Die Architektur des Geldes – Die spektakulärsten Bankensitze weltweit
- Zuhause in Etage 101 – Die höchsten Wohngebäude der Welt
- Schluss mit Grau in Grau – Die farbenfrohsten Hochhäuser der Welt
- Wettlauf zum Himmel: Dies sind die höchsten Wolkenkratzer ihrer Zeit
- Das Auge hört mit: Dies sind die spektakulärsten Konzerthäuser der Welt
- Dies sind die spektakulärsten Universitätsgebäude der Welt
- Europa auf Aufwärtskurs: Dies sind die höchsten Wolkenkratzer im Bau
- Abgefahren! Dies sind die spektakulärsten Bahnhöfe der Welt
- Hereinspaziert: Dies sind die spektakulärsten Kirchen der Welt
- Haushoch: So viel kosten die 10 teuersten Wolkenkratzer der Welt.

Die Liste der Superlative ließe sich problemlos verlängern. Hochhäuser gehören unbedingt dazu. Sie überragen alles andere. Sie fallen auf und man sieht sie von weitem, was ihre Sichtbarkeit noch zusätzlich steigert. So erblickt man die Silhouette der Hochhäuser in Frankfurt am Main schon aus größerer Entfernung (Abb. 3.14).

Dass die Hochhäuser mit den schnellsten Fahrstühlen ausgestattet worden sind und darin viel Nutzfläche geschaffen wurde, steht auf einem anderen Blatt, nämlich dem der beiden anderen Paradigmen.

Abb. 3.14 Hochhäuser Silhouette in Frankfurt am Main. (Eigenes Foto)

4

Die natürliche Umwelt wird geschätzt und bewahrt

Es wäre Haarspalterei, würde man versuchen, zwischen „Natur" und „natürlicher Umwelt" zu differenzieren, denn: „,Nature' overlaps substantially with ‚natural environment', an environment with little or no apparent evidence of human presence or intervention, and the two terms have been used interchangeably" (Hartig et al., 2014, S. 208). *Umwelt*schutz meint demzufolge in erster Linie Schutz der natürlichen Umwelt bzw. Schutz der *Natur*.

Hellpach (1924) hat die natürliche Umwelt als den Teil der Umwelt definiert, der unabhängig vom Menschen existiert, der also auch ohne ihn da wäre, der kein Produkt menschlicher Aktivitäten und Interventionen ist und sich nach eigenen Gesetzen entwickelt. Heute spricht man vom *ontologischen Realismus,* d. h. der Anschauung, dass es eine vom Wahrnehmen und Denken des Menschen unabhängige Welt gibt, die auch dann nicht zu existieren aufhört, wenn niemand sie wahrnimmt oder über sie nachdenkt.

Die natürliche Umwelt besteht aus anorganischer (unbelebter) und organischer (belebter) Materie. Unbelebt sind Boden, Wasser, Wetter, Klima, Luft, Sonnenlicht, Atmosphäre, Wärme, Temperatur, Strömungen, chemische Stoffe, kosmische Einflüsse usw., belebte Materie sind Pflanzen, Tiere und Menschen. Natur existiert in unterschiedlichen Größenordnungen. Ein Blütenblatt ist ebenso Natur wie ein Urwald. Und noch ein weiteres Merkmal: In der Natur gibt es keinen Stillstand, sondern ständigen Wandel.

Als körperlich biologisches Lebewesen ist der Mensch Teil der Natur. Auch wenn er in virtuellen Umwelten agiert, bleibt er ein körperliches

Wesen und ist über materielle und energetische Austauschprozesse untrennbar mit der physisch-räumlichen und dinglichen Umwelt verbunden. Auch als kulturell geprägtes Wesen hört er nicht auf, ein körperliches Wesen zu sein. Schon aus diesem Grund ist es in seinem ureigenen Interesse, die natürlichen Lebensgrundlagen zu erhalten.

Menschen haben kulturelle Umwelten geschaffen, eine „man-made" Welt. Deren Ausgangspunkt war die natürliche Umwelt, die das Material lieferte. Die Frage ist heute, wie viel Eingriffe die natürliche Umwelt verträgt, ohne Schaden zu nehmen. Die wachsende Zahl der Menschen auf der Erde, die zwangsläufig immer mehr Ressourcen verbrauchen (Hardin, 1968), und die rasant fortschreitende technologische Entwicklung, die das Tor in virtuelle Welten geöffnet hat, könnte die Menschen noch weiter von dem Ziel, die Natur zu erhalten, entfernen. Das bliebe nicht folgenlos, denn die natürliche Umwelt würde kaum mehr als erhaltenswert und schutzwürdig angesehen. Es würde weniger Wissen über die Grundlagen des Lebens erworben werden, wenn die Natur kaum mehr erfahren wird. Das Wissen wäre aus zweiter oder dritter Hand. Doch schon allein, um Stress abzubauen, sich zu erholen und gesund zu bleiben oder wieder gesund zu werden, brauchen die Menschen die Natur.

Konkrete Ziele des Umweltschutzes sind zu verhindern, dass Gewässer, Luft und Boden verschmutzt und belastet und die natürlichen Ressourcen im Übermaß genutzt werden, und dafür zu sorgen, dass die Natur nicht durch eine um sich greifende Bebauung und Besiedelung dezimiert wird. Wertschätzen und schützen kann man jedoch nur das, was man kennt. Wenn Kinder und Jugendliche fern der Natur aufwachsen und kaum mehr Erfahrungen mit der Natur machen, werden sie sich für Umweltfragen nur wenig interessieren. Es würde sie als Erwachsene nicht beunruhigen, wenn Wälder gerodet werden und zu viele Fische gefangen werden, sodass sich die Wüstenregionen ausbreiten und die Fischpopulation nicht mehr regenerieren kann. Ein sparsamer Umgang mit natürlichen Ressourcen wäre für sie kein Thema.

In der folgenden Geschichten geht es um die Erholwirkung der Natur, um umweltbezogene Werteorientierungen, die Menschen dazu veranlassen, sich aktiv für den Erhalt einer gefährdeten Natur einzusetzen; es geht um Erfahrungen mit der Natur in der Kindheit, einer Lebensphase, in der die Erfahrungsbildung auf Hochtouren läuft und sich Weltsichten und Werteorientierungen entwickeln. Die vierte Geschichte kreist um das Thema Genügsamkeit, den sparsamen Umgang mit Lebensmitteln.

4 Die natürliche Umwelt wird geschätzt und bewahrt

4.1 Ab ins Grüne und Blaue

Sie haben eine stressreiche Zeit hinter sich. Der Kater hatte sich mit dem großen gestreiften Kater aus der Nachbarschaft geprügelt und war dabei so verletzt worden, dass eine Woche lang tägliche Tierarztbesuche erforderlich waren. Das hatte gerade noch gefehlt. Denn zur Zeit geht es besonders hektisch zu und zu befürchten ist, dass es auch in der nächsten Zukunft nicht anders sein wird. Ein beruflicher Wechsel steht an, der mit einem Umzug verbunden sein wird. Zum Glück ist die Wohnungssuche abgeschlossen, die viel Zeit gekostet hat. All das muss neben einem Berufsleben, das höchste Anforderungen stellt, bewältigt werden. Sie lechzen geradezu nach Urlaub und Erholung. Ein erholsamer Ort, den beide in ihrer freien Zeit häufig aufsuchen, ist für sie das kleine Cafe auf einem Ponton in der Elbe, an dem die Fähren und Boote der Lotsen anlegen. Wenn ein großes Containerschiff vorbei fährt, dauert es nicht lange, bis die Wellen den Ponton erreichen, der dann mitsamt dem Cafe darauf ein bisschen schwankt. Ein frischer Wind weht immer. Man sieht große Schiffe, die aus der Ferne auftauchen oder in anderer Richtung wieder am Horizont verschwinden. Auf der anderen Seite der Elbe ist das ansteigende Ufer zu sehen, das man zu bebauen begonnen hat. Noch macht es den Eindruck einer bergigen Landschaft. Wunderbar erholsam ist auch der Spaziergang in dem weitläufigen Landschaftspark, in dem man nach dem Ausflug an die Elbe vorbei an uralten hohen Eichen hinaufgeht. Ein Bach fließt hindurch, den man auf hölzernen Brücken, die aus früheren Zeiten zu stammen scheinen, überqueren kann. Zuhause wartet der Kater, der sich zu freuen scheint, dass seine Leute wieder zurück sind.

Zur Psychologie
Erholung ist der Prozess, bei dem die kognitive Leistungsfähigkeit, das Wohlbefinden, die Affektkontrolle, die soziale Kompetenz und das körperliche und physiologische Intakt sein wieder erlangt werden. Man braust nicht mehr auf und fühlt sich wieder fit und leistungsfähig. Solche Erfahrungen bewirken, dass man unwillkürlich oder auch ganz bewusst Orte aufsucht, die diese Erholung bewirkt haben. Es sind vor allem Orte in der Natur. Erfahrungen, dass ein Aufenthalt in der Natur das Wohlbefinden steigert, einen raschen Stressabbau ermöglicht und Ermüdung und Erschöpfung dahin schwinden lässt, machen die natürliche Umwelt zu einer Erholumwelt (restorative environment).

Es ist der Anblick der Pflanzenwelt (green spaces) und der Bäche, Flüsse und Seen (blue spaces), der erholt (Kistemann et al., 2010). Green und blue spaces sind weder durchweg grün noch durchweg blau. Bekanntlich gibt es auch rotblättrige Buchen und modrige Gewässer ohne jeden blauen Farbton. Es sind nicht die Farben grün und blau, die Erholung bescheren, sondern das, was sie symbolisieren, nämlich die heile natürliche Umwelt, in der es grünt und blüht und das Wasser kühl und klar ist. Doch warum sind green und blue spaces erholsam?

Die Frage lässt sich beantworten, wenn man die Merkmale von restorative environments betrachtet. Ermittelt wurden vier Merkmale bzw. Erholfaktoren (u. a. Hartig et al., 2014). Sie sind nicht nur, aber doch vor allem in natürlichen Umwelten zu finden (Tab. 4.1).

Ein Einstieg ist die Beobachtung, dass jede länger dauernde geistige Anstrengung schließlich zu mentaler Ermüdung führt. Die Fähigkeit, die Aufmerksamkeit auf etwas Bestimmtes zu richten, und sich nicht ablenken zu lassen, nimmt im Laufe der Zeit ab (Berto, 2005). So kann man z. B. in einer großen Ausstellung nur eine bestimmte Menge an Bildern „verkraften". Es fällt schwer, sich auf noch mehr Bilder zu konzentrieren und ein Abschweifen der Gedanken zu unterdrücken. Das Verlangen nach einer Kaffeepause wird immer stärker. Die gerichtete bzw. willkürliche Aufmerksamkeit erfordert ein willentliches Mitmachen. Im Unterschied dazu macht die unwillkürliche Aufmerksamkeit keinerlei Mühe, weil keine willentliche

Tab. 4.1 Komponenten der Perceived Restorativeness Scale (PRS) (Ausschnitte aus Purcell et al., 2001, S. 99)

Komponenten	Aussagen
Being away	Dieser Ort ist ein Refugium, das vor unerwünschten Ablenkungen bewahrt; hier bin ich befreit von meinen täglichen Routinen; hier zu sein hilft mir, nicht an die vielen Dinge, die ich erledigen muss, zu denken
Faszination	Dieser Ort ist faszinierend; dieser Ort macht mich neugierig; die vielen interessanten Dinge erregen meine Aufmerksamkeit; hier ist es unmöglich, sich zu langweilen
Weite	Es gibt hier kaum Grenzen, die meine Bewegungsfreiheit einschränken; dieser Ort ist eine Welt für sich
Kompatibilität	Hier hält mich wenig davon ab, das zu tun, was ich gern machen würde; hier zu sein passt zu meinen persönlichen Neigungen; hier kann ich das tun, was ich wirklich will; die Aktivitäten, die hier möglich sind, sagen mir zu
Kohärenz	Dieser Ort hat eine klare Struktur; hier ist alles an der richtigen Stelle; hier passt alles zusammen; man sieht auf einen Blick, wie alles zusammenhängt

Anstrengung nötig ist. Hier muss man sich nicht zwingen, bei der Sache zu bleiben, denn die Umwelt zieht die Aufmerksamkeit automatisch auf sich. Der Erholeffekt beruht darauf, dass sich während dessen der Mechanismus der willkürlichen Aufmerksamkeit regenerieren kann (Kaplan, 1995).

In einer anregungsreichen Umwelt muss sich der Mensch nicht anstrengen, bei der Sache zu bleiben, denn sie zieht ihn in Bann. Man kann sie einfach auf sich wirken lassen.

Der zweite Erholfaktor ist das *„being away"* bzw. das Erleben eines Anderswo, des Weit weg sein von der Alltagswelt mitsamt deren Anforderungen, Zwängen, Belastungen und ermüdenden Verhaltensroutinen. Dieses Anderswo muss gar nicht weit entfernt sein. Bereits der Garten hinter dem Haus kann ein being away bieten. Entscheidend ist das *psychische* Wegsein. Das Cafe am Fluss und der Park mit den alten Eichen sind ein erholsames Anderswo. Man ist dort keinem Sozialstress ausgesetzt und kann in aller Ruhe allein sein; man muss nicht mit anderen kommunizieren und deren Erwartungen erfüllen (Wohlwill, 1983). Sowohl Push- als auch Pull-Faktoren lassen den Menschen nach einem Anderswo streben. „Push" meint das Streben, an einen anderen Ort zu gelangen, weil man einen unangenehmen Ort verlassen möchte; „Pull" besagt, dass es einen nach einem angenehmen, schönen und erholsamen Ort hinzieht. Man will dem Alltag mit seinen Anforderungen, Aufgaben und ermüdenden Routinen entkommen (Push), und man hat ein Verlangen nach einem unbeschwerten Leben jenseits des Alltags (Pull). In einer Befragung von Besuchern von Waldparks hat Hammitt (2000) beide Motive bestätigt gefunden. Den meisten Waldparkbesuchern ging es darum, eine besondere und naturreiche Umwelt zu erleben, doch nicht wenigen auch um ein Befreit sein von Verpflichtungen und Anforderungen. Push- und Pull-Faktoren sind meistens eng miteinander verwoben. Eine klare Trennlinie lässt sich häufig nicht ziehen. Wenn man sich nach einem stressreichen Arbeitstag ins Cafe an der Elbe begibt, von dem aus man weit in die Ferne sehen kann, und wenn man danach einen Spaziergang durch den angrenzenden Landschaftspark macht, sind sowohl Pull- als auch Push-Kräfte am Werk.

Ein dritter Erholfaktor ist die wahrgenommene Weite (extent) (Kaplan, 1995). Abgesehen davon, dass Umwelten eine gewisse Ausdehnung haben müssen, um überhaupt als ein anderes Setting bzw. ein Anderswo infrage zu kommen, fällt es schwer, sich in beengenden Räumen unbeschwert und frei fühlen. Bollnow (1963), der das Erleben von Weite als ein Nicht behindert werden bezeichnete, hat das poetisch geschildert: „Enge [...] geht immer auf die Behinderung der freien Bewegung durch eine sie allseits beschränkende Hülle[...]. Weite bezeichnet demgegenüber die Befreiung von dieser

Behinderung [...]. Allgemein also empfindet der Mensch die beengenden Räume als einen Druck, der ihn quält; er sucht sie zu sprengen und in die befreiende Welt vorzustoßen" (S. 89). Die weite Ferne, in der Schiffe am Horizont verschwinden oder auftauchen, verkörpert diese Weite. Angesichts dieser grenzenlosen Weite fühlt man sich frei.

Ein vierter Erholfaktor ist Kompatibilität. Die Umwelt ist für einen Menschen kompatibel, wenn sie zu seinen Bedürfnissen, Motiven und Handlungsabsichten passt (Kaplan, 1995). Synonyme Begriffe, die ein Übereinstimmen von Umweltbedingungen und individuellen Intentionen und Bedürfnissen bezeichnen, sind Passung, Kongruenz und Synomorphie (Strukturgleichheit zwischen Umwelt und Verhalten). Kompatibilität ist ein typisches Beziehungsmerkmal, denn was jeweils kompatibel ist, hängt von den individuellen Bedürfnissen und Absichten ab.

Purcell et al. (2001) haben noch einen fünften Erholfaktor: nämlich Kohärenz, ermittelt und dazu noch eine Methode, die Perceived Restorativeness Scale (PRS), entwickelt, mit der sich der Erholwert von Umwelten bestimmen lässt (Tab. 4.1). Nicht nur der Gesamtwert sondern auch die Werte zu den einzelnen Faktoren liefern Informationen über das Erholpotential einer Umwelt. Ein Park kann wegen seiner Blütenpracht besonders faszinierend und aus diesem Grunde erholsam sein, ein anderer bietet sehr viel Weite, was Erholungssuchende zu schätzen wissen. Die PRS ist so angelegt, dass vorgegebene Aussagen auf einer 11-stufigen Skala beurteilt werden, auf der 0 bedeutet: stimmt überhaupt nicht, und 10 = stimmt vollkommen. Ab einem Gesamtmittelwert von über 5,5 gilt eine Umwelt als erholsam.

In der Untersuchung, die Purcell und Mitarbeiter durchgeführt haben, um die Validität der PRS zu prüfen, sollten Studierende Bilder verschiedener Umwelttypen beurteilen. Dass die Methode etwas taugt, zeigten die Mittelwerte:

- für Industriegebiete 3,6
- für Häuser 3,9
- für innerstädtische Straßen 4,5
- für hügelige Landschaften 5,9
- für Naturlandschaften mit Seen 6,2.

Nur bei den hügeligen und den Naturlandschaften mit Seen lagen die Mittelwerte über dem Skalenwert 5,5. Wer sich erholen will, strebt in die

Natur. Sichtlich geringer ist dagegen das wahrgenommene Erholungspotential gebauter Umwelten.

Tenngart und Hagerhall (2008) haben mit der PRS zwei Gärten unterschiedlicher Größe und unterschiedlichen Typs, die als therapeutische Orte für Menschen, die an durch chronischen Stress bedingten Beschwerden leiden, von zwei Gruppen Studierender im Hinblick auf das jeweilige Erholungspotential bewerten lassen. Die Gärten wurden als Fotoserien präsentiert. Beide Typen wurden als restorative environments bewertet, wobei der größere Garten A insgesamt als noch erholsamer beurteilt wurde als der Garten B. Nur die Kohärenz wurde im Garten B höher eingeschätzt (Tab. 4.2). Der Garten A ist erholsam, weil er ein being away bietet, weil er fasziniert, weil er als weit und als kompatibel wahrgenommen wird.

Der Vergleich der Beurteilungen der beiden Gruppen zeigt, dass die künftigen Landschaftsarchitekten optimistischer urteilen, denn beide Gärten werden von ihnen positiver bewertet, als von den künftigen Psychologen.

Eine klassische Versuchsanordnung, um Erholungsprozesse zu erforschen, ist der Vorher-Nachher-Plan. Alle Teilnehmer werden in eine Stresssituation versetzt, indem sie schwierige Aufgaben bewältigen oder etwas so schnell wie möglich erledigen müssen oder indem sie einen Stress erzeugenden Film vorgeführt bekommen. Dann werden nach dem Zufallsprinzip Gruppen gebildet, die unterschiedlichen Treatments (Behandlungen) ausgesetzt werden. Der einen Gruppe werden z. B. Bilder mit Naturlandschaften, einer Vergleichsgruppe Bilder mit städtischen Szenen ohne Bäume und Grün gezeigt. Abschließend werden Tests durchgeführt, mit denen die Schnelligkeit des Stressabbaus und Wiederherstellung von Fitness erfasst wird. Schneidet die Gruppe, der die Naturbilder gezeigt wurden, besser ab, spricht das für den Erholeffekt von Natur. Wie Hartig et al. (2003) in einem

Tab. 4.2 Geschätztes Erholungspotential von zwei Gärten nach Studienfach (Tenngart & Hagerhall, 2008, S. 111)

Erholfaktor	Psychologie		Landschaftsarchitektur	
	Garten A	Garten B	Garten A	Garten B
Being away	6,9	6,2	8,3	7,0
Faszination	6,0	5,2	8,3	5,9
Kompatibilität	6,4	5,3	7,8	5,5
Weite	7,0	4,2	8,2	4,1
Kohärenz	6,2	6,5	6,4	7,1
Gesamtwert	**6,5**	**5,5**	**7,8**	**5,9**

Experiment nachgewiesen haben, wird der künstlich erzeugte Stress schneller abgebaut, wenn die Gestressten auf Naturszenen blicken und noch schneller, wenn sie in einer Natur reichen Umgebung spazieren gehen können.

Wie stark der Erholeffekt der Natur ist, zeigt sich daran, dass allein der Blick aus dem Fenster auf Bäume und Grün eine erholende Wirkung hat. Den Nachweis hat Ulrich (1984) erbracht. Er hat die Krankenberichte von Patienten, die eine Operation hinter sich hatten, ausgewertet und dann zwei Gruppen so gebildet, dass jeweils zwei Patienten einander zugeordnet wurden, deren Krankengeschichte ähnlich war. Insgesamt 23 Paare waren einbezogen. Einer von den beiden konnte aus dem Krankenzimmer auf grüne Natur blicken, der andere hatte eine Ziegelsteinmauer vor sich. Dass der Anblick grüner Natur bereits einen Erholeffekt hat, zeigte sich daran, dass die „privilegierten" Patienten in den Zimmern mit dem Ausblick auf grüne Natur

- früher entlassen werden konnten,
- dem Pflegepersonal weniger Arbeit machten,
- weniger Schmerzmittel benötigten.

Stressfolgen sind verminderte Leistungsfähigkeit, ein verringertes Wohlbefinden und gestörte soziale Beziehungen. Im Berufsleben schlägt vor allem eine reduzierte Leistungsfähigkeit zu Buche. Nicht nur die Arbeitslast sollte nicht zu groß sein, auch der Arbeitsplatz sollte stimmen. So sind Büroarbeitsplätze in Fensternähe nicht allein wegen des Tageslichts vorteilhaft, sie sind wegen des Ausblicks, den sie bieten, auch ein Anti-Stress-Mittel (Yilderim et al., 2007).

Das Resümee lautet: Naturumwelten sind erholsam,

- weil sie faszinieren,
- weil sie ein Anderswo jenseits der Alltagswelt bieten,
- weil sie den Eindruck von Grenzenlosigkeit und Weite vermitteln,
- weil man dort seine Absichten verwirklichen kann.

Wer in seiner freien Zeit im Cafe auf dem Ponton an der Elbe sitzt und im Park an den alten Eichen entlang spazieren geht, kann sich erholen. Die vorbei fahrenden Schiffe und der Lotse, der an Land springt oder in der Luke der großen Schiffe verschwindet, regen die Fantasie an. Man ist weit weg von jeder Hektik, man blickt in die Ferne und verspürt vielleicht ein leichtes Fernweh. Die Umgebung passt zu der Absicht, alles Belastende hinter sich zu lassen.

4.2 Umweltaktivisten

Wenn es gilt, sich für den Schutz der Umwelt einzusetzen, ist er sofort dabei. Auch bei den Aktionen im Dannenröder Forst beteiligt er sich. Man muss sich zusammen tun und organisieren, um überhaupt eine Chance zu haben, bemerkt zu werden. Doch es sieht nicht gut aus, denn staatliche Macht, die über ein Heer von Polizisten verfügt, und die Medien, die sich nicht scheuen, die Umweltschützer als gesetzlose Spinner und Störer hinzustellen, bilden eine undurchdringliche Mauer. Das wurde wieder einmal in einer Sendung im Fernsehen demonstriert. Darin wird berichtet, dass Aktivisten verhindern wollen, dass quer durch den Wald eine Autobahn, die sinnvoll und wichtig sei, gebaut wird. Dazu hieß es:

„Die Proteste von Gegnern des A 49-Ausbaus in Mittelhessen beschäftigen nach den Rodungen im Dannenröder Forst und anderen Waldgebieten weiter die Staatsanwaltschaften. Die Ermittler suchen noch immer nach einem unbekannten Mann, der ein hohes Holzgestell zum Einsturz gebracht haben soll, das beinahe Polizisten getroffen hätte. Die Fahndung laufe, sagte ein Sprecher der Staatsanwaltschaft Gießen. Ermittelt wird unter anderem wegen des Verdachts des versuchten Totschlags. Weiterhin in Untersuchungshaft sitzt eine Aktivistin. Ihr wird gefährliche Körperverletzung, Widerstand sowie tätlicher Angriff gegen Vollstreckungsbeamte vorgeworfen. Die Frau, die bislang keine Angaben zu ihrer Identität machte, soll bei der Räumung eines Plateaus in etwa 15 Metern Höhe Polizisten getreten und geschlagen haben. Bei dem Vorfall habe ein Beamter beinahe das Gleichgewicht verloren. Eine weitere Person sitzt in U-Haft unter anderem wegen Landfriedensbruchs und gefährlicher Körperverletzung – wegen mutmaßlicher Steinwürfe auf Polizisten. Auch in diesem Fall habe die Identität bisher nicht festgestellt werden können. Um die Rodungen für den Weiterbau der A 49 aufzuhalten, hatten Umweltaktivisten Waldstücke bei Homberg (Ohm) im Vogelsberg und Stadtallendorf (Marburg-Biedenkopf) ‚besetzt'. Dabei bauten sie Barrikaden und harrten in Bäumen, Baumhäusern und hochbeinigen Holzgestellen aus. Die Polizei war zwischen Oktober und Mitte Dezember mit einem Großaufgebot vor Ort, um das Gebiet zu räumen. Die Baumfällungen im Dannenröder Forst, im Maulbacher Wald sowie im Herrenwald sind bis auf Restarbeiten abgeschlossen. Der Weiterbau der A 49 soll im Frühjahr anlaufen"[1].

---

[1] Sendung am 15. Januar 2021 in der Hessenschau.

Ihm ist klar, dass ihr Widerstand zum Scheitern verurteilt ist. Doch man sollte nicht zu früh aufgeben. Absolut unerträglich ist für ihn, dass die Umweltaktivisten als gewalttätige Kriminelle hingestellt werden.

Die Staatsanwaltschaft wird tätig, der Staat setzt sich durch. Die Argumente der Umweltschützer werden beiseite geschoben: Es sollen keine gesunden Bäume gefällt werden, zumal Bäume dazu beitragen, CO_2 in O_2 umzuwandeln, und ein ausgedehntes Waldgebiet sollte nicht zerschnitten werden. Es ist eine Oase für die darin lebende Tierwelt und ein von vielen Menschen geschätztes Erholungsgebiet.

Er kennt die Gegenargumente, die etwa so lauten: Es ist zwar bedauerlich, wenn ein paar Bäume gefällt werden müssen, aber letztlich macht die neue Autobahnstrecke Sinn, weil sie Wege verkürzt, was für viele Menschen geschenkte Zeit bedeutet. Und weniger Kilometer Fahrtstrecke haben außerdem weniger CO_2 und eine geringere Schadstoffbelastung zur Folge.

Er macht sich auf den Weg, obwohl er weiß, dass es letztlich vergeblich ist. Man darf einfach nicht resignieren. Wenn er richtig in die Pedale tritt, braucht er mit dem Fahrrad nur eine halbe Stunde. Einfach aufgeben geht nicht. Mit dem sichtbaren Widerstand kann man der Welt kundtun, dass hier etwas Wertvolles unwiederbringlich zerstört wird. Das Anliegen des Umweltschutzes wird so wenigstens sichtbar gemacht. Mehr lässt sich wohl nicht erreichen.

Zur Psychologie
Die Umweltpsychologie befasst sich mit den Wechselbeziehungen zwischen Mensch und Umwelt. Innerhalb dieser Wechselbeziehungen und Transaktionen gibt es zwei Richtungen, die je nach Situation und je nach Persönlichkeitseigenschaften stärker oder schwächer ausgeprägt sind:

- Die Umwelt beeinflusst und verändert den Menschen.
- Der Mensch beeinflusst und verändert die Umwelt.

Mit der erstgenannten Richtung befasst sich vor allem die Architekturpsychologie, die sich mit Fragen der Umweltgestaltung auseinander setzt und Antworten auf die Frage geben möchte, wie optimale Lebensräume aussehen (Flade, 2008; Gifford, 2007; Bell et al., 2001).

Mit der zweiten Richtung befasst sich die Umwelt*schutz*psychologie (Homberg & Matthies, 2005; Hellbrück & Kals, 2012). Das Motto lautet: „Changing behavior to save the environment" (Bell et al., 2001, S. 467 ff.). Doch wie verändert der Mensch durch seine Aktivitäten die natürliche

Umwelt und wie lässt sich erreichen, dass er das nachhaltig und schonend und nicht zerstörerisch macht? Hier setzen die Umweltaktivisten an, die die natürliche Umwelt erhalten und vor gravierenden Eingriffen schützen wollen (Krauthausen & Schwarz, 2021). Gegenüber dem Staat, der vor allem auch wirtschaftliche Interessen im Auge hat, haben sie kaum Chancen sich durchzusetzen und zwar auch deshalb, weil ihre Widerständigkeit nicht selten als „kriminell" etikettiert wird (Lamnek, 2018).

Damit der Umweltschutz zu einem Anliegen für sehr viel mehr Menschen wird als nur für eine relativ kleine Gruppe von aktiven Umweltschützern, ist ein weit verbreitetes Umweltbewusstsein (environmental consciousness) erforderlich: die Einsicht in die Gefährdung der natürlichen Lebensgrundlagen des Menschen durch diesen selbst, verbunden mit der Bereitschaft zur Abhilfe (Neugebauer, 2004). Der Begriff des Umweltbewusstseins ist reichlich verschwommen, denn er kann enger oder weiter gefasst werden (Spada, 1996). Im weitesten Sinne umfasst der Begriff.

- Umweltwissen,
- Betroffenheit,
- Wertorientierungen und Motive,
- Verhaltensabsichten und Verhalten.

Wer nichts über die Natur weiß und wie Adam und Eva im Paradies lebt, in dem es keine Naturkatastrophen und zerstörte Landschaften gibt, wen die Natur nicht kümmert, sieht ihren Wert nicht und kommt nicht auf die Idee, sich ihr gegenüber anders zu verhalten als er es bisher getan hat. Wertorientierungen haben einen Einfluss darauf, wie wir leben, welche politische Partei wir wählen und welche Ansichten wir vertreten usw. (Koch, 2005). Sie geben dem Handeln eine Richtung. Umwelt- und Tierschützer und Naturschutzverbände und verschiedene Organisationen sowie Bürgerinitiativen und schließlich Umweltaktivisten sind aktiv tätig und denken über das persönliche Wohlergehen hinaus, indem sie sich für den Schutz und Erhalt der natürlichen Umwelt einsetzen, die einen auf globaler, die anderen auf lokaler Ebene.

Ein verwandter Begriff wie Umweltbewusstsein (environmental consciousness) ist „connectedness to nature", definiert als Gefühl, mit der Natur eng verbunden und Teil der natürlichen Umwelt zu sein (Schultz, 2002; Bruni et al., 2008). Entscheidend ist hier die *emotionale* Verbundenheit. Der Naturwissenschaftler hat z. B. großes Interesse an den Naturerscheinungen und Gesetzmäßigkeiten, der Astrophysiker erforscht Quasare und Galaxien. Die Forscher streben nach Erkenntnissen, ohne dass sie gefühlsmäßig involviert sein müssen.

Schultz (2002) hat eine einfach zu handhabende Methode zur Erfassung der Naturverbundenheit entworfen: die „Inclusion of the nature in the self"- Skala (INS- Skala). Sie besteht aus zwei Kreisen mit unterschiedlichen Schnittmengen. Der eine Kreis repräsentiert das eigene Selbst, der andere die Natur (Abb. 4.1). Wie naturverbunden ein Mensch ist, zeigt sich daran, welches Bild er als für sich zutreffend markiert.

Die Skalenwerte 1 und 7 sind Extreme. Einer totalen Überlappung entspricht ein Skalenwert von 7, was bedeutet: der Mensch geht vollkommen in der Natur auf. Getrennte Kreise bzw. der Skalenwert 1 besagen, dass sich der Mensch als von der Natur unabhängig sieht. Mittlere Skalenwerte bezeichnen die Haltung, dass man sich mit der Natur verbunden fühlt, jedoch nicht zur Gänze. Wer den Skalenwert 1 als zutreffend für sich sieht, ist vermutlich für das Thema „Umweltschutz" nicht empfänglich. Das Umgekehrte gilt für höhere Skalenwerte. „People who feel connected to nature want to protect it" (Zelinski & Nisbet, 2014, S. 4).

Doch bei weitem nicht alle denken über das persönliche Wohlergehen hinaus, wie Schultz et al. (2004) festgestellt haben. Sie haben zwischen drei Motiv-Kategorien unterschieden:

- *egoistische* Motive: Zustimmung zu Aussagen wie *„meine* Zukunft" oder *„meine* Gesundheit",
- *altruistische* Motive: Beipflichten zu Aussagen, das Wohlergehen der künftigen Generationen betreffend,
- *biosphärische* Motive: Betonung des Wertes der Natur und der Notwendigkeit, die Natur und die natürlichen Lebensgrundlagen unabhängig vom eigenen Wohl zu erhalten und zu schützen.

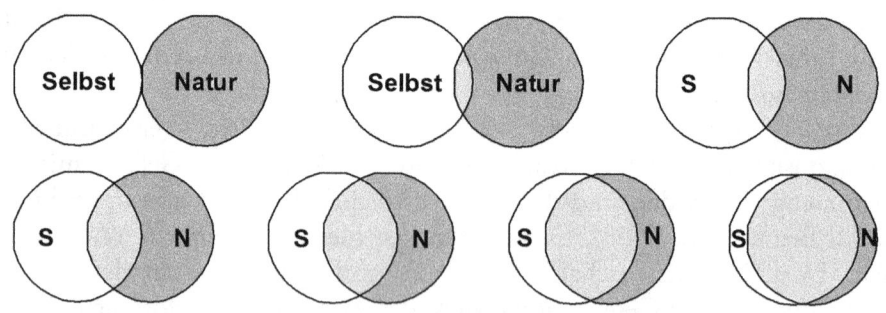

Abb. 4.1 INS Skala. (Bruni et al., 2008, S. 142)

Menschen, die die Natur vor allem unter dem Aspekt sehen, dass sie ihrer Gesundheit nützt, gehören in die erste Kategorie. Anzunehmen ist, dass egoistische Motive immer mehr dominieren werden und zwar infolge eines wachsenden Gesundheitsbewusstseins (Hartig et al., 2014) und einer fortschreitenden Individualisierung (Beck, 2008; Flade, 2020). „The modern development of the individual as the basic unit or object of attention does pose a problem for the environment" (Frantz et al., 2005, S. 433).

Für einen effektiven Umweltschutz ist jedoch eine biosphärische Motivation erforderlich.

Das sozialökologische Dilemma (commons dilemma, Allmende-Klemme) ist ein Szenario, mit dem sich herausfinden lässt, wie weit die Eigennützigkeit reicht und wo die Gemeinnützigkeit beginnt. Man könnt auch sagen: wie weit die egoistische Motivation reicht und wo die altruistische und biosphärische Motivation vorherrscht.

Beispiele für Allmenden sind Wege, Gebiete, Wälder, Gewässer und Weideland, die jeder zu nutzen berechtigt ist. Auf der Gemeindewiese können alle, die zur Gemeinde gehören, ihre Tiere weiden lassen, im Meer können alle, die in einer bestimmten Gegend leben, fischen. Würde jeder einzelne nur die Maximierung seines individuellen Nutzens im Auge haben, gäbe es auf der Wiese bald keinen Grashalm mehr und das Meer wäre nach kurzer Zeit leer gefischt. Denn die Regenerationskraft der Natur reicht nicht so weit wie die summierte Eigennützigkeit (Hardin, 1968).

Wer viel über die Natur weiß und wer direkt von Eingriffen in die Natur betroffen ist, weil z. B. in der Wohnumgebung Bäume für eine neue Verkehrsstraße gefällt werden, und wer altruistisch und ökologisch denkt, wird deshalb noch kein Umweltaktivist oder gründet eine Bürgerinitiative. Hindernisse, sich aktiv zu betätigen und zu engagieren, sind vor allem (Hellbrück & Kals, 2012, S. 108 f.):

- die Überzeugung, nichts ausrichten und keinen Einfluss ausüben zu können,
- antizipierte Ungerechtigkeit. Wenn man auf etwas verzichtet oder sich einschränkt, profitieren die anderen davon, die nicht verzichten.

Wahrgenommene oder antizipierte Ungerechtigkeit kann durch einen *globalen* Umweltschutz verringert werden, der über lokale Maßnahmen hinaus reicht (Kals & Müller, 2005). Der Verzicht auf Pestizide im eigenen Garten oder das Fahren mit dem Rad statt mit dem Auto sind lokaler Umweltschutz; Gesetze, die den Einsatz von Pestiziden und anderen Schadstoffen verbieten, sowie verkehrspolitische Programme, die den Radverkehr fördern, sind globaler Umweltschutz, denn eine fahrradfreundliche Verkehrsinfrastruktur bewirkt, dass man mehr oder auch lieber Rad fährt.

Das Gegenteil von environmental *consciousness* ist „environmental *numbness*" (numbness = Gefühllosigkeit, Taubheit, Stumpfheit) (Gifford, 2007). Es ist eine Haltung der Gleichgültigkeit gegenüber Umweltbelangen. Für den desinteressierten Gleichgültigen spielt es keine Rolle, ob der Wald am Dorfrand verschwindet oder Bäume in der Wohnstraße gefällt werden, um Parkplätze zu schaffen. Diese Gleichgültigkeit hat unterschiedliche Ursachen. Es kann die Folge immer wieder gemachter Erfahrungen sein, dass man den Gang der Dinge nicht beeinflussen kann, oder fehlendes Erfahrungswissen sein, worauf in der folgenden Geschichte eingegangen wird.

4.3 Der Kindheitsfaktor

Alles Mögliche kommt einem in den Sinn, wenn man im Alter auf seine Kindheit zurück blickt. Es gäbe eine Menge zu erzählen, doch einige Eindrücke sind geradezu unauslöschlich, sie waren prägend. Dazu gehört die Einschulung. Es war ungeheuer aufregend. Die Schulanfänger standen aufgereiht auf den Treppenstufen vor dem Eingang des Schulgebäudes. Dann kam eine Frau mit hochgesteckter Frisur, die so aussah, wie man sich eine Lehrerin vorgestellt. Sie sagte, dass sie Frau Graf heißt und dass sie die Klassenlehrerin ist, die jetzt zusammen mit ihnen in das Schulgebäude und in ihren Klassenraum gehen würde. Als sie sagte, dass sie selbst jetzt ganz viel lernen muss, denn sie muss sich jetzt ja die Namen aller Kinder merken, war sofort klar, dass sie sehr nett ist. Es ist ein Glück, denn man würde sie jetzt ja alle Tage erleben. Jedes Kind bekam im Klassenraum einen bestimmten Platz zugewiesen. Als dann alle auf ihren Plätzen saßen, sollten sie der Reihe nach ihren Vornamen sagen. So begann die Schulzeit.

Einige Zeit später hatte Frau Graf allen ein kleines Blumentöpfchen mitgebracht, in dem etwas eingepflanzt war. Dazu bekamen alle einen kleinen Beutel, in dem die Töpfchen verstaut und mit nach Hause genommen werden konnten. Das Töpfchen sollte möglichst an einer Stelle stehen, auf die viel Sonnenstrahlen fielen, und es sollte das Gießen nicht vergessen werden. Ohne Licht und Wasser könnte das Eingepflanzte nicht leben und wachsen.

Er sieht es noch vor sich, wie zuerst kleine Blättchen zu sehen waren, die sich in kurzer Zeit zu einer richtigen Pflanze entwickelten. Jetzt musste ein größerer Topf beschafft werden oder besser: eine Stelle im Hof oder Garten oder sonst wo im Freien gefunden werden, an der das Pflänzchen eingegraben werden konnte. Die beste Stelle war ein Platz an der Grundstücksmauer im

4 Die natürliche Umwelt wird geschätzt und bewahrt

Hof, die am längsten von der Sonne beschienen wurde. Die Pflanze wuchs außerordentlich schnell, und es dauerte nicht lange, bis sie zu blühen begann. Aus den Blüten wurden Früchte. Und dann war klar: Es waren Feuerbohnen, die wegen ihrer leuchtenden dunkelroten Farbe so genannt wurden. Und es waren richtig viele! Wenn man einige davon aufbewahren würde, um sie dann im nächsten Jahr einzupflanzen, wäre die Ernte ja noch viel toller!

Die Hinterhofmauern waren die richtige Stelle für den Anbau der Feuerbohnen gewesen, denn die schnell wachsenden Pflanzen konnten sich an den Mauern und einem aufgespannten Seil hoch- und entlang ranken (Abb. 4.2).

Frau Graf bekam von allen Kindern, die Feuerbohnen haben ernten können – nicht allen war es gelungen – Bohnen mitgebracht, sodass sie jetzt einen ausreichenden Vorrat an Feuerbohnen für nachfolgende Schulanfänger-Generationen hatte. Auch wenn es lange her ist, erinnert er sich noch daran, wie sehr sie sich über diese Rückmeldung gefreut hat. Die Geschichte mit den Feuerbohnen hat er nie vergessen.

Zur Psychologie
Sind Erfahrungen mit schnell wachsenden rankenden Bohnenpflanzen im Hinterhof in der Kindheit überhaupt erwähnenswert? Kann man allen Ernstes glauben, dass solche kleinen Episoden Naturverbundenheit entstehen lassen? Abgesehen von theoretischen Überlegungen und empirischen

Abb. 4.2 Rankende Feuerbohnen im Hof. (Eigenes Foto)

Forschungsergebnissen spricht dafür, dass die Jahrzehnte zurückliegende Geschichte mit der Feuerbohne im ersten Schuljahr nie vergessen wurde. Was die Theorie betrifft: Lernen durch Erfahrungen gehört zu den anthropologischen Grundlagen der menschlichen Entwicklung und Sozialisation (Schneewind & Pekrun, 1994). Der Mensch ist kein durch Reflexe und Instinkte gesteuertes Wesen, sondern er ist darauf angewiesen, aus seinen Erfahrungen Schlüsse zu ziehen. Er lernt zwischen lebensfreundlichen und lebensfeindlichen Umwelten zu unterscheiden. Dank seiner Anpassungsfähigkeit kommt er mit unterschiedlichen Umweltbedingungen zurecht und dank seiner Fähigkeit und technischen Kompetenz, sich die Umwelt passend zu machen, kann er auch in lebensfeindlichen Umwelten Fuß fassen.

Erfahrungen mit Naturumwelten in jungen Jahren sind so eine frühe Weichenstellung für die Entwicklung einer environmental consciousnes, was Ward Thompson et al. (2008) mit der Bezeichnung „Kindheitsfaktor" zum Ausdruck gebracht haben.

Was die Empirie betrifft: Um Zusammenhänge zwischen dem Erleben von Natur in der Kindheit und der Verbundenheit mit der Natur im Erwachsenenalter nachzuweisen, wären Längsschnittuntersuchungen erforderlich, wobei der erste Erhebungszeitpunkt in der Kindheit, der zweite im Erwachsenenalter liegen müsste. Wegen des langen Atems solcher Längsschnittuntersuchungen und des damit verbundenen nicht gerade geringen Forschungsaufwandes begnügt man sich meistens mit retrospektiven Befragungen, wobei man sich durchaus darüber im Klaren ist, dass ein im Erwachsenenalter abgefragtes Naturerleben in der Kindheit stets ein *erinnertes* Erleben ist.

Retrospektive Untersuchungen haben Tanner (1980) und Palmer (1983) durchgeführt. Tanner hat die Biografien von Naturschützern daraufhin analysiert, inwieweit darin Aussagen zum Naturerleben in der Kindheit enthalten sind. Er stieß auf Beschreibungen wie z. B., dass sie als Kinder früher viele Stunden draußen in der Natur verbracht haben. In einer zweiten Studie hat Tanner im Naturschutz tätige Mitarbeiter befragt, was ihre Entscheidung beeinflusst hat, sich im Bereich des Naturschutzes zu betätigen. Zu den wichtigsten Einflüssen, an die sich die Befragten erinnerten, gehörten der Aufenthalt draußen und das Erleben von Natur in der Kindheit (Tab. 4.3).

Palmer (1993) hat Mitarbeiter der National Environmental Education Association in Großbritannien danach gefragt, was sie veranlasst hat, sich der Umwelterziehung zu widmen. Auch hier erwies sich ein häufiges Draußen sein als mit Abstand wichtigster Faktor (Tab. 4.4).

Es ist natürlich nicht auszuschließen, dass die erhöhte Natursensibilität derjenigen, die im Naturschutz und in der Umwelterziehung tätig sind, zu einem selektiven Erinnern beiträgt. Dies schmälert den Einfluss des Kind-

Tab. 4.3 Erfahrungen in der Kindheit, die für die Aktivität im Naturschutz von Belang gewesen sind (Tanner, 1980, zit. bei Chawla, 1998, S. 371)

Einflussfaktoren	in % der Befragten
Draußen sein	78
Naturerleben	58
Eltern	47
Lehrer	31
Bücher	29
Andere Menschen	27
Veränderungen der natürlichen Umwelt	24
Reisen	11
Alleinsein können in der Natur	7

Tab. 4.4 Einflüsse aus der Kindheit, die maßgeblich für die späteren Tätigkeit in der Umwelterziehung gewesen sind (Palmer, 1993, zit. nach Chawla, 1998, S. 373)

Einflussfaktoren	in % der Befragten
Draußen sein	91
Schulunterricht	59
Familie	38
Mitgliedschaft in Organisationen	36
Medien	23
Freunde, Bekannte	21
Reisen	19
Bücher	15
Tiere/Haustiere	6
Religion	6

heitsfaktors jedoch nicht zur Gänze, der nach Ward Thompson et al. (2008) als „Initial-Zündung" gelten kann. Das Forschungsteam hat den Einfluss früherer Naturerlebnisse auf das Verhältnis zur Natur im Erwachsenenalter in zwei umfangreichen Studien nachgewiesen. In zwei geografisch unterschiedlichen Gebieten in Großbritannien, einem Waldgebiet in Schottland und an verschiedenen Orten in den östlichen Midlands in England, haben sie Interviews mit erwachsenen Besuchern durchgeführt, um auf diese Weise den Einfluss von Erfahrungen mit der Natur in der Kindheit auf die Naturverbundenheit und die Einstellungen zur Natur im Erwachsenenalter nachzuweisen. Es zeigte sich, dass Naturkontakte in der Kindheit einen Einfluss darauf haben, wie oft Menschen in späteren Jahren Naturumwelten aufsuchen. In beiden Gebieten korrelierte die Häufigkeit von Aufenthalten in der Natur signifikant mit der erinnerten Häufigkeit von Aufenthalten in Naturgebieten im Kindesalter. Daraus wurde geschlossen, dass Naturerfahrungen in der Kindheit möglich sein sollten.

Es gibt noch einen weiteren Grund: Erfahrungen mit der Natur fördert die Kreativität, wie Leong et al. (2014) festgestellt haben. Die Jugendlichen, die „always full of ideas" sind, erwiesen sich als naturverbundener als diejenigen Jugendlichen, denen nichts einfiel, was über das Gewohnte hinaus ging.

Einen Zusammenhang zwischen Kreativität und dem Naturerleben hatten bereits Faber Taylor et al. (1998) festgestellt. In einer Großwohnsiedlung in Chicago wurden 27 unbegrünte asphaltierte und 37 Höfe mit Bäumen und Grasflächen ausgewählt. Alle Höfe wurden mehrmals von Beobachtern – vertrauten Personen, nämlich Bewohnern, die entsprechend geschult worden waren – besucht. Sie registrierten und kategorisierten die Spielaktivitäten der Kinder. In den Höfen mit Bäumen und Grünflächen waren erheblich mehr Kinder mit kreativen Tätigkeiten wie Fantasie- und Rollenspielen beschäftigt als in den unbegrünten Höfen. So regten z. B. Bäume Kinder zum Klettern oder den Bau einer Baumhöhle an.

Wer erholter ist, interessiert sich mehr für seine Umwelt und verhält sich umweltbewusster. Das stellten Collado und Corraliza (2015) fest, die Schüler im Alter zwischen 6 und 12 über die wahrgenommene „naturalness" ihres Schulhofs und dessen Erholwirkung und sodann über ihr Umweltverhalten (z. B. das Licht ausmachen, wenn man den Raum verlässt) befragt haben. Insgesamt 20 Schulhöfe wurde ausgewählt, unterteilt in zwei Typen: zwölf mit reichlich Grün, acht ohne Grün. Es zeigte sich, dass grüne Schulhöfe sowohl „restorer" als auch „competence builder" sind. Sie ermöglichen *erholsame* Pausen und fördern das Umweltbewusstsein. Die Empfehlung liegt auf der Hand: Schulhöfe, auf die die Schüler von den Fenstern ihres Klassenraums schauen und auf denen sie sich in den Pausen aufhalten, sollten möglicht viel grüne Natur enthalten (Walden, 2009).

Nicht nur im Schulbereich, sondern in allen ihren Lebensräumen sollten Kinder Erfahrungen mit der Natur machen können. Einen konkreten Vorschlag dazu hat Schemel (2008) mit dem Konzept der Naturerfahrungsräume gemacht. Seiner Definition entsprechend ist ein Naturerfahrungsraum eine nicht gartenarchitektonisch gestaltete, sondern eine weitgehend ihrer natürlichen Entwicklung überlassene, ausreichend große „wilde" Fläche im städtischen Raum, auf der Kinder und Jugendliche selbstbestimmt ohne pädagogische Betreuung und ohne Geräte spielen und eigenständig die Tier- und Pflanzenwelt erkunden können. Naturerfahrungsräume können „environmental numbness" verhindern.

Ein Blumentöpfchen, in dem eine Feuerbohne heran wächst, ist ein Mikro-Naturerfahrungsraum. Die Beobachtung, wie die Pflanze wächst und wächst, zu blühen beginnt und eine reiche Feuerbohnen-Ernte einbringt, lässt sich dem Kindheitsfaktor zuschlagen.

Erwähnt sei an dieser Stelle, dass der Kindheitsfaktor auch das künstlerische Schaffen prägt. Der Komponist Benjamin Britten wuchs an der Meeresküste in Ostengland auf. Zu seinen frühen Eindrücken gehörten die Stürme, welche die Schiffe und die Küste bedrohten. In etlichen seiner Kompositionen taucht das Meer auf. In der Cäcilienhymne, die er als 20-Jähriger komponiert, erschafft die Heilige ihre Orgel am Meeresufer. „Die gewaltigen Töne des Instruments vermischen sich mit den Klängen der Wogen" (Abels, 2008, S. 7). Es ist ein Beispiel, wie sich das Erleben der Meeresküste in der Kindheit in den Werken eines Komponisten wieder findet.

4.4 Sparsamkeit

Der König liebt es, sich als Bürger zu verkleiden und sich unters Volk zu mischen. So erfährt er auf direktem Wege etwas über die Stimmung im Land. Als er bei einem seiner Ausflüge sieht, wie in den Restaurants der Hauptstadt Nahrungsmittel verschwendet werden, während in anderen Landesteilen seines riesigen Reichs mitunter Hungersnöte herrschen, entweder weil es lange Zeit nicht geregnet oder aber zuviel geregnet hat, ist er entsetzt. Er schätzt, dass 30 bis 40 % der bestellten Speisen in den von ihm inkognito besuchten Gaststätten nicht aufgegessen werden und in der Abfalltonne landen. Immerhin machen sich einige Lokale die Mühe, alles, was übrig bleibt, der Armenküche zu spenden. Dennoch landet noch viel zu viel in der Abfalltonne.

Der König ist klug. Er weiß, dass es kaum etwas nützen würde, die Essensverschwender zu bestrafen und damit ein Exempel zu statuieren, denn, das ist ihm klar, der verschwenderische Umgang mit Nahrung gilt als normal und in manchen Kreisen sogar als besonders vornehm. Es ist Ausdruck von Wohlhabenheit, wenn man seinen Gästen reichlich Essen auftischt. Auf keinen Fall darf der Eindruck von Sparsamkeit entstehen – es würde als Geiz aufgefasst und wäre beschämend gewesen. Deshalb müssen, so sein Gedanke, die sozialen Normen geändert werden. Es wird höchste Zeit, dass man diese Tradition nicht fortsetzt, denn die Zeiten sind schließlich andere. Es leben immer mehr Menschen im Land als in früheren Jahrzehnten, und es kommen immer mehr dazu, denn aus den Nachbarländern flüchten die hungernden und politisch verfolgten Menschen in sein Land.

Weil der König nicht nur klug, sondern auch mächtig ist, lässt er seinen Pressesprecher und die Minister seines Reichs kommen. Sie nehmen im großen Speisesaal des Schlosses Platz und bekommen dort ein kleines Mahl serviert. Der König hat seinem Küchenchef befohlen, nur soviel Essen zu zubereiten, dass es für einen erwachsenen Menschen, der kein Leistungssportler ist und sich auch sonst nicht übermäßig körperlich betätigt, gerade ausreicht. Die Minister wundern sich über die Kärglichkeit – das haben sie an der königlichen Tafel noch nie erlebt. Der König ist hoch erfreut über diese Reaktionen, die sich in den Gesichtern der Minister widerspiegeln. Er sieht, dass sein Plan gelingt, und verkündet, dass er ein neues Gesetz auf den Weg bringen wird. Essensverschwendung soll von nun verboten sein. An Stelle überbordender Großzügigkeit in Bezug auf den Verbrauch von Nahrung und der üblichen Selbstdarstellung, dass man reich ist und sich diese Verschwendung leisten kann, sollen Genügsamkeit und Sparsamkeit die neue Norm sein.

Der König bittet seine 20 Minister um Vorschläge. Sie werden von seinem Pressesprecher auf dem Flipchart notiert. Der Vorschlag, in den Restaurants immer nur – bezogen auf die Personenzahl – zwei Drittel der sonst üblichen vollen Portionen zu servieren, gefällt dem König am besten. Der Minister für Meinungsbildung wird beauftragt, die neue Norm in den Köpfen der Untertanen zu verankern. Das gesamte Kabinett hat dann dafür zu sorgen, dass dieser Vorschlag zügig umgesetzt wird. Nicht mehr die übliche Verschwendung, sondern Sparsamkeit soll die neue Norm sein. Gaststätten und auch die allernobelsten Restaurants und nicht zuletzt die Bürger, die bislang ihren Reichtum in Form von Verschwendung zur Schau gestellt haben, sollen hohe Bußgelder entrichten, wenn sie gegen das neue Gesetz verstoßen. Neunzehn Minister murmeln ihre Zustimmung, doch einer gibt zu bedenken, dass das neue Gesetz wahrscheinlich leichter durchgesetzt werden könnte, wenn man das von nun an als falsch zu betrachtende Verhalten nicht durch Bestrafung zu verändern versucht, sondern wenn man das gewünschte Verhalten belohnen würde. Das würde bestimmt viel besser funktionieren, wie er bei seinen eigenen Kindern festgestellt hat. Seit sie gelobt werden, wenn sie ihre Schularbeiten eigenständig und sorgfältig machen, hat sich das Familienklima deutlich verbessert. Es geht jetzt viel entspannter zu als zuvor, als die Kinder mit bösen Worten und viel Tadel bestraft wurden, wenn sie faul und aufsässig waren und es mit den Schularbeiten gar nicht geklappt hatte.

Der König stutzt ein wenig, doch dann leuchtet ihm das anschauliche Argument des Ministers ein. Er ist schließlich ein weiser König, der es schätzt, wenn man ihm konstruktive Vorschläge unterbreitet. Er beschließt sogleich, dass die Restaurants, die sich an die neue Verordnung halten, mit einer Plakette belohnt werden sollen, die sie als zukunftsweisendes Öko-Lokal auszeichnet. So geschieht es. Wie sich nach kurzer Zeit herausstellt, ist diese Maßnahme außerordentlich erfolgreich.

Zur Psychologie

Der König will die Menschen dahin bringen, dass sie weniger verschwenden. Ihm ist klar, dass er, um das zu erreichen, die in seinem Reich bislang geltende Norm verändern muss. Soziale Normen sind eine von drei Komponenten, die nach der Theorie des geplanten Verhaltens von Ajzen (1991) das Verhalten bestimmen. Die beiden weiteren Komponenten sind Einstellungen und die wahrgenommene Verhaltenskontrolle (Abb. 4.3). Die drei Komponenten sind die Hebel, um Verhalten zu verändern.

Einstellungen sind bewertende Urteile. „Als ‚Einstellungen' bezeichnet man Bewertungen von Sachverhalten, Menschen, Gruppen und anderen Arten von Objekten unserer sozialen Welt. Einstellungen sind wichtig, weil sie die Art und Weise beeinflussen, wie wir die Welt wahrnehmen und uns verhalten" (Haddock & Maio, 2014, S. 198). Die Verschwendung von Nahrungsmitteln, die im Königreich bislang positiv konnotiert worden ist, weil sie als Zeichen von Wohlstand und Gastfreundschaft galt, soll nach dem Willen des Königs fortan negativ bewertet werden.

Die in einer Gesellschaft geltenden sozialen Normen sind ein zentraler Einflussfaktor des Verhaltens. Ihre Wirksamkeit ist daran zu erkennen, dass die Menschen in einer Gruppe oder Gesellschaft ähnliche Verhaltensmuster an den Tag legen. Subjektive Normen sind internalisierte soziale Normen. In einem Land, in dem z. B. Radfahren eine verbreitete Art der Fortbewegung ist, wird mehr Rad gefahren als in einem Land, in dem das Radfahren unüblich ist.

Die Komponente: wahrgenommene Verhaltenskontrolle, betrifft die Frage, welches Verhalten in bestimmten Situationen überhaupt möglich ist. Wenn man keine Gelegenheit sieht, ein gewünschtes Verhalten zu realisieren,

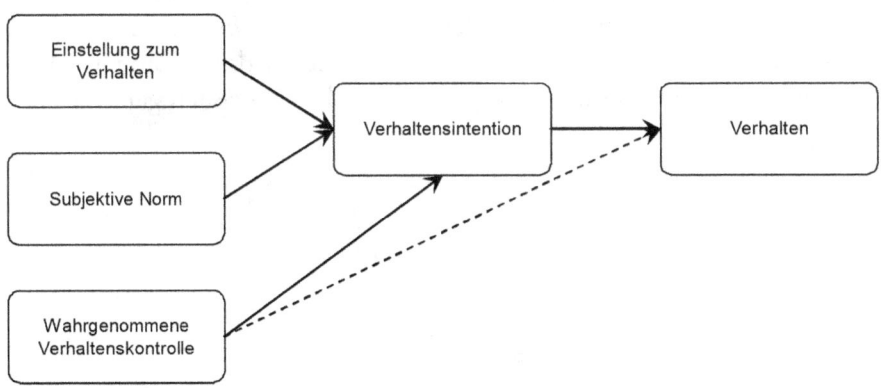

Abb. 4.3 Theorie des geplanten Verhaltens von Ajzen. (Haddock & Maio, 2014, S. 224)

nützen auch Einstellungen und Normen nichts. Es ist einfach nichts zu machen.

Der König will neue Sitten einführen. Um einen sparsameren Umgang mit Nahrungsmitteln zu erreichen, will er die bisher geltende soziale Norm des reichlichen Auftischens ändern. Wie in der Ministerrunde zur Sprache kam, sind mögliche Strategien, um einen Lernprozess bei den Untertanen in Gang zu setzen, erwünschtes Verhalten zu belohnen oder unerwünschtes Verhalten zu bestrafen.

Der Einwand eines Ministers, dass man Verhaltensänderungen eher erreichen kann, wenn das erwünschte Verhalten: ein sparsames Umgehen mit Nahrungsmitteln, mit positiven Konsequenzen verknüpft wird, statt verschwenderisches Verhalten zu bestrafen, ist lernpsychologisch gesehen genau richtig. Verhalten, auf das eine Belohnung folgt, wird bekräftigt und beibehalten. Wenn ein Restaurant als „ökologisch vorbildlich" ausgezeichnet und mit vier Sternen bedacht wird, weil es nachhaltig und sorgsam wirtschaftet und nicht mehr auftischt als gegessen werden kann, wird der Restaurantbesitzer belohnt. Die Verleihung der vier Sterne ist eine wirkungsvolle Belohnung, denn sie ist ein Ausweis für Vorbildlichkeit. Die Gäste werden nicht ausbleiben, sondern herbei strömen.

Wird Verhalten dagegen bestraft, indem die Restaurantbesitzer Bußgelder entrichten müssen, wenn sie zu üppig haben servieren lassen, werden sie sich bevormundet fühlen, weil ihr Handlungsspielraum beschnitten wird. Sie ärgern sich, wenn sie ihre Absicht, Gäste mit dem gewohnten großzügigen Essen zufrieden zustellen und zum Wiederkommen zu motivieren, nicht verwirklichen können. Eine Veränderung der subjektiven Normen wird, wenn Verbote verhängt werden, auf diese Weise eher blockiert.

Hinzu kommt: Bestrafung führt nicht zu dauerhaften Verhaltensänderungen, sondern sobald die „Gängelungen" entfallen oder der Kontrolleur verschwunden ist, werden die gewohnten Essensmengen wieder auf dem Tisch stehen. Dagegen wird ein Verhalten, das belohnt wird, beibehalten, auch wenn es nur noch sporadisch oder schließlich gar nicht mehr bekräftigt wird.

5

Besondere Orte

Der Mensch befindet sich immer an einem Ort, der sich anhand von Koordinaten beschreiben und mit dem Global Positioning System (GPS), das auf der ganzen Welt als Ortungsverfahren und Navigationssystem genutzt wird, genau bestimmen lässt. Nur einige der unendlich vielen Orte sind persönlich wichtig.

Orte haben nicht nur eine Augenblickswirkung, sondern auch eine Nachwirkung, indem sie die Erfahrungsbildung und Persönlichkeitsentwicklung beeinflussen (Matz & Harari, 2021). Das, was den Menschen prägt und zu dem macht, was er ist, hängt immer auch von den Orten ab, die in seinem Leben eine Rolle spielen und gespielt haben. Es sind Mensch-Umwelt-Transaktionen in beide Richtungen. Extravertierte Menschen suchen z. B. im Mittel mehr Orte auf und verbringen weniger Zeit in ihrer Wohnung als introvertierte Menschen. Dieses ortsbezogene Verhalten bekräftigt wiederum ihre Persönlichkeitseigenschaften.

Orte sind der Kontext, in dem Erfahrungen gemacht werden. Diese Erfahrungen hinterlassen Spuren im Gedächtnis, die Schneewind und Pekrun (1994) als „interne Erfahrungsrepräsentation" bezeichnet haben. Deren immense Bedeutung rührt daher, dass neue Informationen auf dieser Grundlage gedeutet und bewertet werden. Unser persönliches Weltbild beruht auf dieser internen Erfahrungsrepräsentation. Diese Erkenntnis ist alles andere als neu. Schon vor mehr als hundert Jahren hat William James (1890) festgestellt, dass das Bewusstsein des Menschen von sich selbst aus Erfahrungen hervorgeht, die er im Umgang mit anderen Menschen,

Dingen und physisch-räumlichen Umwelten gemacht hat und macht. Doch ebenso wie nicht alle anderen Menschen, sondern vor allem die persönlich wichtigen Bezugspersonen das Selbst- und das individuelle Weltbild formen, sind es bestimmte Orte und Umgebungen aus der Menge aller möglichen Orte, die prägend sind.

In kognitiven Karten (mental maps), die es den Menschen ermöglichen, sich in der Umwelt ohne Landkarte, Stadtplan und Navigationssystem zu orientieren und zu verorten, kommt diese mentale Erfahrungsrepräsentation zum Ausdruck (Kitchin 1994; Schneider, 1996).

Orte können aus emotionalen, sozialen, instrumentellen oder motivationalen Gründen persönlich wichtig sein:

- Man fühlt sich dort wohl, weil die Atmosphäre angenehm ist, weil man Menschen trifft oder weil man ungestört ist.
- Man verbringt dort viel Zeit, weil man dort wohnt und arbeitet.
- Sie sind anregend und motivierend.

Bevorzugte Orte sind „favourite places" (Korpela, 1992), Lieblingsorte, auf die emotional positiv reagiert wird. Sie werden als lustvoll erlebt, sodass man gern dort verweilt (Mehrabian & Russell, 1974).

Ein besonders wichtiger Ort für den Menschen ist die Wohnung mitsamt der Umgebung (Flade, 2006). Lange Zeit waren Wohn- und Arbeitswelt voneinander getrennt. Die durch die Digitalisierung erreichte Ortsunabhängigkeit hat zu einem neuen Ortstyp: dem Home Office, geführt. Über das Pro und Contra der aufgehobenen Trennung zwischen Wohnen und Arbeiten wird vielerorts diskutiert.

Zu den besonderen Orten gehört auch der Wald, der ein intensives Naturerleben verspricht; er ist zugleich eine Metapher für das Ursprüngliche, eines stadt- und kulturfernen Anderswo, das bis zum unzivilisierten wilden, nicht mehr beherrschbaren Unheimlichen reicht. Man kann sich darin verirren und für immer verschwinden. Für manche ist der Wald ein spiritueller Ort (Williams & Harvey, 2001).

Dass antike Stätten besondere Orte sind, lässt sich direkt beobachten, denn andernfalls würden sich die Menschen nicht auf den Weg machen, um sie zu sehen. Antike Stätten verbinden mit der kulturellen Vergangenheit und geben auf anschauliche Weise Auskunft über frühere Lebensformen.

5.1 Baumhöhle und Eisdiele

Die Baumhöhle entsteht in dem völlig vernachlässigten unaufgeräumten Teil des Grundstücks an dem Zaun zum Nachbarsgrundstück, der längst niedergetreten ist, denn Karl, der zusammen mit Hans die Baumhöhle gebaut hat, wohnt auf dem angrenzenden Grundstück. Zwischen der alten hohen Birke, auf deren Stamm sich die Eichhörnchen austoben, und der noch jungen Buche, die in die Höhe geschossen ist, seit man sie nicht mehr zur Hecke zurechtgestutzt hat, ist ein idealer Platz, um einen besonderen Ort zu schaffen (Abb. 5.1).

Heute wollen Hans und Karl eine kleine Leiter anbringen. Für den Fall, dass ein Sturm alles zerstört und dabei auch die Baumhöhle beschädigt, oder ein heftiges Gewitter tobt und ein Blitz einschlägt, ermöglicht die Leiter bestimmt eine schnelle Flucht. Sonst müsste man erst den Baum herunterklettern, was nicht so schnell geht. In den nächsten Tagen wollen die beiden dann die Plattform vergrößern. Dafür haben sie bereits Bretter gesammelt. Eine Säge muss noch besorgt werden. Man wird mal zuhause in den Kellern nachschauen.

Doch jetzt sehen sie erst einmal nach, ob sie genügend Geld bei sich haben, um zum Eis essen zu fahren. Es wird reichen. Der Eisladen, den man in wenigen Minuten mit dem Fahrrad erreichen kann, bietet sehr viele Eissorten an, sodass man sich jedes Mal etwas anderes aussuchen kann. Heute sind Schoko und Mango sowie Stracciatella und Pistazie dran.

Abb. 5.1 Die Baumhöhle. (Eigenes Foto)

Dann geht es wieder zurück zur Baustelle „Baumhöhle". Jasper, den die beiden im Eisladen getroffen haben, darf mitkommen und einen Blick darauf werfen.

Im Keller des Großvaters wird eine Säge gefunden, die genau richtig ist, um die Bretter in passende Teile zu zersägen. Wenn die Plattform fertig ist, dürfen Freunde kommen und das geschaffene Werk bewundern.

Zur Psychologie

Eine Höhle ist ein Ort, an dem man sich geschützt und geborgen fühlt. Eine *Baum*höhle leistet noch mehr, indem sie zusätzlich auch noch einen Ausblick bietet. Man sieht, was ringsum geschieht, und kann seinen Blick in die Ferne schweifen lassen. Die Baumhöhle haben Karl und Hans selbst gebaut, sie gehört ihnen. Es ist ihr Territorium. Abgesehen davon, ist sie nach der Prospect-Refuge Theorie (Fisher & Nasar, 1992) ein idealer Ort:

- Man kann von dem erhöhten Standort aus die gesamte Umgebung überblicken (prospect). Die visuelle Kontrolle stärkt das Sicherheitsgefühl.
- Man verfügt über ein Refugium (refuge). So schnell kommt hier keiner hinauf.

Man kann frühzeitig erkennen, wenn Gefahr droht. Dann kann man sich entweder in der Höhle verstecken und verbarrikadieren oder über die kleine Leiter entkommen.

Tiere, die sich eine Höhle bauen, rechnen mit Gefahren. Bei Hans und Karl ist es ein Spiel. Woher die Motivation rührt, sich eine Baumhöhle zu bauen, hat Heckhausen (1964) in seiner Theorie des Spielens dargelegt. Den Aktivierungszirkel, dem raschen Wechsel zwischen Spannung und Entspannung, hielt Heckhausen für das zentrale Motiv, das Menschen dazu bringt zu spielen. Der ständige Wechsel zwischen Spannung und Entspannung hält das Spiel in Gang. Man klettert auf einer wackligen Leiter in die Höhe und balanciert auf einem Baumast, um zur Plattform der Baumhöhle zu gelangen. Die psychische Spannung lässt sich aushalten, weil unmittelbar darauf ein Spannungsabfall erfolgt, wenn man nämlich wohlbehalten oben ankommt. Die schützende Höhle bietet Entspannung, während der Weg dorthin voller Gefahren ist. Ein typisches Merkmal des Spiels ist, dass es in einer Quasi-Realität stattfindet. Man kann etwas ohne allzu großes Risiko machen und ausprobieren. Die Quasi-Realität ist mehr als ein bloßes Fantasiegebilde, es ist eine nachgeschaffene Realität, ein „als-ob".

Die Baumhöhle ist für Hans und Karl ein Lieblingsort, ein favourite place, ein Ort, den sie gern und so oft es geht aufsuchen. Wie Korpela (1992) festgestellt hat, der in Finnland 17- und 18-Jährige nach ihren favourite places gefragt hat, sind es ganz unterschiedliche Orte. Allen gemeinsam ist, dass sie gefühlsmäßig positiv erlebt werden und dass der Aufenthalt dort geeignet ist, emotionale Stabilität wieder zu erlangen, falls diese beeinträchtigt gewesen war. So war ein von den befragten Jugendlichen häufig genannter Grund, warum das eigene Zimmer ihr Lieblingsort ist, weil es dort möglich ist, wieder mit sich ins Reine zu kommen („clearing one's mind"). Man kann allein sein, sich entspannen und muss nicht irgendwelche Rollen spielen. Das eigene Zimmer bietet außer Geborgenheit und Entspannung auch Autonomie. Man kann selbstbestimmt handeln und den Lieblingsort so gestalten, wie man es will. Bedeutend waren für die befragten Jugendlichen darüber hinaus auch Orte im öffentlichen Raum und in der Natur.

„It gives me pleasure and that's the most important thing" (Korpela, 1992, S. 255), war eine häufige Begründung, warum ein Ort ein favourite place ist.

Zweifellos ist die Baumhöhle ein Lieblingsort für Karl und Hans. Auch die Eisdiele, ein Ort im öffentlichen Raum, gehört zu ihren Lieblingsorten.

Lieblingsorte im öffentlichen Raum hat Oldenburg (1999, 2001) befasst als „Third places" bezeichnet. Es sind Orte, die hinsichtlich ihrer Bedeutsamkeit hinter der Wohnung (first) und dem Arbeitsort (second) rangieren. Sie werden in der Freizeit aufgesucht. Sie sind attraktiv, weil sie anregend sind, weil ihr Ambiente als lustvoll empfunden wird und weil man hier den Alltag hinter sich gelassen hat. „People use them to see and be seen by others. … Spending time in them may help people cope with or recover from the demands of life and work" (Abdulkarim & Nasar, 2014, S. 806). Man kann dort sitzen und schauen und kann etwas essen und trinken, was nicht viel kostet. Ein typisches Beispiel ist die Eisdiele. Für zwei Kugeln Eis reicht das Taschengeld.

Third Places sind auch deshalb besuchenswert, weil sie einzigartig sind. Wenn man sich bei der Eisdiele trifft, ist der Ort klar, denn es ist eine ganz bestimmte Eisdiele gemeint, die unverwechselbar ist. Es kann z. B. ein Brunnen oder ein großer Lindenbaum, in dessen Schatten man sitzen kann, oder eine Skulptur sein, die den Ort unverwechselbar macht (Abdulkarim & Nasar, 2014).

Sowohl die Baumhöhle als auch die Eisdiele sind Lieblingsorte von Karl und Hans. Es ist also nicht nur ein Ort allein, der zum Lieblingsort erkoren wird. Je nach Bedürfnis und Handlungsabsicht können es ganz verschiedene Orte sein.

5.2 Im Home Office

Im Museum läuft eine Ausstellung mit dem Titel „Die Nacht – alles außer Schlaf", auf die man durch auffallend bunte Plakate und auf den Werbeflächen auf Haltestellen und in den Bahnstationen aufmerksam gemacht wird. Eigentlich hätte zu diesem Thema mehr Schwarz oder auch Schwarz-Weiß gepasst, aber auf keinen Fall knallig Buntes. In den Medien ist die Ausstellung sehr gelobt worden. Wir wären jedoch auch dorthin gegangen, wenn sie weniger gepriesen worden wäre, denn das Thema „Nacht" ist einfach spannend und lohnt einen Blick darauf. Der „Sommernachtstraum" und „die Königin der Nacht" kommen einem in den Sinn, aber auch die Angst, die man schon einmal erlebt hat, als man zu später Stunde allein durch eine unbelebte dunkle Gegend gegangen ist.

Am Eingang der weiträumigen Halle des Museums, die durch Trennwände in kleinere themenbezogene Bereiche unterteilt wurde, hat man eine Stechuhr platziert. Dieses Zeiterfassungs-Gerät wurde zur Zeit der Industrialisierung im 19. Jahrhundert erfunden und eingesetzt. Es ermöglichte die Kontrolle der Arbeitszeiten sowie die Unterteilung der 24 Stunden des Tages in eine Früh-, eine Spät- und eine Nachtschicht. In der Ausstellung – sie ist schließlich der Nacht gewidmet – geht es natürlich vor allem um die Nachtarbeit. Man sieht dazu viel Unterschiedliches, darunter das Bild eines Brötchen backenden Bäckers und knallbuntes Graffiti, das vor allem zu Nachtzeiten produziert wird.

Um nachts arbeiten zu können, braucht man künstliches Licht. Was jedoch ein Übermaß an künstlichem Licht in Zeiten der Dunkelheit in der Summe für Folgen hat, wird in der Ausstellung durch einen Himmel veranschaulicht, von dem man ahnt, dass es ein Sternenhimmel sein soll. Doch die Sterne kann man nicht mehr sehen, denn sie sind durch ein Meer aus künstlichem Licht verdeckt. Sehr gut hätte in die Ausstellung das aus dem 19. Jahrhundert stammende Lied „Weißt du, wie viel Sternlein stehen an dem blauen Himmelszelt" gepasst, um den Unterschied zwischen vorindustrieller Zeit, als es diese Mengen an künstlichem Licht noch nicht gab, und heutiger Zeit zu demonstrieren. Das Lied wird irgendwann keiner mehr kennen. Dem Grimm'sche Märchen „Sternthaler" dürfte es ähnlich ergehen, es wird irgendwann in Vergessenheit geraten.

Nachtarbeit wird es dagegen auch in Zukunft noch geben, auch dann, nachdem ein großer Teil der Industriearbeit von Robotern übernommen worden ist, denn in manchen Berufen und Bereichen wie Krankenhäusern und Polizeistationen wird nach wie vor auch nachts gearbeitet werden.

5 Besondere Orte

Bei einer Besichtigung des Industriemuseums Glashütte in Gernheim wurde den Besuchern – so auch uns– vorgeführt, dass man schon damals, als die Glashütte noch in Betrieb war, an das **Wohl** der Nachtarbeiter gedacht hatte. Nachtarbeit war erforderlich, denn das Feuer im Glasturm, in dem aus einer Mischung verschiedener Rohstoffe eine glühende flüssige Masse erzeugt wurde, aus der dann die unterschiedlichsten Glasgefäße geformt wurden, durfte nie ausgehen. Die dort in der Nacht Arbeitenden brauchten einen Raum, in dem sie tagsüber ungestört schlafen konnten. Damit sie nicht durch zu viel Helligkeit gestört wurden, gab es in den Arbeiterwohnungen ein „Dunkelzimmer". Es war ein kleiner Raum ohne Fenster. Uns wird klar: Die Wohnraumplanung passte zur Arbeitswelt. Der Arbeiter, der müde und erschöpft von der Nachtschicht nach Hause kam, konnte in dem Dunkelzimmer verschwinden und dort in einen tiefen Schlaf fallen.

Ausstellungen, in denen man etwas darüber erfährt, wie die Menschen früher gelebt, gearbeitet und gewohnt haben, sind einfach spannend. Sehr gern besuchen wir ein Museum in Lübeck, das früher einmal ein Kloster gewesen ist. Allein, dass es kein Neubau ist, macht das Museum zu einem besonderen Ort. Kein moderner Museumsbau besitzt eine solche einzigartige Atmosphäre. Im alten Gemäuer und dem ehemaligen Kreuzgang spiegelt sich die vergangene Geschichte wider. Neben wechselnden Ausstellungen wie z. B. „Nordwärts – Südwärts – Begegnungen zwischen dem Polarkreis und Lübeck" kann man sich dort die Wohnkultur der wohlhabenden Kaufleute und Händler um 1600 anschauen. Man sieht schweres Mobiliar und kostbare Tapisserien. Wir stoßen auf einen kleinen Raum, den sich ein wohlhabender Kaufmann im Obergeschoss über der Diele in seinem prächtigen Giebelhaus in der reichen Hansestadt als Arbeitszimmer eingerichtet hatte. Der kleine Raum liegt etwas abseits, man entdeckt ihn nur, wenn man nicht durch die Räume hindurch hastet, sondern sich Zeit lässt, nach links und nach rechts zu schauen. Es ist ein besonderer Raum, der den Eindruck vermittelt, dass es bestimmt niemand gewagt hätte, diesen Raum ohne Erlaubnis zu betreten. Ohne Zweifel handelt es sich um ein Home Office. Offensichtlich haben manche Leute bestimmte Arbeiten auch schon vor langer Zeit zuhause erledigt. Bei vielen wie den Arbeitern in der Glashütte war das aus nahe liegenden Gründen nicht möglich gewesen. Der wohlhabende Lübecker Kaufmann war keinem von außen vorgegebenem Zeitregiment unterworfen gewesen, und er konnte, wenn er wollte, zuhause arbeiten.

Man denkt unwillkürlich an Virginia Woolf, die für einen eigenen Raum plädiert hatte, um ungestört schreiben zu können. Ihr Buch „A room of one's own", 1929 erschienen, wurde weltbekannt. Der Begriff „Home

Abb. 5.2 Buchtitel von V. Woolf und Foto aus dem Museum „Ein Zimmer für mich". (Eigenes Foto)

Office" war noch nicht erfunden; sie hätte ihn sonst bestimmt verwendet. Sicherlich besaß sie einen solchen Raum, denn ohne ihn hätte die Schriftstellerin kaum so viele Bücher schreiben können (Abb. 5.2).

Das Home Office ist also nichts völlig Neues, allein der Begriff ist neu. Und es ist zu einem aktuellen Thema geworden. Über das Pro und Contra des Home Office wird ausführlich diskutiert. Doch man muss sich fragen, ob die heutigen Wohnungen überhaupt geeignet sind, denn man hat sie nicht von vornherein so geplant. Wenn die Wohnung oder das Haus geräumig genug ist, lässt sich leicht ein Platz finden, wo man ungestört arbeiten kann.

Es ist klar, dass viele Menschen in Wohnungen leben, in denen es diesen Platz nicht gibt. Zu beantworten ist deshalb die Frage, welche Auswirkungen das Arbeiten im Home Office für den Lebensalltag eines Menschen hat, bevor man voreilig einem „Pro" zustimmt.

Zur Psychologie
Museumsbesuche ermöglichen Blicke in frühere Zeiten. Wie haben Menschen früher gearbeitet? Wie haben sie gewohnt? Ist Arbeiten und Wohnen unter einem Dach immer noch ein Privileg (reicher Kaufleute) oder wird das Zusammenlegen dieser Lebensbereiche zum Standard? Die Arbeit im Zeitalter der Digitalisierung ist eine andere als im Zeitalter der Industrialisierung, auf die sich die Charta von Athen bezogen hatte. Diese war das Ergebnis eines Kongresses, der 1933 in Athen stattgefunden hatte, auf dem Stadtplaner und Architekten über die anzustrebende künftige Siedlungsentwicklung diskutiert hatten. Ein Kernthema war dabei die

Tab. 5.1 Merkmale und Bedeutungen des Wohnens

Merkmale	Spezifizierungen
Ortsverbundenheit	Affektive Bindungen an einen Ort, Verortung in der Umwelt, Orientiert sein
Privatheit	Kontrolle sozialer Beziehungen, Rückzug, Erholung, Abschirmung
Sicherheit	Verlässlicher Besitz, Schutz, Sicherheit, Geborgenheit, Gefühl des Umsorgt seins
Aktivitäten	Aneignung, Personalisierung, Gelegenheiten für diverse Aktivitäten
Soziale Beziehungen	Soziale Beziehungen, soziokulturelle Einbindung, Befriedigung der sozialen Bedürfnisse
Identität	Selbstdarstellung, Kommunikation des sozialen Status über das Wohnen, Identifikation mit dem Wohnort
Ordnung	Räumliche und zeitliche Ordnung, entlastende Routinen, Aufbewahrungsort
Kontinuität	Träger von Erinnerungen, Vorstellungen vom künftigen Wohnen

Separierung der Daseinsfunktionen Wohnen und Arbeiten gewesen (Lichtenberger, 2002).

In der Glashütte in Gernheim hatte im Glasturm ein Feuer gebrannt, das nie ausgehen durfte und Nachtarbeit erforderlich machte. Hier war es überhaupt keine Frage, dass Arbeiten und Wohnen räumlich getrennt waren. Im Zeitalter der Digitalisierung ist das Arbeiten, das überwiegend im Büro und nicht mehr in Fabriken und Glashütten stattfindet, ortsunabhängig geworden. Wohnen und Arbeiten müssen räumlich nicht mehr getrennt werden wie in der vordigitalen Zeit, als die Charta von Athen verabschiedet wurde. Die Frage ist jedoch nach wie vor, ob beide Lebensbereiche zusammenpassen. Um das herauszufinden, ist zunächst ein Blick auf die Funktion „Wohnen" angebracht (Tab. 5.1).

Wohnen beinhaltet Verweilen und Bleiben, es wird mit Privatheit, Behaglichkeit, Ruhe, Erholung und Stressabbau assoziiert, es erleichtert eine räumliche Ordnung, es verbindet die Menschen über ihren Wohnort mit der darüber hinaus reichenden sozialen und physisch-räumlichen Umwelt (Flade, 2006, 2020). Unabhängig von Nützlichkeitserwägungen sind die meisten Menschen emotional mit ihrer Wohnumwelt verbunden (Riger & Lavrakas, 1981).

Wohnen beinhaltet ein emotionales Verbundensein mit einem Ort. Es ist nicht nur eine Verbundenheit mit der Wohnung, dem Haus und dem unmittelbaren Wohnumfeld, sondern weit darüber hinausgehend mit dem Land, in dem man wohnt. Das zeigen die Begriffe Home Court bzw. Home Ground (Abb. 5.3). Bei internationalen Fußballspielen profitieren Mann-

Abb. 5.3 Home Ground. (Abdruck aus der Strizz-Serie in der FAZ am 24–6-21 mit freundlicher Genehmigung von Volker Reiche)

schaften davon, wenn sie im eigenen Land, der Heimspielstätte, antreten. Dort sind auch die Fans versammelt, die „ihre" Mannschaft anfeuern und zu Höchstleistungen motivieren. Eine Analyse von Schwartz und Barsky (1977), in der sie eine große Zahl an professionellen Baseball-, Football- und Hockey-Spielen daraufhin untersucht haben, wie hoch der Anteil der gewonnenen Spiele der heimische Mannschaft ist, ergab, dass der „Home Court Advantage" unübersehbar war. Entscheidende Faktoren waren die effektivere Offensive und die gefühlte Unterstützung der Zuschauer. Man kann dem entnehmen: Das Wohnen verhilft auch zu einem selbstbewussten Auftreten, dem Erleben von Gemeinschaft und Zugehörigkeit.

Das Wohnen bestimmt so weit über das Leben in Wohnungen hinaus, wie man in der Welt verortet ist, wie man Ereignisse erlebt und bewertet. Auch die Lebensqualität, die sich im Wohlbefinden, in der Zufriedenheit mit dem Leben und dem Freisein von Sorgen und Ängsten widerspiegelt, hängt von der Beschaffenheit der Wohnumwelt ab. Damit stellt sich die Frage, inwieweit sich die Verlagerung des Arbeitsplatzes aus dem Büro in die Wohnung auf die Lebensqualität auswirkt. Passt das Office ins Home?

Ein Beispiel für das Zusammenpassen von Home und Office ist das große Haus des Lübecker Kaufmanns. Es gab darin einen Raum, in dem er ungestört arbeiten konnte. Wohnen und Arbeiten ließen sich in dem geräumigen Haus problemlos verbinden.

Eine andere Art der Passung ist in der Arbeiterwohnung in der Glashütte in Gernheim zu finden. Es gab darin ein Dunkelzimmer, das dem Nachtarbeiter einen ungestörten Schlaf am Tag ermöglichte. Wohnen und Arbeiten

Abb. 5.4 Mit dem Laptop am Strand. (Illustration Niels Flade)

waren zwar räumlich getrennt, aber beides war aufeinander abgestimmt. Die Wohnbauplanung war eine Lebensraumplanung.

Im Zuge der Digitalisierung, in der für viele Arbeiten nur noch ein Laptop und ein Internet-Zugang erforderlich sind, ist die Trennung von Wohnen und Arbeiten keine Notwendigkeit mehr. Man kann zuhause arbeiten. Auf den ersten Blick verspricht das Home Office einen Gewinn an Autonomie. Man kann selbst entscheiden, wann und wo man seine Arbeit erledigt. Im weitesten Sinne kann das Home auch ein Bahnabteil, ein Warteraum oder ein Strand sein (Abb. 5.4). Auch zeitlich ist man ungebunden. Wer nachts arbeiten will, tut das aus freien Stücken.

Auch ein zeitraubender Ortswechsel zwischen Wohn- und Arbeitsort erübrigt sich, was einem Zeitgewinn gleichkommt. Doch es gibt auch Nachteile:

- Man bekommt weniger Anregungen aus der Welt draußen.
- Der soziale Austausch ist reduziert.
- Eine neue raumzeitliche Struktur muss geschaffen werden.
- Die Wohnung ist kein reiner Erholungsort mehr.
- Es wird enger in der Wohnung.
- Man bewegt sich weniger, wenn die Wege zur Arbeit entfallen.

Anregungen aus der Umwelt jenseits der Wohnung haben eine aktivierende Wirkung. Aufenthalte im öffentlichen Raum erweitern den Erfahrungshorizont und vermehren das Wissen über die Umwelt. Gegen eine völlige Verlagerung des Arbeitens in die Wohnung sprechen die dann weg fallenden sozialen Kontakte mit den Arbeitskollegen, auch wenn diese nur beiläufig und nichts weiter als „weak social ties" sind, und der eingeschränkte soziale Austausch. Das wiegt schwer, denn der Mensch ist nicht nur Einzelwesen, sondern immer auch ein Sozialwesen mit Bedürfnissen nach Kontakt, Kommunikation und Zugehörigkeit. Gefühle der Einsamkeit sind die Folge nicht befriedigter sozialer Bedürfnisse. Dadurch kann die Zufriedenheit mit der Arbeit und dem Leben insgesamt spürbar geschmälert werden, was sich nicht nur negativ auf die Arbeitsleistung, sondern auch auf das Wohlbefinden und die subjektive Lebensqualität auswirkt.

Das Home Office wird zu einem Stressor, wenn sich die Lebensbereiche Wohnen und Arbeiten so überlagern, dass es schwer fällt, die bisherige raumzeitliche Ordnung des Wohnalltags und die eingespielten Verhaltensroutinen mit der zeitlichen und räumlichen Flexibilität mobilen Arbeitens in Einklang zu bringen. Es muss eine neue Ordnung hergestellt werden, was nicht immer gelingt. Das zeigt ein Ergebnis einer Umfrage der Initiative D21, in der sich Büroangestellte dahin gehend äußerten, dass sie im Home Office mehr arbeiten würden, als sie es zuvor im Büro getan haben[1]. Eine „Work-Life-Balance" stellt sich also nicht automatisch ein. Entfällt die Trennung von Wohnen und Arbeiten und werden Arbeitszeiten flexibel, kann der Alltag selbstbestimmt strukturiert werden. Wie gut die Herstellung einer Work-Live Balance gelingt, hängt von motivationalen Faktoren ab und zwar vor allem dem Leistungsmotiv. Brunstein und Heckhausen (2018) sprechen von einer mangelnden Energetisierung des eigentlich erforderlichen Verhaltens, wenn das Leistungsmotiv nur schwach ausgeprägt ist – alltagssprachlich formuliert: Wenn man sich nicht aufraffen kann.

Ein weiterer Aspekt ist der Verlust der Erholfunktion der Wohnung (vgl. Abschn. 4.1). Kennzeichnend für Erholumwelten ist, dass sie ein „being away" bieten, d. h. ein psychisches und physisches Weit weg sein von der Alltagswelt mit ihren Verpflichtungen und Anforderungen. Vom Büro aus gesehen ist die Wohnung ein „Anderswo". Im Home Office entfällt der Wechsel in die erholsame Nicht-Arbeitswelt. Mit dem Wegfall eines weiteren Erholfaktors, dem Erleben einer befreienden Weite, ist vor allem in kleineren Wohnungen zu rechnen. Es wird noch enger in der Wohnung, wenn ein Teil

---

[1] https://initiatived21.de/app/uploads/2020/02/d21_index2019_2020.pdf.

der Wohnfläche zum Arbeitsbereich umfunktioniert wird. Beengtes Wohnen kann ein Stressfaktor sein, denn infolge der erhöhten räumlichen, sozialen und funktionalen Dichte bleiben Konflikte nicht aus, was die sozialen Beziehungen beeinträchtigt und die individuelle Befindlichkeit negativ beeinflusst (Evans et al., 2001). Und auch wenn nur wenig Platz für das Home Office erforderlich ist – es kann eine Ecke in einem Raum, eine Nische oder eine kleine Kammer sein – können sich Engegefühle einstellen.

Die Ansicht, dass der Arbeitsweg generell ein Übel ist, weil er Zeit kostet und Stress mit sich bringt, ist zu eindimensional, denn es bleiben nicht alle im Autoverkehr stecken oder fahren in überfüllten Bahnen und Bussen zur Arbeit. Man bewegt sich weniger, wenn der Arbeitsweg eingespart wird, was vor allem spürbar wird, wenn dieser mit sportlicher Betätigung verbunden wird, indem man z. B. mit dem Fahrrad ins Büro fährt. Der Wegfall des Arbeitswegs ist so nicht unbedingt ein Vorteil, denn Bewegungsmangel schmälert das körperliche Fit sein und die Gesundheit (Giles-Corti & Donovan, 2003).

Die Zeit, die man für den Arbeitsweg braucht, kann darüber hinaus eine erholsame Zwischenzeit sein, wie eine Befragung erwerbstätiger Frauen von Blumen (1994) in Israel ergeben hat. Die Befragten erlebten die Bahnfahrt als erholsame Phase, in der sie frei sind von den Anforderungen der Familie und der Hausarbeit. Für sie ist die Fahrt in der Bahn die beste Gelegenheit, sich zu entspannen und eine Weile nicht behelligt zu werden.

Der Übergang vom Office ins Home Office wirft somit etliche Fragen auf und zwar nicht nur wirtschaftliche wie man z. B. nicht mehr gebrauchte Büroflächen in Wohnraum umwandeln könnte, sondern auch psychologische, nämlich wie der Einzelne Arbeiten und Wohnen auf bestmögliche Weise miteinander verbinden kann (Sommer, 1983; Gifford, 2007). Ein „Weiter bauen und wohnen wie gewohnt" passt jedenfalls nicht mehr dazu. Die künftige Wohnbauplanung muss sich in Richtung einer Gesamt-Lebensraum-Planung entwickeln. Es reicht nicht, das Office dem Home, so wie es jetzt ist, einfach überzustülpen. Nicht nur neue Grundriss-Konzepte sind erforderlich, sondern auch ein Wohnumfeld, das die Qualitäten eines sozialen Raums aufweist.

5.3 Im Wald

„Hänsel und Gretel verirrten sich im Wald. Da war es finster und auch so bitter kalt". Es ist eine böse Geschichte, denn die beiden Kinder wurden von ihren Eltern ausgesetzt, sodass man sich doch sehr wundert, warum das

Lied so fröhlich daher kommt. Heute hat man das Kindeswohl im Auge. Eltern, die ihre Kinder in den Wald schicken, damit sie sich verirren und nicht mehr zurück finden, würden sich zweifellos strafbar machen. Deshalb wird die Geschichte an dieser Stelle etwas modifiziert, um in unsere heutige Zeit zu passen.

Grete spielt mit ihrem kleinen Bruder Hans am Rand des Waldes, an den das Grundstück der Familie angrenzt, „Hase und Igel". Der Bruder ist der Hase, sie ist der Igel. Der Hase rennt statt zu hoppeln einfach los. Der Igel ärgert sich etwas, denn so ist es ja nicht abgemacht gewesen. Dann rennt sie hinterher. Als sie den Bruder schließlich einholt, merken beide plötzlich, dass sie nicht mehr wissen, wo sie sind. Sie sind sehr erschrocken. Mit dem lustigen Spiel ist es schlagartig vorbei. Plötzlich ist es ein Alptraum. Im Wald wird es immer dunkler. Es gibt überhaupt keine Wege mehr, auf die noch ein erhellender Sonnenstrahl fallen könnte. Es kommt ihnen so vor, als ob es ewig Nacht ist. Sie beginnen um Hilfe zu rufen, doch niemand kommt. Nur ein Waldkauz ist zu hören mit seinem schauerlich klingenden lang gezogenem „Gesang".

Grete ist ungeheuer erleichtert, als sie in ihrem Kinderzimmer, in das die Sonne hinein scheint, aufwacht. Sie ist an einem sicheren Ort und irrt nicht mit ihrem kleinen Bruder im pechschwarzen Wald herum. Auch wenn der Plüschhase auf dem Kinderstuhl dem Hasen-Bruder ähnlich sieht, so ist es zum Glück nicht der Hase, der in den Wald rennt. Doch die Möglichkeit, dass man spurlos verschwindet und die weinenden Eltern einen nicht wieder finden, lässt Grete schaudern. Doch das wird nicht passieren. Aber etwas schade ist es schon, dass sie keinen *großen* Bruder hat, der bestimmt nicht einfach kopflos davon rennen würde. Sie ist sehr froh, dass alles nur ein böser Traum war und stimmt voller Freude das Lied „Hänsel und Gretel verirrten sich im Wald…" an. Jetzt ist alles gut. Und die böse Hexe kommt auch nur im Lied vor.

Zur Psychologie
Mitten im Wald ist es dunkler als auf einer Lichtung, einer Wiese oder einem weiträumigen Platz ohne Bäume. Man sieht weniger und kann sich nur schwer orientieren, sodass man sich, wie es Hänsel und Gretel passiert ist, im Wald verirrt. Das Sehen, neben dem Hören der wichtigste Distanzsinn, ist nur eingeschränkt möglich. Wenn es stockfinster ist, schwindet die Sichtbarkeit der Welt dahin. Ohne Licht müssen wir uns durch Tasten und Lauschen orientieren (Schönhammer, 2009). Die räumlichen Strukturelemente werden in Dunklen nicht mehr gesehen, die einem normalerweise helfen, sich zu orientieren. Man verirrt sich und

weiß nicht mehr, wo man ist. „Das Dunkle macht Angst. Metaphorisch steht das Dunkle für das Gefährliche und bezeichnet alles, was das Licht scheut: dunkle Mächte, dunkle Gestalten, dunkle Räume bis zu Darkroom und Darknet. Hell ist dagegen der aufgeklärte Diskurs, der Licht ins Dunkle zu bringen vermag: Auch das Böse wird eher mit dem Dunklen verbunden; dunkel und schwarz sind auch der Tod und das Chaos" (Lamparter, 2018, S. 113).

So ist auch der dunkle Wald mehr als nur ein bestimmter Umwelttyp. Er ist zugleich eine Metapher für Orientierungslosigkeit, für das Undurchschaubare und Geheimnisvolle. Ein Grund, warum ein dunkler Wald als unheimlich wahrgenommen wird, ist ein Übermaß an Mystery. Das Geheimnisvolle und verwandelt sich in etwas Unheimliches (Bell et al., 2001, S. 46 f.). Dunkelheit und dicht an dicht stehende Bäume, die die Sicht behindern, verstärken den Eindruck von bedrohlicher Unheimlichkeit. Ein Wald mit einem gut erkennbaren, nicht überwucherten ausgetretenen Pfad bei Tageslicht wirkt dagegen kaum unheimlich (Abb. 5.5).

Abb. 5.5 Im Wald. (Eigenes Foto)

Das Geheimnisvolle ist erregend, aber noch kontrollierbar, das zugehörige Gefühl ist ein Mix aus Lust und einem Hauch Angst. Das Unheimliche ist bedrohlich, weil man es als übermächtig empfindet und nicht kontrollieren kann. Vorherrschend ist hier die Angst, die bei Kontrollverlusten entsteht (Fischer & Stephan, 1996). Von einem emotional negativ erlebten Ort strebt man weg und hält sich fern (Mehrabian & Russell, 1974). Einen dunklen Wald, in dem man sich verirren kann und in dem wilde Tiere einem zu schaffen machen könnten, wird man tunlichst vermeiden. Dass es von einer anregenden Rätselhaftigkeit bis hin zu einer bedrohlichen, nicht mehr kontrollierbaren Ungewissheit mitunter nur ein kleiner Schritt ist, haben Herzog und Kropscott (2004) sowie Herzog und Kirk (2005) in verschiedenen Experimenten demonstriert. Sie lieferten eine Bestätigung, dass die gefühlsmäßige Bewertung einer Umgebung vom Ausmaß an Mystery abhängt. Positiv beurteilt wurde ein Waldweg mit Ausblicken, negativ bewertet wurden Wald-Szenen, die die Sicht erheblich beeinträchtigen.

Ein Spaziergang durch den lichten Buchenwald bei Sonnenschein ist angenehm und entspannend. Ein Zuviel an Dunkelheit kann das positiv erlebte Reizvolle ins Gegenteil verkehren. Auch Furcht erregende Situationen sind nur bis zu einem individuell unterschiedlichen Grad lustvoll. Bei einem Zuviel schlägt die Angstlust in Angst um. Das Geheimnisvolle wird zu etwas furchterregendem Unheimlichen (Herzog & Miller, 1998). Der Wald kann so gefühlsmäßig positiv und negativ erlebt werden. Er ist ein ambivalentes Setting.

Stamps (2007) hat in Experimenten unterschiedliche Grade an Mystery durch Variation der Helligkeit und der Verdeckung künstlich erzeugt. Es zeigte sich, dass der Eindruck des Geheimnisvollen vor allem vom Grad der Helligkeit abhängt und dass Verdeckung bestens geeignet ist, um Mystery zu erzeugen. Den dichten Wald zeichnet beides aus: die Helligkeit ist gering und die vielen Bäume verdecken die Sicht auf das Dahinterliegende. Eine allgemein zutreffende Trennlinie zwischen der unheimlichen, der vom Menschen nicht kontrollierbaren Wildnis und einer positiv erlebten anregenden geheimnisvollen Umwelt lässt sich nicht ziehen, denn sie verläuft individuell unterschiedlich und ist altersabhängig. Grete erlebt im Traum den dunklen Wald hinter dem Grundstückszaun als unheimlich und unendlich groß. Aus der Perspektive von Kindern ist nicht nur der Wald viel größer, auch die Bäume sind höher und raumgreifender als aus der Sicht Erwachsener.

Umwelten, die für Erwachsene noch ein geheimnisvolles Flair haben, können für Kinder unheimlich und beängstigend sein. Das Unheimliche und Fremde tritt in die Welt des Kleinkindes, sobald es zwischen sich und der Umwelt zu unterscheiden beginnt (Tuan, 1979). Kinder sind auch aus diesem Grund auf Bezugspersonen angewiesen, die sie für so mächtig halten, dass sie mit Bedrohungen fertig werden. Man braucht in ihrer Gegenwart nichts zu befürchten. Kinder haben vor allem Angst, allein gelassen zu werden, wenn es dunkel ist. Die Angst verlassen zu werden, taucht als Thema in verschiedenen Märchen auf, in denen der Wald, der fremd, dunkel und sehr groß ist, eine bedeutende Rolle spielt. Der dunkle Wald wird zum Alptraum (Tuan, 1979).

Die Walderfahrungen, wie sie im Märchen von „Hänsel und Gretel" geschildert werden und in dem Traum von Grete zutage treten, sind Erfahrungen von Kindern. Für sie ist der dunkle Wald weit eher eine übermäßig geheimnisvolle Welt, die Angst auslöst. Erwachsene regt der Wald zu Fantasien und zum Märchen erzählen an. Für sie ist der Wald ein Ort der Mythen, religiösen Riten und Erfahrungen von Transzendenz. Freud (1931), der in seiner Schrift „Das Unbehagen in der Kultur" von religiösen Erfahrungen gesprochen hat, verstand darunter ein Empfinden von Ewigkeit, ein Gefühl von etwas Unbegrenztem, Schrankenlosem und Ozeanischem. Der dunkle Wald verkörpert die Natur, ein Anderswo, eine Umwelt, die das Erleben von Transzendenz zu fördern vermag. Zu diesem Ergebnis gelangten Williams und Harvey (2001), die im waldreichen Südosten Australiens eine Untersuchung durchgeführt haben, in der die befragten Wald affinen Bewohner ihr Walderleben schilderten:

- ein starkes Glücksgefühl,
- ein Gefühl von Leichtigkeit und Freiheit,
- sich als Teil eines umfassenderen Ganzen erleben,
- ein Gefühl von Zeitlosigkeit.

Bei dem Gefühl, mit der Welt ringsum zu einer Einheit, einem „sense of union with the universe" (Williams & Harvey, 2001, S. 249) zu verschmelzen, löst sich die Grenze zwischen dem Individuum und der umgebenden Welt auf. Der Mensch fühlt sich einem umfassenden Ganzen zugehörig. Ein solches Erleben bietet, wie Williams und Harvey herausgefunden haben, insbesondere der Wald. Es ähnelt der Ur-Erfahrung des Kleinkindes, das noch nicht zwischen sich und der Umwelt unterscheiden kann.

5.4 Orte der Antike

Immer wieder zieht es Herrn K. nach Griechenland und an die Westküste der Türkei. Es ist nicht nur das mediterrane Flair, die Helligkeit, die Wärme und das weite türkisfarbene Meer, sondern ganz wichtig sind für ihn die antiken Bauwerke, die ihn jedes Mal aufs Neue begeistern, auch wenn es eigentlich nur Ruinen und Trümmer sind (Abb. 5.6). Er reist allein mit einem Mietauto, sodass er unabhängig ist von festgelegten Routen und Besichtigungsprogrammen.

Wie immer ist Herr K. gut vorbereitet, er steht nicht ahnungslos vor den teils imposanten, teils etwas unscheinbaren Tempel- und Theaterresten und geht nicht blind durch Heilige Haine, denn er kennt sich sowohl in der Mythologie als auch in der Baugeschichte bestens aus. Heute will er das antike Pergamon besuchen. Auf der Fahrt dorthin kauft er süße Aprikosen und dunkle große Kirschen. Auf den Feldern reifen die großen Wassermelonen. Auch Apfelsinenbäume und Tabakpflanzen gedeihen hier. Eine lebensfrohe, von der Sonne beschienene Landschaft, in der er sich rundum wohl fühlt. Ganz anders wirkt dann die Stadt Bergama, die ihm staubig und ärmlich vorkommt.

Touristisch ist der Burgberg (die Akropolis) das Highlight. Hier ahnt man, wie bedeutend die Stadt einmal gewesen sein muss, erkennbar auch an den vielen Bauwerken ringsum, deren Reste auf dem weiten Gelände der antiken Stadt zu sehen sind. Geradezu hässlich findet Herr K. die

Abb. 5.6 Antiker Tempel. (Eigenes Foto)

Rote Basilika aus römischer Zeit, neben der sich zwei klobige Rundbauten befinden, von denen der eine einmal als Therme gedient hat. Der andere Rundbau ist eine Moschee in Grautönen. Herr K. beachtet diesen Teil nicht weiter, ihn interessiert die griechische Antike.

Einer der Tempel, der vom Deutschen Archäologischen Institut in mühseliger, höchst sorgfältiger Kleinarbeit restauriert wird, ist in seinen Augen ein wahres Kleinod. Hier trifft er auf einen Archäologen, der erstaunt ist, dass ein Tourist das Buch „Die Tempel der Griechen" von Gottfried Gruben aus der Tasche holt und aufschlägt, denn dieses Buch ist ja kein schlichter Reiseführer, sondern ein baugeschichtliches *Fach*buch. Der Archäologe, der die Ausgrabungen der antiken Stätte leitet, ist zur Zeit allein hier und wartet auf die Bewilligung weiterer Geldmittel, um das Projekt fortzusetzen. Er ist hoch erfreut über die Gelegenheit, einmal mit einem „Fachmann" zu reden. Endlich einmal ein Mensch, mit dem man sich austauschen kann! Auch Herr K. ist angetan und beglückt, dass er so herzlich begrüßt wird und an Ort und Stelle über die neuesten Erkenntnisse informiert wird. Der Archäologe erzählt, dass er gerade auf der Suche nach einem Stein mit einer bestimmten Nummer ist, denn die aufgefundenen Bruchstücke sollen genau dort wieder eingefügt werden, wo sie sich einmal befunden haben. Ein richtiges Puzzle, dessen Lösung mühevoll ist. An anderer Stelle außerhalb seines Zuständigkeitsbereichs gibt man sich nicht so viel Mühe. So wird auf einer antiken Treppenstufe einfach irgendein fabrikneuer Stein eingefügt – in den Augen des Archäologen ein Gräuel. Nach einem längeren fachlichen Austausch auch zu der Frage nach dem Verhältnis zwischen den Kosten und dem Nutzen wieder hergestellter antiken Stätten, bei dem beide einer Meinung sind: dass man keine Kosten scheuen sollte, um das „Erbe der Menschheit" zu bewahren, verabschiedet man sich mit Handschlag. Dann steigt Herr K. hinab zum Bezirk des Athene-Tempels, der in enger Verbindung zur ehemals berühmten Bibliothek Pergamons stand. Das passt zusammen, denn Athene war auch die Göttin der Weisheit. Es folgt das berühmte unvergleichliche Theater Pergamons (Abb. 5.7). Es umspannt weniger als einen Halbkreis, hat 87 Sitzreihen und ist sehr steil. So viele Sitzreihen in einem Theater sind Weltrekord.

Welche Bedeutung hatte doch die Kultur bereits in vorchristlichen Zeiten, als die olympischen Götter oberste Instanz waren, denkt Herr K., der sich beim Blick auf das Theater eine kurze Pause gönnt, in der er die auf der Hinfahrt gekauften süßen Kirchen isst. Unübersehbar ist, dass die Stufen des Theaters allmählich zerfallen. Der aufkommende Wind schüttelt die Pinien. Weiter geht es zum Heiligtum der Demeter und dem Zeus-Tempel. Jede Gottheit musste gesondert geehrt werden. Wäre das nicht geschehen,

Abb. 5.7 Theater in Pergamon. (Eigenes Foto)

wäre die göttliche Rache furchtbar gewesen. Es ist schon später Nachmittag, als Herr K. das antike Pergamon verlässt. Man hört die Muezzine in den Moscheen von Bergama, die ihren rituellen Gesang anstimmen. Doch Athene, Zeus und Demeter leben nicht nur in Mythen, sondern auch im antiken Pergamon fort. Von Bergama fährt Herr K. weiter in Richtung Çanakkale. Hier kommt man in die Gegend der Ölbäume, einem der zentralen Gebiete für die Gewinnung von Olivenöl. In einem kleinen Dorf südlich des Orts Burhaniye kauft er reichlich Olivenöl ein, das er mit nach Hause nehmen wird.

Zur Psychologie
Antike Stätten gehören in der Tourismus-Branche zu den bevorzugten Reisezielen. Doch warum fahren die Menschen dorthin? Es sind doch nur die Reste von dem zu sehen, was die Menschen in früheren Zeiten geschaffen haben. Man könnte diese Reste auch in einigen Museen anschauen. Doch nicht nur Herr K. begnügt sich nicht mit Museumsbesuchen. Ein Grund, die Stätten der Antike zu besuchen, ist die Ästhetik und die einzigartige Atmosphäre dieser Orte, die man im Museum nicht findet. Dort sieht man letztlich nur einige Überbleibsel, die aus dem Kontext herausgelöst wurden.

Die harmonische Anordnung der Tempel, Anlagen und Freiflächen in einem Heiligen Hain, ihre Lage in der Natur und das Wasser in Form einer Quelle oder eines Bachs, dem Heilkraft beigemessen wurde, waren in den antiken Stätten wesentlichen Elemente (Gesler, 1992).

Archäologische Stätten sind neben schriftlichen Zeugnissen Quellen, die Auskunft geben über die Vergangenheit der Menschheit. Es ist veranschaulichte Geschichte. Ruinen und steinerne Trümmerhaufen sind mehr als nur materielle Überbleibsel, sie verweisen mit Theater- und Tempelbauten auf hoch stehende frühere Kulturen sowie die Fähigkeiten und Fertigkeiten der Menschen, die vor mehr als 2000 Jahren gelebt haben. Abgesehen von der Vermittlung von Wissen über frühere Kulturen, die man sich auch ohne Besuch antiker Stätten aneignen könnte, stellt sich die Frage, was deren Ästhetik begründet. Wie lässt sich erklären, dass die Reste und Trümmerteile von ehemaligen Königspalästen, Schatten spendenden Arkadengängen und öffentlichen Plätzen sowie die Ruinen antiker Tempel mit umgestürzten zerbrochenen Säulen und die Bruchstücke eines Theaters im Heiligen Hain faszinierender sind als komplette Bauwerke oder eine perfekt durchgeplante Parkanlage, die an eine Gartenschau erinnert? Was macht ein Durchschreiten des Heiligen Hains zu einem besonderen Erlebnis? Was treibt Herrn K. an, dass er immer wieder zu den Stätten der Antike reist?

Eine erste Erklärung ist, dass es sich um den Zeigarnik-Effekt handelt, der besagt, dass man sich an unerledigte Aufgaben besser erinnert als an abgeschlossene (Heckhausen, 2014). Unbewusst möchte man das Unerledigte und Unvollständige zu einem Abschluss bringen und vervollständigen. Nicht zur Gänze restaurierte antike Plätze sind etwas Unerledigtes. Gerade wegen in ihrer Unvollständigkeit beschäftigen sie einen und hinterlassen einen bleibenden Eindruck.

Eine weitere Erklärung bietet die Gestaltpsychologie, die Aussagen darüber macht, wie und wann einzelne Elementen als Ganzheit bzw. Figur wahrgenommen werden (Schönhammer, 2009). Verschiedene Gestaltfaktoren wurden identifiziert: der Faktor der Ähnlichkeit, der besagt, dass einander ähnliche Elemente zu einer Gestalt zusammen gefügt werden, oder der Faktor der Nähe, nach dem nahe beieinander liegende Elemente eine Figur bilden, und schließlich der Faktor der Geschlossenheit: eine unvollständige Gestalt oder Figur, bei der einzelne Teile fehlen, wird vom Betrachter gedanklich vervollständigt. Auf die antiken Stätten bezogen: Die Reste und Trümmerteile werden in der Vorstellung zu einem Gesamtbild vervollständigt. Es wird nicht nur passiv geschaut, sondern eine unvollständige Szenerie wird aktiv kognitiv zu einem Abschluss gebracht.

Eine dritte Erklärung liefert die Ästhetik-Theorie, die annimmt, dass der Eindruck von Schönheit davon abhängt, wie kohärent, lesbar, komplex und mysteriös eine Szenerie ist (Kaplan & Kaplan, 1989, Kaplan, 1995). Es sind grundlegende Komponenten, sodass sie noch etwas erläutert werden sollen.

Kohärenz ist „the degree to which a scene ‚hangs together' or has organization" (Bell et al., 2001, S. 43). Eine Szenerie ist kohärent, wenn die einzelnen Teile ein stimmiges Ganzes ergeben. Mangelnde Kohärenz bedeutet Zusammenhanglosigkeit: Die einzelnen Teile sind nicht aufeinander bezogen, sie bilden keine Gestalt. Auf dem weiten Gelände der antiken Stätte Pergamon befinden sich viele einzelne Teile, die jedoch, eingebettet in eine faszinierende Naturlandschaft, als Gesamteindruck wahrgenommen werden.

Lesbarkeit ist „the degree or distinctness that enables the viewer to understand or categorize the contents of a scene" (Bell et al., 2001, S. 45). Umwelten sind lesbar, wenn es leicht fällt, sie kognitiv abzubilden. Ein besonders wichtiges Strukturmerkmal sind Landmarken, die, weil sie einzigartig und auffällig sind, es erleichtern sich zu verorten und zu orientieren. Das abgestufte Gelände in Pergamon ist räumlich gegliedert. Nicht nur das Theater ist eine einzigartige Landmarke.

Ein Schlüsselelement des ästhetischen Eindrucks ist *Komplexität,* formal definiert als Anzahl und Verschiedenartigkeit der in einer Umwelt enthaltenen Elemente. Je zahlreicher und unterschiedlicher diese sind, umso höher ist der Komplexitätsgrad. Das Optimum ist eine mittlere Komplexität. Zu viele Elemente, d. h. Überladenheit, und zu wenige Elemente bis hin zur gähnende Leere und Monotonie schmälern den ästhetischen Eindruck (Evans & McCoy, 1998). Das Gelände in Pergamon ist weder leer noch überfüllt mit antiken Resten. Hinzu kommen Pinien und Buschwerk, was die Vielfalt der Elemente vermehrt.

Der ästhetische Eindruck hängt besonders von der *Mystery*-Komponente ab. „Mystery, the promise of further information, invites the user to explore the scene further" (Evans & McCoy, 1998, S. 86). Man wird „hineingezogen" und ist motiviert, das Verborgene aufzudecken. Ein komplett wieder hergestellter Tempel oder eine mustergültig ausgeführte Rekonstruktion des antiken Theaters würde Herrn K. weitaus weniger begeistern und „hineinziehen". Antike Stätten faszinieren Herrn K. auch wegen ihrer einzigartigen Atmosphäre (Abschn. 3.1). Es sind lustvolle und anregende Orte, die frei sind von einschüchternen dominanten Elementen. Die Tempel waren nie so überwältigend gewesen wie eine in den Himmel ragende gotische Kathedrale. Es waren spirituelle, aber keine einschüchternden Orte. Die heiligen Haine wurden angelegt, um die Welt der Götter mit der Welt der Menschen zu verbinden (Barnett, 2007), und nicht, um den Abstand zwischen beiden Welten hervor zu heben. Herr K. weist sich mit dem Fachbuch, das er gut sichtbar bei sich führt, als fachlich versiert und als würdiger Gesprächspartner für den Experten aus. Sozialpsychologisch gesehen fördert die Ähnlichkeit der Werthaltungen und Interessen eine Kontaktaufnahme (Karremans & Finkenauer, 2014). Für beide, den Archäologen und Herrn K., ist der soziale Austausch lohnend. Für den Archäologen, der allein auf der Ausgrabungsstätte ausharrt, bis weitere Projektmittel bewilligt werden, ist es eine willkommene Gelegenheit, seine sozialen Bedürfnisse nach Kontakt und Kommunikation zu befriedigen, denn zur Zeit arbeitet er allein auf dem Ausgrabungsgelände. Herr K. profitiert von dem Gespräch mit dem Experten: sein Bedürfnis nach Anerkennung wird voll befriedigt. Für beide ist es ein Gewinn.

Herr K. genießt während der Fahrt die besondere Atmosphäre der mediterranen Landschaft und zwischendurch, wenn er eine Pause macht, die wohlschmeckenden süßen Früchte, die auf den Feldern geerntet werden. Nicht nur das Sehen einer schönen Landschaft, auch ein solches Geschmackserlebnis ist lustvoll.

6

Aktiv und kreativ

Menschen verharren nicht nur in Kontemplation, sondern sie machen etwas mit ihrer Umwelt, sie verändern und nutzen sie. Eine „Vita contemplativa" würde nicht ausreichen, um die existentiellen, die sozialen und die Ich-Bedürfnisse zu befriedigen. Dazu bedarf es einer „Vita activa" (Arendt, 1960). Dass man trotz eines hohes Einsatzes nicht immer erreicht, was man möchte, verkörpert die mythische Gestalt des Sisyphos, der sich abmühte, den großen Steinbrocken den Berg hinauf zu schaffen, der dann aber immer wieder herunter rollte. Sisyphos ist unermüdlich tätig. Wäre er auch noch kreativ gewesen, hätte er einen Seilzug erfunden oder einen Roboter geschaffen, der ihm die mühselige Arbeit abgenommen hätte. Auch der Einfall einer Rampe wäre nützlich gewesen, auf der sich Steinbrocken leicht in die Höhe rollen lassen.

Die wahrgenommene Selbstwirksamkeit (perceived self efficacy) motiviert zum Handeln, weil man davon überzeugt ist, dass man etwas bewirken kann – und sei es, dass man einen Stein in die Höhe befördert. Ein verwandtes Konzept ist Umweltkontrolle, die Fischer und Stephan (1996) definiert haben als „ein dem Menschen innewohnendes Bestreben, Ereignisse und Zustände seiner Umwelt beeinflussen, vorhersagen oder zumindest erklären zu können" (S. 166).

Wer nichts bewirken kann oder einen Kontrollverlust hat hinnehmen müssen, wird in seinem Streben nach einem tätigen Leben gebremst.

Wer seine Umwelt kontrollieren kann, ist in der Lage, sich seine individuelle Lebenswelt zu schaffen oder bereits Bestehendes zu verändern, indem er es umbaut oder in anderer Weise nutzt. Er macht sich auf diese Weise seine Umwelt zu Eigen und ist dabei aktiv und kreativ zugleich.

Die Themen im sechsten Kapitel kreisen allesamt um den Menschen als aktiv tätigem Wesen. Auch wenn sie thematisch ganz unterschiedlich sind, so ist den Geschichten gemeinsam, dass der Mensch etwas macht:

- Er verortet und verwurzelt sich in der Welt.
- Er eignet sich seine Umwelt kognitiv und faktisch an.
- Er strebt nach Optimierung.
- Er lacht und er bringt andere zum Lachen.
- Er schafft gebaute Umwelten.

Auch wenn er lacht, ist er aktiv, denn Lachen über etwas setzt eine aktive Informationsverarbeitung voraus. Und er schafft nicht einfach nur nach, sondern er ersinnt Neues. Beeindruckend sind die technologischen Errungenschaften, die enorme Gestaltungsspielräume eröffnet haben. So sind heute dank des Stahlbetons höhere Bauwerke und Räume mit größeren Spannweiten realisierbar. Es können neuartige Bauwerke entworfen werden. Doch je mehr Möglichkeiten es gibt, umso höher sind auch die Ansprüche.

6.1 Sich verwurzeln

Im Wartezimmer der Tierarztpraxis kommt man ins Gespräch. Lina sitzt dort mit ihrem schwarzen Kater in der Transportbox, schräg gegenüber sitzt ein Hundebesitzer mit einem Mops an der Leine, die eigentlich überflüssig ist, denn er würde sich bestimmt nicht von der Stelle rühren. Der Kater macht sich in der Box, die ihn vor der Außenwelt schützt, so klein wie es irgend geht, der Hund neben seinem Herrchen macht dagegen einen selbstbewussten Eindruck; er guckt keck herüber. Wie unterschiedlich sind doch Hunde und Katzen! Die einen sind voll auf den Menschen fixiert und eingestimmt, die anderen mögen den Menschen zwar auch ganz gern, bewahren aber zugleich ihre Unabhängigkeit. Sie wirken irgendwie vornehm, findet Lina, und auch dann, wenn sie sich in der Transportbox ganz klein machen.

Der Mann mit Hund und die Frau mit Katze kommen nicht ins Gespräch.

Zum Glück müssen Lina und ihr Katzentier nicht lange warten. Der Tierarzt desinfiziert die Wunde, die ihm in einem Zweikampf ein großer rotgestreifter Kater aus der Nachbarschaft verpasst hatte, und verabreicht ihm abschließend noch eine Antibiotika Spritze. Der Kater scheint heilfroh zu sein, als er sich wieder in die Box verkriechen kann, in der er sich wieder so klein wie möglich macht. Am liebsten wäre er wohl unsichtbar. Als er zuhause aus der Transportbox entlassen wird, rast er weg und lässt sich eine ganze Weile nicht mehr sehen. Man hat ihm Unerhörtes zugemutet! Doch schließlich lässt er sich wieder blicken. Er ist nicht nachtragend, denn er will ja bei Lina wohnen bleiben und von ihr gefüttert und gestreichelt werden.

Der Mann mit dem Mops braucht nicht zu befürchten, dass der Hund ihm wegen des Tierarztbesuchs gram ist. Der Hund vertraut ihm blindlings. Sein Herrchen ist für ihn eine Art Leittier, dessen Autorität überhaupt nicht infrage steht. Was das Leittier macht, ist gut und richtig. Dort, wo sein Leittier ist, kann man sich ohne Bedenken aufhalten.

Zur Psychologie
Der wesentliche Punkt in der Geschichte betrifft den Unterschied zwischen Hund und Katze und zwar in ihrem Bindungsverhalten. Zeigen sich Ähnlichkeiten im Bindungsverhalten von Tieren und Menschen, spricht das für dessen evolutionäre Wurzeln. In Tierfabeln wurde auf diese Ähnlichkeit Bezug genommen. Haustiere erfüllen viele Funktionen. Sie sollen wie z. B. der Wachhund schützen, sie sind wie der Rassehund oder die Rasse-Katze Prestige-Objekte und sie erleichtern die Kontaktaufnahme, indem man mit anderen Hundebesitzern ins Gespräch kommt. Und schließlich sind es emotionale Beziehungen, die Mensch und Tier miteinander verbinden (Schmidt, 2018).

Der Kater ist froh, dass er sich nach der Prozedur beim Tierarzt wieder in seiner Transportbox verkriechen kann. In dieser Situation ist diese das einzig mögliche Refugium, das ihn gegenüber einer von ihm als bedrohlich wahrgenommenen Umwelt abschirmt. Er fühlt sich nicht sicher, was kein Wunder ist, denn nach der Prospect-Refuge Theorie sind die Überschaubarkeit der Umgebung und das Verfügen können über ein Refugium die wesentlichen Einflussfaktoren des Sicherheitserlebens (Fisher & Nasar, 1992). Ein Weitblick ist in der Tierarztpraxis nicht möglich, es bleibt nur die Komponente „Refuge" und das ist in dieser Situation die Transportbox. Der Hund im Wartezimmer hat dagegen keine Probleme mit seiner Umgebung, sie ist für ihn überhaupt nicht bedrohlich, stattdessen guckt er keck in die Gegend. Er fühlt sich sicher und hat ein Refugium nicht nötig.

Hund und Katze unterscheiden sich deutlich in ihrer Ortsverbundenheit, der gefühlsmäßigen Anhänglichkeit an einen Ort oder eine Umwelt (Fuhrer & Kaiser, 1993). Diese emotionale Bindung beruht auf zwei Säulen: der Verbundenheit mit dem räumlich-physischen Ort (rootedness,

Verwurzelung) und der Verbundenheit mit den Menschen, die dort sind (bondedness, soziale Einbindung) (Riger & Lavrakas, 1981). Der Kater und der Hund im Wartezimmer des Tierarztes verkörpern diese beiden Bindungsformen. Katzen missfällt jeder Ortswechsel, während es Hunden vor allem wichtig ist, dass sie in der Nähe des ihnen vertrauten Menschen sind. Sie lassen sich so zwei Typen zuordnen:

- denjenigen, die in erster Linie mit dem physischen Ort verbunden sind („Katzentyp"),
- denjenigen, die in erster Linie mit den Menschen verbunden sind („Hundetyp").

Beide Bindungsformen schließen sich nicht aus. Und sie finden sich auch beim Menschen. Dies zeigte das Ergebnis einer von Riger und Lavrakas (1981) durchgeführten telefonischen Befragung von insgesamt 1620 Erwachsenen in drei Städten in den USA. Die meisten Befragten waren sowohl örtlich verbunden als auch sozial eingebunden, aber auch viele – die ungebundenen Mobilen – waren beides nicht. Zum „Hundetyp" waren 20 % der Befragten zu rechnen, zum „Katzentyp" 12 %. Klar ist, dass sich diese Zahlen nicht generalisieren lassen, denn es hängt vom Ortstyp und den Bewohnern ab, wie ausgeprägt deren rootedness und bondedness jeweils sind.

Zu beobachten ist, dass die meisten Katzen es nicht mögen, wenn man sie aus ihrem vertrauten Home herausholt. Hunde gehen gern mit ihrem Herrchen oder Frauchen spazieren und lassen sich problemlos überall hinfahren. Hunde sind die typischen Begleittiere, Katzen bleiben lieber zuhause. So wie sich Hund und Katze unterscheiden, so unterscheiden sich auch die Hund-Mensch- und die Katze-Mensch-Beziehung. Der Mensch mit Hund hat das Bedürfnis nach einem Kumpanen, der ihn auf seinen Wegen begleitet, für den Menschen mit Katze gehört das Haustier zum Wohnen.

Ein untrügliches Zeichen für die gefühlsmäßige Anhänglichkeit an Orte – unabhängig von der Art der Bindung – ist das Heimweh, das einen Menschen befällt, wenn er fern von seinem Zuhause ist. Die englische Bezeichnung „home *sickness*" bringt noch etwas zugespitzter zum Ausdruck als der deutsche Begriff „Heimweh", dass man es hier nicht mit einem kleinen „Weh", sondern mit einer *Krankheit* zu tun hat. Es ist sowohl der Verlust der gewohnten Umgebung und es sind die fehlenden Kontakte mit vertrauten Menschen, die krank machen (Fuhrer & Kaiser, 1993). Heimweh kann gravierende Folgen haben (Tognoli, 2003): „Homesick students showed lower scores on measures of self-esteem, ego identity and internal locus of control, and indicated an emphasis on denial, a longing for family and friends, and missing one's house and hometown" (S. 35). Eine Befragung von Studierenden in Rom, die Scopelliti und Tiberio (2010) durchgeführt haben, ergab ebenfalls, dass home sickness in dieser Gruppe keine Seltenheit ist. Man lernt schlechter, wenn man niedergeschlagen, depressiv und krank ist, was nicht bestandene Prüfungen, Niedergeschlagenheit, ein vermindertes Selbstwertgefühl und ein „ego depletion" (Zustand der inneren Leere und des Verlusts des Selbstwertgefühls) nach sich zieht. In der Fremde fehlen die gewohnten Handlungsräume und alle Aktivitäten, denen man zuhause nachgehen kann, und das Zusammensein mit vertrauten Menschen. Es ist ein doppelter Verlust nämlich von rootedness *und* bondedness. Ortsverbundene Menschen leiden, wenn man sie „entwurzelt". Zu den Entwurzelte sind Migranten und Menschen, die im Exil leben müssen, zu rechnen. Sie versuchen oft, den Verlust dadurch auszugleichen, indem sie ihre bondedness durch enge Kontakte und ein Zusammenwohnen mit den „Leidensgenossen" bekräftigen.

6.2 Sich zu eigen machen

Wir fahren nach Dessau. Es ist „Bauhaus-Jahr", weil vor hundert Jahren die Bauhaus-Schule gegründet wurde und weil Dessau die Stadt ist, wo alles begann und die Schule am längsten gewirkt und ihre Blütezeit erlebt hat und wo Walter Gropius und Mies van der Rohe und andere berühmte Leute gewirkt haben[1]. Ohne den Bauhaus-Glanz wären wir wohl kaum nach Dessau gereist, denn die Stadt selbst ist nicht weiter sehenswert. Doch im Sommer 2019 lohnt es sich, denn es finden im Rahmen des 100-jährigen Jubiläums ausführliche Führungen statt. Man kann vieles besichtigen, was sonst nicht möglich wäre. Als erstes schauen wir uns einen von Gropius entworfenen Rundbau an, der einstmals als Arbeitsamt gedient hatte. Das Gebäude ist heute immer noch in Gebrauch; es sind lediglich andere Ämter dort eingezogen. Es ist solide gebaut, es ist „gut in Schuss" und voll funktionsfähig. Die Belichtung stimmt, das Tageslicht scheint durch die schmalen oben liegenden Fenster herein. Es ist ein Amtsgebäude, das sich deutlich von den üblichen Verwaltungsbauten mit langen nüchternen Fluren unterscheidet, in denen einen das Gefühl beschleicht, ein Bittsteller wie viele andere zu sein.

---

[1] https://www.bauhaus-entdecken.de/jubilaeum/100-jahre/, abgerufen am 15.3.21.

Vom „Arbeitsamt" wandern wir dann zum Hauptgebäude, in dem wir uns einer Führung anschließen. Ein von der Bauhaus-Idee durchdrungener begeisterter Architektur-Student führt unsere nicht gerade kleine Gruppe als erstes durch das große Gebäude, das einmal als Schule gedient hatte, in der Kunst-, Design- und Architektur unterrichtet wurde. Es gibt einen riesigen Museumsshop, der alles enthält, was unter dem Bauhaus-Label teuer vermarktet wird. Hinter dem Architekturstudenten, der flotten Schritts voran geht, läuft dann die Gruppe zu den in der Nähe gelegenen Meisterhäusern hinüber. Die von Gropius gebauten kubischen weißen Häuser mit Flachdach, in denen einmal die Meister, nämlich Gropius, Moholy-Nagy, Feininger, Muche, Schlemmer, Kandinsky und Klee, gewohnt haben, stehen in einer Reihe, sie sind umgeben von Grünflächen und Bäumen. Die Häuser sollten Musterbeispiele sein, an denen man ablesen konnte, wie man richtig baut und wohnt.

Uns fällt spontan Vitruv ein, der große Baumeister der Antike, der lange vor den Bauhaus-Leuten gewusst hat, wie man es richtig macht: Ein Bauwerk musste stabil, nützlich und ästhetisch ansprechend sein. Auch den Bauhaus-Vertretern war klar, dass ein Haus zweckmäßig *und* schön sein soll. So wurde es jedenfalls verkündet. Stabil waren die Häuser offensichtlich gewesen, denn sie stehen immer noch. Doch was wir dann in den Meisterhäusern zu sehen bekommen, sind enge Treppenhäuser, verschachtelte kleine Räume mit zu wenig Bewegungs- und Freiflächen. Und weil wir nicht die einzigen sind, die an der Führung teilnehmen, ist das Gedrängel unvermeidlich, was den Eindruck von Beengtheit noch verstärkt. Offensichtlich wohnten sogar die Meister nicht „auf großem Fuß", sondern begnügten sich mit kleinen Räumen und vergleichsweise wenigen Quadratmetern. Wie zweckmäßig diese Kleinheit und Verwinkeltheit war, bleibt offen.

Die Führung wird mit der Besichtigung der Siedlung Törten fortgesetzt, die aus kleinen Reihenhäusern mit einer Wohnfläche von etwa 75 m^2 besteht. Man erfährt, dass es in den 1920er Jahren einen erheblichen Mangel an preisgünstigem Wohnraum gegeben hat, wobei uns einfällt, dass es 100 Jahre später (also heute) noch genau so ist. Zur Behebung der Wohnungsnot war im Auftrag der Stadt Dessau von Gropius die Siedlung Törten gebaut worden. Nicht nur wegen der relativ geringen Wohnfläche sondern auch dank der industriellen Bauweise, der Massenfertigung von Bauteilen, konnten die Baukosten niedrig gehalten werden. Einen Ausgleich für die relativ geringe Wohnfläche bot der große langgestreckte Garten hinter den Häusern, auf dem man Gemüse und Kartoffeln und Obstbäume pflanzen und sich im Freien ergehen konnte. Bestimmt sehr zweckmäßig. Die Siedlung ist im Unterschied zu den Meisterhäusern kein Museum, es wird dort nach wie vor gewohnt. Eines der Häuser, das noch im Urzustand ist und leer steht, kann besichtigt werden, was wir dann auch tun. Klein und eng ist es darin.

Die anderen Häuser in der Siedlung, die bewohnt sind, haben den Urzustand längst hinter sich gelassen. Die Bauhaus typischen Fensterbänder, die bei allen Häusern gleich waren, sind durch andere Fensterformen ersetzt worden. Etliche Fassaden wurden umgestaltet, sodass die einstige Gleichförmigkeit längst verschwunden ist. Den Architekturstudenten scheint das sehr zu bekümmern. Wie konnte diese wunderbare Einheitlichkeit so zunichte gemacht werden!

Ein letzter Besichtigungspunkt sind die Laubenganghäuser, die irgendwie schäbig wirken, was aber so nicht formuliert werden darf, denn sie sind ja Teil des Bauhauses. In einer leer stehenden Wohnung, die besichtigt werden kann, fällt wieder die geringe Wohnfläche auf. Dieser Eindruck wird wieder verstärkt dadurch, dass wir uns als Besichtigende gegenseitig im Wege sind.

Wir lassen danach Dessau hinter uns, wobei wir dem Architektur-Studenten versichern, dass wir einen anschaulichen Eindruck bekommen haben und über das Bauhaus jetzt besser Bescheid wissen und uns nun ein Urteil darüber erlauben können.

Auf der Weiterfahrt machen wir einen kurzen Halt in Gelmeroda im Weimarer Umland. Dort schauen wir uns die kleine Landkirche an, die durch Lyonel Feininger bekannt und berühmt wurde. Die schlichte kleine Kirche hat den Künstler offensichtlich sehr fasziniert, denn sonst wäre er nicht immer wieder hierher gekommen und hätte nicht etliche Versionen davon gemalt (Abb. 6.1 und 6.2). Kopien der Bilder sind im Vorraum der Kirche ausgestellt.

Ohne die Aktivitäten und die geschaffenen Werke der Architekten und Künstler wären Dessau und Gelmeroda Orte, an denen man vorbei fahren würde. Jetzt sind es touristische Highlights.

Zur Psychologie
Nicht nur Erholung und Entspannung, sondern auch das Bestreben, Neues zu erfahren und das eigene Wissen zu erweitern, sind zentrale Reisemotive, wie allein schon aus der Bezeichnung „Bildungsreise" hervor geht. Man reist nach Dessau, um dort die weltberühmte Bauhaus Schule in Augenschein zu nehmen und die Bauten der Gründer des Bauhauses und das von ihnen Geschaffene zu besichtigen. Und man macht einen Abstecher zur kleinen Landkirche in Gelmeroda, in deren Vorraum eine Serie von Bildern zu sehen ist, die einen allein schon wegen ihrer besonderen Farbigkeit in den Bann ziehen. Und man sieht zugleich auch noch das Original, nämlich die Land-

Abb. 6.1 Eine der Versionen der Landkirche in Gelmeroda von Lyonel Feininger. (Eigenes Foto)

kirche selbst, die den Maler Lyonel Feiniger offensichtlich fasziniert hat. Sonst hätte er sie nicht wieder und wieder gemalt. Er hat sich die Kirche in künstlerischer Weise angeeignet.

Psychologisch betrachtet steht das Bauhaus für professionelle *Umweltaneignung*. Dazu sind auch die Bilder von Feininger zu rechnen. Die Architekten und Künstler des Bauhauses haben etwas geschaffen, was eine Vorbildfunktion hatte und was bis heute nachwirkt.

Umweltaneignung ist nicht nur ein zentraler, sondern auch ein globaler Begriff, der vieles umfasst. „Environmental action covers any changes people make in the environment: additions, modifications, destruction, or conservation. They range from the smallest ephemeral events … to the heavy environment of large-scale development projects or new cities" (Appleyard,

Abb. 6.2 Eine weitere Version der Landkirche in Gelmeroda von Lyonel Feininger. (Eigenes Foto)

1979, S. 148). Die Veränderung einer Hausfassade ist ein „small-scale"-, die Planung einer neuen Siedlung wie Törten in Dessau ein „large-scale" Projekt. Planungen, die über das übliche Maß weit hinaus gehen, werden nicht selten als Utopie abgetan oder auch als „größenwahnsinnig" hingestellt[2].

Umweltaneignung bezieht sich auf die *aktive* Komponente des Mensch-Umwelt-Verhältnisses, d. h. auf die Richtung:

$$Mensch => Umwelt.$$

---

[2] Ein Beispiel ist das Projekt Atlantropa, das in den 1930er Jahren von dem Architekten und Baumeister Herman Sörgel geplant worden war. Gibraltar und Marokko sollten durch einen über 14 km langen Staudamm miteinander verbunden werden. Man hätte nicht nur Europa mit Energie versorgt, sondern durch Absenkung des Mittelmeers auch neues Land gewonnen. Nicht nur der gesamte Mittelmeerraum war einbezogen, auch der afrikanische Kontinent. Es war eine gigantische technisch-architektonische Utopie (Voigt, 1998).

Je nach der Art und dem Ausmaß der Einwirkungen auf die Umwelt gibt es zahlreiche Modalitäten der Aneignung, die Graumann (1996) in einer recht langen Tabelle aufgelistet hat. Wie er schrieb, gehören dazu sowohl das Umwandeln natürlicher in gebaute Umwelten durch die Menschheit als auch „die verzweifelten Bemühungen des von monotoner Architektur umstellten Menschen, seine unmittelbare Umwelt zu personalisieren" (S. 125). Graumann hat dementsprechend zwischen einer anthropologisch-historischen Perspektive (Umwandlung von Natur in Kultur durch Sprache und Arbeit) und einer psychologischen Perspektive der Aneignung unterschieden.

Beispiele für die Umwandlung einer Natur- in eine Kulturlandschaft sind die Landgewinnung durch Entwässerung von Mooren, die Domestizierung von Tieren und die Herstellung gebauter Umwelten sowie die Gründung einer Bauhaus-Schule in Dessau. Ein Beispiel für eine individuelle Aneignung, d. h. der psychologischen Perspektive, sind die Veränderungen an den Häusern in der Siedlung Törten in Dessau durch die Bewohner.

Wie allumfassend allein schon die psychologischen Formen der Umweltaneignung sind, hat Graumann dargelegt. Danach gehören alle auf die Umwelt gerichteten Handlungen dazu. Beispiele sind:

- Erkunden der Umwelt mithilfe der Sinne
- Manipulieren, Machen, Produzieren, Entwickeln, Zerstören von Dingen
- Kartieren, Vermessen, Abbilden, Benennen
- In Besitz nehmen, Verfügen, Verwalten von Natur (Wasser, Land, Luft), von Gebäuden und Objekten
- Personalisieren: in Gebrauch nehmen, Möblieren, Dekorieren, Markieren, Verändern, Umbauen.

Zu Personalisierung ist auch die Produktion von Street Art und Graffiti zu rechnen (Abb. 6.3 und 6.4), die allerdings nicht im privaten Bereich, sondern im öffentlichen Raum stattfindet.

In der Unterscheidung zwischen einer „hard architecture" und einer „soft architecture" spiegelt sich eine unterschiedliche Tiefe von Umweltaneignung wider (Martin, 2002). Zur harten Architektur sind fest stehende bauliche Elemente wie tragende Wände, Treppenhäuser, Spülbecken, Steckdosen und Einbauschränke usw. zu rechnen. Wer natürliche Umwelt in gebaute Umwelt umwandelt, Meisterhäuser entwirft, Brücken baut und Staudämme errichtet, schafft harte Architektur. Die weiche Architektur bezieht sich auf die Ausgestaltung. Tische und Stühle sind flexible Elemente, die auch in anderer Weise angeordnet werden können; Wände können mit

Abb. 6.3 Street Art. (Eigenes Foto)

Abb. 6.4 Street Art überdeckt mit Graffiti. (Eigenes Foto)

unterschiedlichen Bildern behängt werden. Auf diese Weise werden Räume individuell angeeignet bzw. personalisiert. Günstig sind hier nutzungsoffene Grundrisse und ausreichende Raumgrößen, die individuelle Nutzungen und Gestaltungen zulassen.

Umweltaneignung muss nicht äußerlich sichtbar werden. Kartieren, Vermessen und Benennen sind *kognitive* Formen der Umweltaneignung, die nicht unbedingt Spuren in der Umwelt, wohl aber im menschlichen Langzeitgedächtnis hinterlassen. So kann auch das Betrachten der Bauten in Dessau als ein *kognitives* Aneignen verstanden werden. Es ist ein mentales Abbilden. Eine aktivere Form kognitiven Aneignens sind die Bilder, die Lyonel Feininger von der Landkirche in Gelmeroda gemalt hat.

Die Umgestaltungen der Häuser in der Siedlung Törten durch die Bewohner sind *faktische* Aneignung, ein In Besitz nehmen und Personalisieren.

Ziel der Architekten des Bauhauses war, haltbare und zweckmäßige Gebäude zu schaffen, die auch ästhetisch ansprechend sind. Der ästhetische Eindruck hängt wesentlich davon ab, wie kohärent, lesbar, komplex und geheimnisvoll ein Gebäude oder eine Umwelt ist (Kaplan & Kaplan, 1989). Kohärente, lesbare, mittelkomplexe und geheimnisvolle Umwelten werden gegenüber solchen, die inkohärent, unter- oder überkomplex, schwer lesbar und fantasielos sind, bevorzugt.

Ein Beispiel ist der ästhetisch ansprechende Rundbau in Dessau, in dem dereinst einmal das Arbeitsamt untergebracht war. Es ist ein Rundbau, in dem man immer nur einen kurzen Wegeabschnitt überblicken kann, d. h. es ist ein Gebäude mit einem Hauch von Mystery, der darin besteht, dass man den gesamten Gang nicht überblicken kann. Im Unterschied dazu sind die langen Flure in den typischen Verwaltungsgebäuden ein Beispiel für fehlende Mystery, sie sind monoton und reizarm.

6.3 Immer fitter, immer schöner

Sie haben sich seit vielen Jahren nicht mehr gesehen. Während der Schulzeit waren sie eng befreundet gewesen, doch später trennten sich ihre Wege. Beide sind sehr gespannt aufeinander. Lena holt Lina zu dem verabredeten Treffen mit ihrem knallblauen Porsche ab, dann geht es in ein Cafe, in dem Lena einen Tisch am Fenster hat reservieren lassen. Lena war schon als Schülerin immer eine strahlende Erscheinung gewesen, stets chic angezogen, sehr hübsch und auch sehr selbstbewusst. Lina findet, dass Lena immer noch eine enorme Ausstrahlungskraft hat, sie ist extravagant gekleidet, doch eigentlich ist sie zu stark geschminkt. Lena bemerkt, dass sich Lina immer noch nicht geschmackvoll kleiden kann und dass der viel zu kurze Haarschnitt nicht zu ihrem schmalen Gesicht passt. Sie sieht damit noch blasser und dünner aus als sie es ohnehin schon ist. Offensichtlich sind sich beide – jetzt nur deutlich älter – doch irgendwie gleich geblieben.

Lena geht regelmäßig ins Kosmetik-Studio, was für sie selbstverständlich ist, denn in ihrem Beruf als Pressesprecherin eines großen Unternehmens muss sie immer tipptopp aussehen. Für Lina ist es dagegen nicht vorstellbar, dass sie sich dem Diktat des Perfektsein müssen beugen würde. Doch diese Gedanken behält sie für sich. Schließlich ist sie als Historikerin, die im Museum angestellt ist, Texte für Ausstellungskataloge schreibt, mit Museen aus aller Welt korrespondiert und Fachartikel verfasst, zweifellos weniger im Rampenlicht als Lena.

Nach dem Treffen, auf das sich beide sehr gefreut haben, sind sie enttäuscht, ohne dass sie es sich eingestehen mögen. Die einstmals enge Freundschaft lässt sich vermutlich nicht mehr wirklich wieder beleben. Lina hatte Lena stets bewundert, doch jetzt findet sie, dass Lena aufdringlich geschminkt wirkt. Lena sieht in Lina eine blasse etwas verhärmte Frau, die es offensichtlich aufgegeben hat, etwas aus sich zu machen. Doch weil sie sich an vergangene Zeiten erinnern, als sie einander sehr zugetan gewesen waren, wollen sie nicht so schnell „die Flinte ins Korn werfen". Vielleicht kommt ja bei einem zweiten Treffen ein bisschen von der früheren Vertrautheit wieder oder man kann einen Neuanfang machen. Ein Versuch ist es wert, denken beide, denn früher war es einmal sehr schön gewesen.

Zur Psychologie
Als sie sich nach langen Jahren ein erstes Mal treffen, haben Lina und Lena eine Vergangenheit vor Augen, in der sie eng befreundet waren. Der erste Eindruck von beiden, als sie sich wieder sehen, ist, dass sie irgendwie noch genauso sind wie in ihrer Schulzeit, denn ihre frühere Unterschiedlichkeit besteht immer noch, sie ist jedoch jetzt noch erheblich stärker ausgeprägt.

Beide finden, dass sie immer noch so sind, wie sie einmal waren und dass sie über die Zeit hinweg in ihren Wesenszügen gleich geblieben sind. In dieser Erfahrung drückt sich aus, was in der Psychologie als *diachrone* Ich-Identität bezeichnet wird: die Gewissheit, gestern, heute und morgen ein und dieselbe Person geblieben zu sein (Fuhrer, 2008).

Menschen sind sich sympathisch, wenn sie einander nahe und miteinander vertraut sind (Abschn. 2.1). Die Sympathie füreinander während der Schulzeit beruhte auf diesen zwei Faktoren: der unmittelbaren Nähe und der Vertrautheit. Man saß in der Klasse nebeneinander und erzählte sich alles, was einen gerade bewegte, bekümmerte und freute. Der dritte Sympathiefaktor: die wahrgenommene Ähnlichkeit, hatte bei ihnen nie eine Rolle gespielt. Die mangelnde Ähnlichkeit wurde durch räumliche Nähe und eine tiefe Vertrautheit kompensiert. Es war ein gegenseitiges Mögen, was für beide befriedigend war. Für Lena war es eine Bestätigung, dass sie begehrenswert war; Lina, deren Selbstwertgefühl weniger ausgeprägt war, profitierte davon, dass die von allen bewunderte Lena ihre Freundin war. Früher haben sie sich wie Yin und Yang ergänzt, heute, als voll im Berufsleben stehende Erwachsene, ist diese Ergänzung entbehrlich geworden. Sie spüren in erster Linie, wie verschieden sie eigentlich sind.

Nach der Schulzeit hatten sich ihre Wege getrennt. Lina wurde Historikerin und fand eine Stelle im Museum, Lena studierte Betriebswirtschaft und wurde Pressereferentin.

Lena ist voll auf die Linie der Selbstoptimierung eingeschwenkt und damit „auf der Höhe der Zeit", denn Selbstoptimierung ist eine der Leitideen der heutigen Gesellschaft (Röcke, 2021). Es reicht nicht mehr, so zu sein wie man ist, sondern es geht jetzt darum, immer fitter, schöner und leistungsfähiger zu werden. Man holt sich Rat durch Lesen von Ratgeberliteratur und Coaching, man greift zu Präparaten und Substanzen (Bodytuning), mit denen sich die körperliche und kognitive Leistung steigern lässt, man nutzt kosmetische Mittel zur Verbesserung des Aussehens (Bodystyling) und man setzt Technik ein, um sich selbst zu vermessen und zu korrigieren. Lena optimiert ihr Selbst durch Bodystyling. Ein Beispiel, wie Technik zur Steigerung der Fitness eingesetzt wird, hat Strüver (2018) geschildert. Es handelt sich um einen Lauf mit einem Fitnessarmband entlang mehrerer mit Sensoren ausgestatteten Stationen, an dessen Ende das Fitnessarmband Auskunft darüber gibt, wie schnell man gelaufen ist, wie viele Schritte es waren und wie viele Kalorien man dabei verbraucht hat.

Im Zuge der technologischen Entwicklung werde Mittel, die dem Menschen mehr Fitness bescheren, vermutlich immer mehr an Bedeutung gewinnen. Das Motto ist „Der Neue Mensch" (Bundeszentrale für politische Bildung, 2016). Fortschritte in den Wissenschaften und Biotechnologien ermöglichen weit reichende Eingriffe in den menschlichen Körper. Eingriffe, die in verbessernder Absicht stattfinden, sind Maßnahmen des „human enhancement" (enhancement: Steigerung, Verbesserung). Sie helfen, die eigene Begrenztheit zu überwinden, indem die körperlichen und die kognitiven Fähigkeiten gesteigert werden, das Immunsystem gestärkt und das aktive gesunde Leben verlängert wird. Enhancement verheißt, noch besser zu werden und noch mehr zu können und besser abzuschneiden als andere (Heilinger, 2016).

Selbstoptimierung ist kein neues Thema. Schon Sigmund Freud (1931) hatte in seiner Schrift „Das Unbehagen in der Kultur" darüber nachgedacht, inwieweit die Psychotherapie nicht über die Beseitigung von Defiziten hinausgeht und eine Optimierung anstrebt. Wie er schrieb, wird der Mensch mit allerlei Hilfsmitteln immer perfekter und den Göttern, die stets Kulturideale waren, immer ähnlicher. „Nun hat er sich der Erreichung dieses Ideals sehr angenähert, ist beinahe selbst ein Gott geworden. ... Nicht vollkommen, in einigen Stücken gar nicht, in anderen nur so halbwegs. Der Mensch ist sozusagen eine Art Prothesengott geworden, recht großartig, wenn er alle seine Hilfsorgane anlegt...Ferne Zeiten werden neue, wahrscheinlich unvorstellbare große Fortschritte auf diesem Gebiete der Kultur mit sich bringen, die Gottähnlichkeit noch weiter steigern" (S. 49 f.). Von Freud aus gesehen, ist die ferne Zeit heute. Auch wenn nicht mehr vom Streben nach einer Gottähnlichkeit die Rede ist, so ist der optimierte Mensch ein Thema von großer gesellschaftlicher und wirtschaftlicher Bedeutung geworden (Bundeszentrale für politische Bildung, 2016).

Freud hatte das voraus gesehen. Doch von der Computertechnologie, die neue Möglichkeiten der Selbstoptimierung eröffnet hat, konnte er noch nichts ahnen. „Computer technology has changed many things, but the most profound has been the ability to empower individuals to redefine themselves in a social environment, to hack into their personhood, their identity, and truly become who they want to be" (Stryker, 2012, S. 14). Von hier aus ist es nicht weit bis zur Cyborgisierung, der Verschmelzung von organischen und technischen Elementen, und schließlich auch zum Biohacking, dem Eingriff in das menschliche Erbgut.

Straub (2020) hat mit der Frage, inwieweit es in der Psychotherapie nicht nur um die Beseitigung von Störungen, sondern vielmehr um eine Optimierung des Menschen geht, an Freuds Überlegungen angeknüpft. Vieles spricht dafür: Vorstellungen von einer perfekten Lebensführung und vollendeten Glücks werden in manchen psychotherapeutischen Schulen als zentrales Ziel genannt. Anhand einiger exemplarischer Annoncen hat Straub belegt, dass nicht wenige psychotherapeutische Praxen mit der Behandlung von Leiden und Störungen nur noch am Rande etwas zu tun haben, sondern darauf abzielen, dass der Klient authentischer wird und die in ihm schlummernden Ressourcen entdeckt und nutzt. Von einer „Steigerungslogik" ist die Rede sowie einer „unbändigen" Selbstoptimierung, Perfektionierung und einer enormen Fitness.

Wie Heilinger (2016) feststellt, üben gesellschaftliche Leitbilder einen mehr oder weniger subtilen Druck auf den einzelnen aus, sich optimal zu präsentieren. Lena ist in ihrem Beruf dem Druck, perfekt und schön zu sein, stärker ausgesetzt als Lina, die ihr Erscheinungsbild nicht optimieren muss. Sie muss nicht mitmachen.

Eine eher seltene Reaktion auf den gesellschaftlichen Druck ist Reaktanz in Form eines Sich Hässlich machens. Es sind vor allem Künstler und Künstlerinnen, die den Freiraum nutzen, der ihnen als Kunstschaffenden zugestanden wird. Sie präsentieren sich auf ihren Selbstbildern z. B. als wild und unsozialisiert (Abb. 6.5) oder als alternder Mensch, der bald sterben wird (Abb. 6.6).

Reaktanz wird durch den Druck, sich in einer bestimmten Weise zu verhalten, ausgelöst (Stroebe, 2014). Menschen, die sich in ihrem Verhalten eingeengt fühlen, weil sie den Zwang sich zu optimieren spüren, lehnen sich auf. Statt ihr Erscheinungsbild zu optimieren, stellen sie sich bewusst als hässlich dar. Und statt dem Leitbild „Immer fitter, immer schöner" Folge zu leisten, wird ein „Immer weniger fit, immer weniger schön" zum Ausdruck gebracht. Die Künstlerin Hildegard Marion Böhme war 77 Jahre alt, als sie 1984 das „Stillleben mit zerstörtem Selbstbildnis" malte (Abb. 6.6). Es ist ein Gegenbild, das unmissverständlich die Grenzen der Selbstoptimierung aufzeigt.

Abb. 6.5 „Ich" (1996) von Angela Hampel (geb. 1956). (Aus der Sammlung Peter Engel, mit freundlicher Genehmigung des Sammlers)

Abb. 6.6 Stillleben mit zerstörtem Selbstbildnis (1984) von Hildegard Marion Böhme (1907–1993). (Aus der Sammlung Peter Engel, mit freundlicher Genehmigung des Sammlers)

6.4 Vom Lachen

Vielleicht noch nicht gleich auf den ersten Seiten, aber dann muss Ella irgendwann lauthals lachen über das, was Tom Wolfe in seinem Buch „Mit dem Bauhaus leben" geschrieben hat. Es ist eine Satire zum berühmten Bauhaus und über die „Stararchitekten" Walter Gropius und Mies Van der Rohe, die beide in den 1930er Jahren in die USA auswanderten. Sie liest: „Jede große Anwaltskanzlei in New York zieht ohne einen Mucks des Protests in eine Glas-Schachtel von Bürogebäuden mit Fußböden aus Betonplatten und 2,35 m hohen Decken aus Betonplatten und Verputzwänden und Pygmäen-Korridoren" (S. 8). Wolfe schildert das so, dass sich die Mitarbeiter in dem Büro in Wirklichkeit gar nicht wohl fühlen, sie können sich das aber nicht eingestehen. Ella fällt dazu das Märchen von Hans Christian Andersen „Des Kaisers neue Kleider" ein. Alle tun so, als ob der nackte Kaiser die schönsten Kleider anhat. Nur ein Kind ruft: „Der Kaiser hat ja gar nichts an". Kinder sind noch keinem Konformitätsdruck ausgesetzt und müssen nicht befürchten, als kulturlose Banausen dazu stehen, wenn sie sagen, was sie sehen. Die Mitarbeiter in der Anwaltskanzlei in dem Gebäude in New

York, das schließlich ein berühmter Architekt gebaut hat, trauen sich das nicht. Tom Wolfe verhält sich wie das Kind, indem er unverblümt das sagt, was Sache ist. Das hat durchaus Gewicht, denn Wolfe ist schließlich nicht irgendein missgünstiger Kritiker, der überall Hohn und Spott ausgießt, sondern ein kundiger Mensch, der weiß, wovon er redet und seine Texte auch noch mit Witz zu würzen versteht.

Die Freundin Alice ist eine Bauhaus-Verehrerin und als Kunsthistorikerin auch Expertin. Sie lehnt es entschieden ab, „Mit dem Bauhaus leben" zu lesen, denn sie meint, dass Wolfe darin bestimmt nicht sachlich argumentiert, was sie aber gar nicht erst prüft. Denn eine solche „Hetzschrift" muss man nicht zur Kenntnis nehmen. Der aggressive Witz des Autors, der einen zum Lachen bringt, ist in Alices Augen in erster Linie eine boshafte Polemik eines frustrierten Schriftstellers. Satire bereitet offensichtlich nicht allen Menschen Vergnügen. Manche lehnen das sogar strikt ab und können überhaupt nichts entdecken, über das man lachen kann.

Das ist auch der Grund, dass Ella bei dem gemeinsamen Ausflug mit Alice nach Frankfurt am Main allein ins Caricatura-Museum geht, während Alice derweil das Architekturmuseum besucht, in dem gerade die Ausstellung „Einfach Grün – Greening the City" läuft – ohne Zweifel ein wichtiges Thema, denn es kreist um Fragen der Ökologie und: Wie wir künftig leben wollen. Was sie denkt, aber nicht laut sagt, ist, dass die mit satirischen Kommentaren versehenen Cartoons im Caricatura-Museum weiter nichts sind als irgendwelche Grafiken, die in Bildern irgendetwas Komisches zum Ausdruck bringen sollen. Vom Ernst des Lebens und den drängenden gesellschaftlichen Fragen sind sie weit entfernt, findet Alice. Sie trennen sich für eine Weile. Jede geht ihren Interessen nach. Sie wollen sich später in einem Cafe in der neuen Altstadt Frankfurts treffen.

Das Museum für Komische Kunst in Frankfurt ist kein Ort der Stille und Ernsthaftigkeit – im Gegenteil: es ist hell in den Räumen und es darf lauthals gelacht werden. Auch hier ist zu spüren, wie deutlich sich die komische von der ernsthaften Kunst unterscheidet, die in ehrwürdigen und nicht selten geradezu einschüchternden Kunsthallen und dort in abgedunkelten, an heilige Hallen erinnernde Räume ausgestellt wird, in denen man ergriffen vor den Meisterwerken steht und ehrfürchtig schweigt.

Im ersten Stock im Caricatura-Museum wird in fünf Räumen eine Auswahl von Bildern und satirischen Sprüchen der Gründer der Neuen Frankfurter Schule präsentiert. Friedrich Carl Waechter hatte lakonisch festgestellt: „Zeichnen heißt das Schwarze im Auge auf einer weißen Fläche verteilen." Von Clodwig Poth stammt der Satz: „Die endgültige Teilung Deutschlands, das ist unser Auftrag". Robert Gernhardt ist, wie sie weiß, der Erfinder des Grüngürtel-Tiers, das im Grüngürtel der Stadt Frankfurt auf einem Brückenpfeiler sitzt, ein scheues Tier, das sich sonst nicht blicken lässt. Im nächsten Raum stößt man auf den Spruch von F. W. Bernstein: „Die schärfsten Kritiker der Elche waren früher selber welche". Kritiker sollten demnach sehr kritisch gesehen werden, denn es fragt sich, was sie zuvor gemacht haben und dabei womöglich Schiffbruch erlitten haben.

Ella bewundert die ungeheure Kreativität und die Fülle an Ideen und deren gekonnte Verbildlichung. Die angebliche Chancengleichheit wird zum Witz, wenn die individuellen Fähigkeiten und Fertigkeiten so unterschiedlich sind, dass von gleichen Startchancen überhaupt nicht die Rede sein kann. Das drückt ein Cartoon aus, auf dem ein Schiedsrichter und unterschiedliche Tiere, vom Affen bis zum Elefanten, aufgereiht an einer Startlinie stehen. Die Tiere sollen auf das „Achtung fertig los" des Schiedsrichters so schnell sie können auf einen Baum hinauf klettern. Sehr gelungen, findet sie: Chancengleichheit klingt nach Gerechtigkeit, es hört sich gut an. Doch weil die Voraussetzungen ganz unterschiedlich sind, ist es mit der vermeintlichen Chancengleichheit nicht weit her. Sie findet, dass ein Cartoon das viel besser und zugespitzter ausdrücken kann als ein reiner Text.

Beschwingt und froh gestimmt begibt sie sich wie verabredet ins Cafe, in dem Alice bereits vor einer Tasse Cappuccino sitzt. Alice erzählt gleich von ihrem Besuch im Architekturmuseum, der ihr die Augen so richtig geöffnet hat, denn ihr ist klar geworden, dass Städte nicht allein aus ökologischen Gründen begrünt werden sollten.

Ella hört aufmerksam zu, denn schließlich soll auch Alice zuhören, wenn sie mit Erzählen dran ist. Ella will ihr unbedingt berichten, welche Bilder und Kommentare sie besonders „angemacht" haben und dass sie die witzigen Verse und Cartoons von Robert Gernhardt spitzenmäßig gefunden hat (Abb. 6.7). Er scheint ein großer Katzenliebhaber gewesen zu sein, denn Katzen sind ziemlich oft auf seinen Cartoons zu sehen. Das Grüngürteltier spielt bei ihm nur eine Nebenrolle. Doch Alice findet das alles gar nicht lustig.

Ella versucht, Alice zum Lachen zu bringen, indem sie einen Witz erzählt: Zwei Katzen schauen auf einen Vogelkäfig. „Das ist kein Kanarienvogel", sagt die erste Katze. „Er ist grün". „Man weiß nie, antwortet die zweite. „Möglicherweise ist er noch nicht reif"[3]. Alices Reaktion ist ein gequältes Lächeln. Es hat keinen Zweck. Sie ist eben kein Typ, der mit Witzen und Comics und satirischen „Machwerken" etwas anfangen kann.

---

[3] Aus dem Kalender „Jokes and More", Kalenderblatt vom 23.2.2021.

Zur Psychologie

Ob komisch oder nicht, allgemein gilt: „Kunst ist Kommunikation mittels Dingen, die über ihre technischen und materiellen Eigenschaften hinaus etwas bedeuten. ... Kunst besteht aus mitteilsamen Objekten" (Kaube, 2019, S. 103). Cartoons teilen etwas mit, was einen zum Lachen bringt und zwar auch dann, wenn es um eine ernste Angelegenheit geht. Der Cartoon von Robert Gernhardt (Abb. 6.7) berichtet vom Ende der DDR. Aus dem Vaterland wird ein Katerland, aus Sozialismus Miezialismus, aus Modrow wird Miaudrow und aus Gysi wird Miezy. Und dann heißt auch noch eine der das Geschehen kommentierenden, auf der Mauer sitzenden Katzen Margot. Das Ende der DDR war ein politisches Ereignis; eigentlich gibt es hier nichts zu lachen. Diese Diskrepanz weist bereits auf einen wichtigen Aspekt hin: Etwas Ernstes wird so präsentiert, dass man es von einer höheren Warte aus sieht und damit durchschaut.

Viele Menschen lachen nicht nur über Cartoons und Witze, sondern auch über die Schilderungen von Tom Wolfe über das Bauhaus. Man lacht offensichtlich über ganz Verschiedenes und aus unterschiedlichen Gründen. Doch warum wird überhaupt gelacht?

Abb. 6.7 Deutschland einig Katerland von Robert Gernhardt. (Mit freundlicher Genehmigung von Almut Gehebe-Gernhardt)

Theoretische Ansätze, um das Phänomen des Lachens sowie die Empfänglichkeit für Komik und die Lachbereitschaft zu erklären, stammen aus der Philosophie, der Psychoanalyse und der Psychologie.

Der Mensch lacht oder er lacht bewusst nicht. Bachmaier (2005) spricht von verschiedenen „Lachkulturen". In einem der Gesänge der Ilias des Homer bricht Zeus in Lachen aus, als er von seiner olympischen Höhe aus dem Zank und Kampf der anderen Götter zuschaut. Durch sein Lachen verwandelt er die titanische Situation des Kampfes in eine belustigende Begebenheit. Zeus lacht nicht nur über die anderen Götter, sondern zugleich über sich selbst, denn er gehört schließlich ebenfalls zum Göttergeschlecht. Es ist nach Ansicht von Bachmaier ein Grenzen überschreitendes Lachen. Anders ist die Situation jedoch bei dem christlichen Gott, hier ist eine Grenzüberschreitung undenkbar, denn der eine Gott ist unendlich und grenzenlos. Lachen in Kirchen und Klöstern kann sogar verboten sein. Die christliche Kultur ist, wie Bachmaier feststellt, keine „Lachkultur". Ähnlich verhält es sich mit der komischen und der ernsten Kunst. Wenn man über Cartoons lacht, lacht man zugleich über sich selbst sowie die Gesellschaft, der man angehört. In der ernsten Kunst gibt es dagegen nichts zu lachen.

Der Philosoph Kant hat 1790 in seiner „Kritik der Urteilskraft" das Lachen als einen Affekt beschrieben, der aus einer getäuschten Erwartung im Sinne von „das Lachen ist ein Affekt aus der plötzlichen Verwandlung einer gespannten Erwartung in nichts" entsteht. Kant hat vermutet, dass Lachen und Vergnügen körperliche Empfindungen auslösen und gesundheitsfördernd wirken. In allem, was Lachen erregen soll, muss etwas Widersinniges enthalten sein, was, wie Kant meinte, dem Verstand gar nicht gefallen würde. Er könnte sogar dem Lachen im Wege stehen. Kant hat das Lachen positiv konnotiert: Der Himmel hat dem Menschen als Gegengewicht zu den vielen Mühseligkeiten des Lebens drei Dinge gegeben: die Hoffnung, den Schlaf und das Lachen. Wer lacht, bewältigt Stress leichter und kann dem Leben trotz aller Widrigkeiten etwas abgewinnen (Lehmann, 1963).

Was sagt die Psychologie zu dem Kant'schen Modell: Das Lachen ist ein Affekt aus der plötzlichen Verwandlung einer gespannten Erwartung in nichts? Sie hat das Konzept des Aktivierungszirkels zu bieten: Das Angespannt sein wird als lustvoll erlebt, weil man weiß, dass unmittelbar darauf eine Entspannung folgen wird. Den Aktivierungszirkel hat Heckhausen (1964) als Wechsel zwischen Spannung und Lösung definiert. Er ist ein zentrales Merkmal des Kinderspiels, welches das Spiel in gang hält. Der Wechsel zwischen Spannung und Entspannung wird als lustvoll erlebt, was z. B. daran zu erkennen ist, dass das Kind immer wieder nach einem „Noch mal" verlangt. Der Wechsel zwischen Anspannung und nachlassender Spannung ist ein wichtiges Motivationsprinzip nicht nur im Kinderspiel und auch nicht nur im Kindesalter. In jedem Alter ist Lachen Ausdruck einer sich auflösenden Spannung.

Mit Blick auf die Erkenntnis von Kant, dass der Verstand dem Lachen sogar im Wege stehen könnte, versteht Ella jetzt, warum Alice über Witze nicht lachen kann und mit komischer Kunst nichts anzufangen weiß: sie lässt sich nicht von Affekten hinreißen, weil ihr Verstand das blockiert.

Eine psychoanalytische Erklärung stammt von Sigmund Freud (1905), der sich eingehend mit dem Witz und dem Komischen befasst hat. Witz und Komik bescheren dem Menschen wegen der psychischen Aufwandsersparnis einen Lustgewinn. Diese Ersparnis kommt dadurch zustande, dass der Witz ein von außen gesetztes gesellschaftliches oder kulturelles Hindernis oder eine innere Hemmung überwindet. Das Lachen ist hier ein befreiendes Lachen, das vom Verdrängungsdruck befreit.

Nach Freud beruht die Lust, die der Witz bereitet, auf einem ersparten Hemmungsaufwand. „Vom Witz wissen wir, dass nicht fremde Personen, sondern die eigenen Denkvorgänge die Quellen der zu fördernden Lust in sich bergen" (S. 193 f.). Das Lachen, das vom Verdrängungsdruck befreit, ist aber nur die eine Seite der Medaille. Denn es gibt auch das Auslachen, bei dem Grenzen fixiert werden: Dem Ausgelachten wird klar gemacht, dass er dort zu bleiben hat, wo er sich befindet. Man setzt den anderen herab, verlacht und verspottet ihn, um sich selbst zu erhöhen und die eigene Machtposition zu bestätigen und zu stärken (Abschn. 2.7 und 2.4). Es gibt ein Gegenüber, das man auslachen und komisch machen kann. Zu den Mitteln, die zum Komisch machen eingesetzt werden, gehören ein Nachahmen (Nachäffen) und übermäßig gesteigerte Ausdrucksbewegungen. Das Komische, das an einem anderen gefunden wird, ist das Ergebnis eines Vergleichs zwischen ihm und einem selbst. Das Lachen ist der Ausdruck einer lustvoll empfundenen Überlegenheit. Komisch ist das berühmte Komikerpaar Stan Laurel und Oliver Hardy, das in zahlreichen Filmen als Dick und Doof zu sehen war. Man lacht und fühlt sich haushoch überlegen, denn man ist weder dick noch doof. Und auch, wenn Tom Wolfe die Bauten der Bauhaus-Architekten beschreibt, ist das Lachen darüber im Grunde ein Auslachen. Man fühlt sich überlegen, denn man weiß Bescheid, dass die Bauten doch nicht so großartig sind wie behauptet wird. Stellt sich jedoch bei dem Vergleich heraus, dass das Gegenüber überlegen ist, gibt es keinen Grund zum Lachen. Eine Erklärung, warum die Freundin Alice über komische Kunst nicht lachen kann, wäre hier, dass sie die Erfahrung gemacht hat, dass sie nicht überlegen ist. Möglicherweise ist ihr Selbstwertgefühl gering, sodass sie sich leicht unterlegen fühlt.

Man lacht auch aus einem weiteren Grund: die komische Situation steht im Kontrast zum Alltag. Starres wie ein unbeweglicher Gesichtsausdruck, Eckiges und Mechanisches wird als komisch erlebt. Automatismus, Wiederholung und Erstarrung sowie auch übertriebene Gestik wie bei Monsieur Hulot in den Filmen von Jacques Tati sind komisch, weil sie im normalen Leben nicht vorkommen.

Ella und Alice haben unterschiedliche Interessen. Die eine geht ins Caricatura-Museum, die andere in eine Ausstellung über Green Cities. Interesse (inter esse = dazwischen sein) ist eine Beziehung zwischen einem Menschen und einer Sache, von der es abhängt, wie viel Aufmerksamkeit einer Sache gewidmet wird. Diese ist dann interessant, wenn sie dazu motiviert, sich näher damit zu befassen (Stangl, 2021). Vieles spricht dafür, dass die Entwicklung verschiedener Interessenrichtungen, darunter auch das Interesse an komischer oder ernster Kunst, eng mit den Erfahrungen in der Kindheit zusammen hängt (Oerter, 1977). Je nach der Umwelt, in der sie aufwachsen, machen Kinder und Jugendliche unterschiedliche Erfahrungen nicht nur mit der Natur (Abschn. 4.3), sondern auch mit der Musik, Literatur und der ernsten und komischen Kunst – eine Weichenstellung für die Entstehung von Interessen.

6.5 Mutige Architektur?

Es sind Herbstferien. Wir sind mit unserem kleinen Bus in Frankreich unterwegs. Der Campingplatz, den wir am Abend aufsuchen, ist günstig gelegen. Es ist weitläufig und sehr gepflegt und so weit von der Autobahn entfernt, dass man deren Lärm nicht hört. Ein bestens geeigneter Ort, um sich von der weiten Anfahrt zu erholen und den Ablauf des morgigen Tages zu planen. Wir wollen uns morgen Bauwerke des spanischen Architekten Ricardo Bofill ansehen, zuerst in der Großwohnsiedlung Marne-la-Vallee und dann in Les Arcades du Lac. Am nächsten Morgen ist es zunächst noch etwas neblig, doch dann wird es ein sonniger Herbsttag, ideal zum Reisen und Fotografieren. Es ist Jagdzeit in Frankreich. Man sieht viele Leute mit Flinten und Hunden auf den Feldern. Es wirkt wie ein Relikt aus der Zeit der Jäger und Sammler, als sich die Männer als Jäger betätigten und die Frauen Beeren sammelten.

Am späten Vormittag sind wir in Marne-la-Vallee. Hier ist die nahe gelegene Autobahn nicht zu überhören. Das Gebäude-Ensemble von Bofill, das im Zeitraum 1978 bis 1983 gebaut wurde, ist sofort zu erkennen. Man sieht auf einen Blick, dass es nicht die übliche Architektur einer Großwohnsiedlung ist. Die Idee des Architekten war, ein „Versailles fürs Volk" zu schaffen. Das prächtige königliche Schloss Versailles, eine riesige Palastanlage, ist nicht weit entfernt, was ihn wohl auf die Idee gebracht hat, den weniger begüterten Menschen das Gefühl zu geben, dass auch sie „fürstlich" wohnen. Wir sehen drei hohe Gebäude: das halbkreisförmige Theater, den Torbogen und den Palast (Abb. 6.8).

Doch der Eindruck, den wir bekommen, ist ein ganz anderer. Von einem fürstlichen Wohnen kann hier nicht die Rede sein. Wir sehen eine steinerne graue Welt, in der es keine grüne Natur, sondern viel versiegelte asphaltierte Flächen gibt. Man blickt auf Tiefgaragen, viel Müll und streunende Hunde. Wir erinnern uns, dass zum Schloss Versailles eine große gepflegte Gartenanlage gehört.

Abb. 6.8 Torbogen in Marne-la-Vallee. (Eigenes Foto)

Dass hinter den Fassaden der Gebäude von Bofill gewohnt wird, sieht man an einigen wenigen Blumenkästen vor den kleinen Fenstern im Torbogen. Balkone gibt es nirgendwo. Irgendwo weint ein Kind. Doch Kinder, die draußen spielen, sind nicht zu sehen. Trotz des schönen Herbsttages sind nur wenige Menschen draußen. Wir sehen einen Koreaner, der vor dem Theater, das ihm als Kulisse zu dienen scheint, mit einem imaginären Gegner kämpft. Eine Schwarze, schwer behängt mit Einkaufstaschen, schlurft vorbei. Eine unwirtliche und trostlose Welt insgesamt. Die Diskrepanz zwischen der Palastanlage in Versailles und dem Palast samt Torbogen und Theater in der Großwohnsiedlung könnte nicht größer sein. Es sind zutiefst negative Eindrücke. Der hier eigentlich geplante Spaziergang wird kurzerhand gestrichen.

Bis Les Arcades du Lac ist es nicht weit. Hier hat Bofill offensichtlich an den menschlichen Maßstab und nicht an Versailles gedacht. Denn alles Pompöse fehlt hier. Die Häuser, ausgestattet mit Balkonen, sind nicht höher als vier Stockwerke. Es sind viele Kinder draußen, die Ball spielen, Rad fahren, Rollschuh laufen, im Sandkasten werkeln. Es gibt einen großen öffentlichen Platz, auf dem Leute flanieren, auf den Bänken sitzen und miteinander reden. Der Kontrast zwischen dem Wohnen in Marne-la-Vallee und Les Arcade du Lac ist gewaltig. Wer Glück hat, wohnt an der richtigen Stelle.

Wir fahren weiter in südliche Richtung durch ländliche Gegenden. Wir sehen einen Ballonfahrer, der die Heißluft so dosiert, dass der Ballon auf immer gleicher Höhe durch die Luft schwebt. Die Kühe auf der Weide scheinen sich zu wundern, einige beginnen in die Richtung, in die der Ballon fliegt, zu laufen. In einer kleinen Stadt an der Seine machen wir eine Pause in einem Bistro und reden über unsere Eindrücke. Ist eine Bauweise, die vom Gewohnten abweicht, *mutige* Architektur oder doch nur eine formal-ästhetische Angelegenheit, bei der man sich um die Bedürfnisse der Bewohner nicht schert? Ist es womöglich sogar eine *zynische* Architektur, wenn man ihnen vorgaukelt, dass sie fürstlich wohnen, was aber offenkundig überhaupt nicht stimmt?

Wir machen dann einen Rundgang, bei dem wir uns die prächtige gotische Kathedrale auch von innen und dann die Fachwerkhäuser auf dem Marktplatz und in den Seitengassen ansehen. Die Kathedrale überragt die Stadt. Sie ist weithin sichtbar.

Zur Psychologie
Ist die Architektur von Ricardo Bofill in Marne-la-Vallee mutig? Mutig ist, wer etwas macht, obwohl dessen Ausgang unsicher ist. Man geht ein Risiko

ein und lässt sich darauf ein, Verluste finanzieller, gesundheitlicher oder psychologischer Natur zu erleiden (Pfister & Böhm, 2005). Ein Bauwerk kann zusammenbrechen oder es wird abgelehnt und nicht genutzt, weil es unzweckmäßig ist oder weil man es hässlich findet. Damit das Risiko, das so etwas passiert, möglichst gering ist, müssen Bauwerke, was im übrigen schon Vitruv, der berühmte Baumeister der Antike, formuliert hatte, drei Anforderungen erfüllen:

- Sie müssen stabil und haltbar sein
- Sie müssen funktional sein
- Sie müssen ästhetisch ansprechend sein.

Mutige Architektur wäre demnach ein Bauwerk, bei dem nicht sicher ist, ob es das leistet, was man sich davon versprochen hat. Ist es haltbar? Ist es funktional? Und sieht es schön aus? Was die Haltbarkeit und Stabilität betrifft, muss jedes Risiko ausgeschlossen werden. Mut ist hier nicht gefragt. Mutige Architektur meint vor allem ein neuartiges Gestalten. Andersartige Architekturformen lassen sich mithilfe von Computerprogrammen, die längst auch deren Machbarkeit und Stabilität prüfen, virtuell ausprobieren. Wenn sicher gestellt ist, dass das entworfene Bauwerk haltbar und zweckmäßig ist und sein Aussehen wohl nicht auf Ablehnung stoßen, sondern sogar gewünscht wird, ist es keine mutige Architektur mehr. Mutig wäre der Architekt, der nach neuen Formen sucht und dabei in Kauf nimmt, dass diese nicht akzeptiert werden, was aus unterschiedlichen Gründen der Fall sein kann. Es stellt sich zum Beispiel heraus, dass manche Räume, das Treppenhaus oder das Gebäude insgesamt dysfunktional sind oder dass es nicht in die Umgebung passt oder dass dessen Aussehen missfällt.

Wenn ein Misserfolg sehr wahrscheinlich ist, spricht man nicht mehr von Mut sondern von Unvernunft, Fahrlässigkeit, Leichtsinn, Größenwahn oder schlichtweg von mangelnder Kompetenz.

Das Gebäude-Ensemble in Marne-la-Vallée von Bofill zeichnet sich durch ein ungewöhnliches Erscheinungsbild aus. Die hier wohnenden Menschen müssen es akzeptieren, weil sie keine andere Wahl haben. Dass die Gebäude ungenutzt bleiben, ist also nicht zu befürchten. Die Frage der Akzeptanz stellt sich hier überhaupt nicht, denn die Bewohner sind keine Könige, die die Macht haben, etwas ablehnen zu können. Ihr Handlungsspielraum ist gering. Aus diesem Grund sind die Gebäude von Bofill in einer Großwohnsiedlung, in der überwiegend ärmere Menschen wohnen, keine mutige, sondern eher eine zynische Architektur. Die Begründung für diese Beurteilung liefert das Konzept des Social Design (Sommer, 1983). Es bezeichnet eine Gestaltung von Dingen und Umwelten, die auf die Bedürfnisse der Nutzer bezogen ist. Das Gegenteil hat Sommer als formalistisch-ästhetisches Design bezeichnet. Bei diesem wird nicht danach gefragt, ob das Bauwerk mit den Bedürfnissen und Motiven der Nutzer übereinstimmt. In erster Linie geht es um eine kunstvolle Gestaltung und ein besonderes Erscheinungsbild. „Bedürfnisgerecht" bezieht sich vor allem auf die Befriedigung der sozialen Bedürfnisse nach Kontakt, Kommunikation und Zugehörigkeit.

Das Bofill'sche Gebäude-Ensemble mitsamt der unmittelbaren Umgebung ist kein Social Design, denn es fehlen die Räume, in denen man Kontakt aufnehmen, mit anderen kommunizieren und das Gefühl von Zugehörigkeit zu einer Gemeinschaft entwickeln kann. Es gibt keinen Zwischenraum zwischen Wohnung und öffentlichem Raum, der als sozialer Raum geeignet wäre, in dem man sich begegnet, kennen lernt und in dem sich nachbarliche Beziehungen heraus bilden können.

Ein Beispiel dafür, dass sich formalistisch-ästhetische und bedürfnisgerechte Gestaltungen nicht ausschließen müssen, ist das von Aldo Rossi gestaltete Quartier Schützenstraße in Berlin-Mitte, das zwischen 1994 bis 1998 errichtet wurde. Der auffallend bunte Gebäudekomplex mit einem Zitat aus der Renaissance: der Hoffassade des Palazzo Farnese in Rom, umfasst vier Innenhöfe. Es gibt darin ein Cafe, in dem man abseits des Verkehrslärms entspannt sitzen kann. Innenhöfe und Cafe sind soziale Räume.

Es ist zynisch, wenn ein Gebäude als Palast bezeichnet und von einem Versailles fürs Volk gesprochen wird, wenn es sich gegenteilig verhält. Ein Palast, in dem Fürsten und Könige wohnen, wäre von einem Park mit Bäumen und Alleen und nicht von baumlosen Asphaltflächen umgeben. Von einer Autobahn würde man nichts hören. Und man würde dort keine Bewohnerin sehen, die unter der Last der schweren Einkaufstaschen, die sie schleppt, fast zusammen bricht. Die Diskrepanz zwischen der Botschaft: Es soll ein Versailles fürs Volk sein, und der tatsächlichen Situation springt ins Auge.

Ganz anders wirkt der Ort Les Arcades du Lac, in dem es keine ungewöhnlichen Bauwerke gibt, die man wegen ihres auffallenden Aussehens in die Kategorie „mutige Architektur" einsortieren würde. Hier besteht kein Mangel an sozialen Orten.

Es gibt indessen Bereiche, wo neuartige architektonische Formen angebracht sind. Es sind die *Nicht*-Wohnumwelten. Ein Gebäude im städtischen Kontext, das nicht dem Wohnen dient, muss den Nutzern wie z. B. Konzert- oder Museumsbesuchern keine Gelegenheiten bieten, es zu modifizieren und auszugestalten. Es hat andere Funktionen, und es kann eine Landmarke, ein repräsentatives Strukturelement in einer Stadt, sein. Ein Beispiel ist das von Frank Gehry gebaute Guggenheim-Museum in Bilbao, das der Stadt weltweite Bekanntheit und viele Touristen beschert hat. Es gehört zu den bekanntesten Landmarken.

Bekannt – wenn auch nicht weltweit – ist auch die Architektur von Friedrich Hundertwasser, die wegen ihrer andersartigen Gestaltung sofort auffällt. Zu beobachten ist hier, dass sich deren Bewertung im Laufe der Zeit ändert. Eine anfängliche Ablehnung verwandelt sich in Akzeptanz und Zustimmung.

Das Gebäude-Ensemble von Bofill in Marne-la-Vallee ist zwar ein Strukturmerkmal innerhalb der Großwohnsiedlung. Doch mit Blick auf die Wohnumfeldgestaltung ist es kein Social design, denn es fehlen anders als in Les Arcades du Lac die sozialen Räume.

Auch Kirchen und Kathedralen, die sich hoch über der Stadt erheben, sind bedeutende Landmarken. Es sind keine sozialen, sondern spirituelle Orte. Diese Kirchenbauten überschreiten den menschlichen Maßstab bei weitem. Den Eindruck, im Verhältnis zur ihn umgebenden Umwelt klein und nichtig zu sein, hat der Mensch nicht, wenn er sich mit dem ihn überragenden Bauwerken identifiziert und sich als Teil davon erlebt. Die hohen Kirchenräume, wie man sie vor allem in den großen gotischen Kathedralen findet, werden nicht als erdrückend und übermächtig erlebt, wenn man sich als Teil eines übergreifenden Ganzen empfindet. Das Gefühl, mit der Umwelt zu einer größeren Einheit zu verschmelzen, weist in den Bereich transzendenter Erfahrungen, die Williams und Harvey (2001) folgendermaßen beschrieben haben:

- ein starker emotional positiver Effekt,
- das Gefühl, die Grenzen des Alltags zu überschreiten,
- sich als Teil eines Großen und Ganzen fühlen,
- ein Versenken im Hier und Jetzt,
- ein Gefühl von Zeitlosigkeit.

Die Kathedrale repräsentiert das übergreifende Ganze. Sie hat eine spirituelle Funktion.

In der *Wohn*bauarchitektur spricht nichts gegen eine mutige Architektur im Sinne des Ausprobierens neuer Gestaltungsformen, wenn darüber nicht der Leitgedanke des Social design verloren geht.

7

Was tun?

Häufige Belastungsfaktoren (Stressoren) im Alltagsleben sind Lärm, Luftverschmutzung, Beengtheit und fehlende grüne Natur. Es sind *ambiente* Stressoren, die von allen Seiten einwirken. Extrem belastend ist Fluglärm, gegen den man sich am wenigsten abschirmen kann. Wie der Lärmexperte Guski (2013) schreibt, entstehen beim Luftverkehr vor allem aerodynamische Geräusche, die zustande kommen, wenn Luft mit großer Kraft verwirbelt wird. Wenn der Luftstrom das Triebwerk verlässt, hat er eine hohe Energie und trifft auf die stehende Luft der Umgebung, verwirbelt sie und erzeugt so hohe Schallpegel.

Menschen reagieren auf Belastungen aus der Umwelt mit Stress (Schönpflug, 1996; Greitemeyer et al., 2005). Wenn es nicht gelingt, die Stressoren zu beseitigen, ihnen zu entkommen oder ihre Wirkung zu verringern, verstärkt sich der Stress. Besteht keine Aussicht, dass sich etwas ändert oder ändern lässt, wird daraus chronischer Stress. Panikattacken, Angstzustände, Apathie, sozialer Rückzug, starke Erregung, negative Gestimmtheit, Depressionen, Alpträume, Schlafstörungen, Phobien und Erschöpfung sind symptomatisch für unbewältigten Stress. Es sind Zeichen, dass das Stressverarbeitungssystem versagt, dessen Funktion es ist, den Organismus über die Ausschüttung von Stresshormonen zur Bewältigung körperlicher und psychischer Belastungen und Herausforderungen zu befähigen. Wie ausgeprägt die Widerstandsfähigkeit bzw. Stress-Resilienz ist, wie rasch potenzielle Bedrohungen erkannt und Körper und Gehirn aktiviert werden können und wie schnell das Stressverarbeitungssystem die Erregung wieder herunterfahren kann, ist individuell unterschiedlich (Roth, 2021).

Extrem belastend sind Naturkatastrophen wie Erdbeben, Erdrutsche, Überschwemmungen, Vulkanausbrüche, schwere technische Unfälle und Pandemien. Deren Folgen kann ein einzelner Mensch allein nicht mehr bewältigen. Fachleute suchen nach Lösungen, um solche unheilvollen Ereignisse beherrschbarer oder unwahrscheinlicher zu machen. Technik basierte Lösungsansätze machen jedoch den Menschen immer technikabhängiger und dadurch womöglich noch verwundbarer, weil die Technik mit zunehmender Komplexität störanfälliger wird und weil die Folgen technischer Unfälle für viele Menschen kaum noch begreifbar sind.

Zwar können auch die Folgen individuellen Verhaltens in eine Katastrophe münden wie z. B. eine Expedition auf die höchsten Gipfel der Welt, bei der eine Lawine die Expeditionsteilnehmer in die Tiefe reißt. Naturkatastrophen und technische Unfälle betreffen dagegen viele Menschen.

Was kann der einzelne Mensch tun, wenn eine Katastrophe herein bricht?

- Er versucht zu entkommen.
- Er gibt auf und versinkt in einer Haltung der Hilflosigkeit.
- Er igelt sich ein in der Hoffnung, dass die Katastrophe an ihm vorüber zieht.

Wie man sich verhält, hängt von dem Ausmaß und der Wucht der Katastrophe sowie den vorhandenen Fluchtmöglichkeiten und den verfügbaren Schutzräumen ab.

Kann man nicht erklären, wie ein Tod bringendes Virus in die Welt gelangt ist oder warum ein völlig intaktes Flugzeug abgestürzt ist und findet man keine Antwort auf die Frage: „Was tun?", behilft man sich mit „Causal Stories", d. h. Vermutungen, wie etwas zusammenhängen könnte. „Causal stories move situations intellectually from the realm of fate to the realm of human agency" (Stone, 1989, S. 283). Mithilfe solcher Geschichten werden Geschehnisse in den Bereich des Machbaren verlagert, sie werden subjektiv kontrollierbar. „Actors seeking to define a problem attempt to push the interpretation of a bad condition out of the realm of accident and into the realm of human control" (Stone, 1989, S. 299).

Die drei folgenden Geschichten befassen sich mit gewaltigen Katastrophen, die weit über stressige alltägliche Ärgernisse (daily hassles) und ambiente Stressoren wie Lärm und Beengtheit hinausgehen. Es geht um einen technischen Unfall, um ein zunehmend lebensfeindlicher werdendes Klima und um den Versuch, eine Pandemie einzudämmen. Angesichts solcher Katastrophen ist ein „Weiter leben wie bisher" kaum mehr möglich.

7.1 Hybris

Es muss etwas Furchtbares passiert sein. Während eines längeren Spaziergangs bei herrlichem frühlinghaftem Wetter haben sie plötzlich den Eindruck eines merkwürdigen, durchaus bedrohlichen Stillstands. Er ist körperlich zu spüren. Irgendetwas ist anders als sonst. Die Vögel verstummen, das Licht ist gleißend, die Luft knistert regelrecht. Später erfahren sie, dass tatsächlich etwas Schlimmes geschehen ist: Ein großes Kernkraftwerk ist explodiert. Man hat die Katastrophe nicht mehr stoppen können. Das ukrainische Atomkraftwerk Tschernobyl ist zwar weit entfernt, doch da die Auswirkungen der Explosion körperlich spürbar gewesen sind, muss es ein GAU (Größter Anzunehmender Unfall) gewesen sein.

Sie erinnert sich an diesen Spaziergang, als die Kirchengemeinde, in dessen Chor sie singt, Kinder aus der Umgebung von Tschernobyl in ein von der Kirche organisiertes Ferienlager einlädt. In der Bibliothek der Kirchengemeinde liegt ein Buch aus, in dem der Unfall und die Spuren, die er hinterlassen hat, dokumentiert sind. Die Bilder stammen von dem Fotografen Gerd Ludwig, der mehrmals nach Tschernobyl gereist ist (Ludwig, 2014). Das erste Mal war er sieben Jahre nach der Katastrophe am Ort des Geschehens. Er durfte Arbeiter begleiten, deren Aufgabe es war, die unmittelbar in der Nähe gelegene Stadt Prypjat – inzwischen eine Geisterstadt – abzusichern, was nur mit besonderer Schutzkleidung und nur für maximal 15 min pro Tag erlaubt war. Es gibt mehrere Fotos der Hülle aus einer Beton- und Stahlverkleidung, die man über den hochradioaktiven Resten des zerstörten Reaktors errichtet hat, die inzwischen Risse aufweist, sodass ein neuer Schutzmantel erforderlich geworden ist. Auf den großformatigen Bildern sind die Verwüstungen bis ins Kleinste zu erkennen. Man sieht, wie Gras über das Geschehene wächst und wie die Natur schließlich alles überwuchern wird. Am Ende wird es, wie der Fotograf schreibt, die Natur sein, die den Unfall dem Vergessen anheim gibt. In dem nur drei Kilometer vom Reaktor entfernten Prypjat hatten die im Kernkraftwerk Tätigen mit ihren Familien gewohnt. Sie wurden nach dem Unfall evakuiert. Manche und zwar vor allem die Älteren sind nach einiger Zeit trotz der radioaktiven Verseuchung wieder zurückgekehrt.

Inzwischen dürfen auch Touristen kommen, was sie auch zahlreich tun: „Die Geisterstadt Prypjat ist für Besucher aus aller Welt eine fesselnde Attraktion" (Ludwig, 2014, S. 21).

Immer wieder hat Ludwig Gasmasken fotografiert, die dadurch zu einem Symbol radioaktiver Verseuchung sowie allgemein der Gefährlichkeit nuklearer Energie geworden sind. Symbolcharakter haben auch die kaputten Puppen in einem Kindergarten, der von den Touristen besucht werden darf, für die diese Puppen ein beliebtes Fotomotiv sind. Auf einem der Fotos im Innern des Reaktor sieht man eine Uhr an der zerbröckelnden Wand, die am 26. April 1986 nachts um 1:23:58 für immer stehen geblieben ist. Man kann so den Beginn der Katastrophe exakt bestimmen.

In seinem Kommentar spricht Ludwig von einer Wanderung durch eine Geisterwelt, in der er Angst und Grausen erlebte, was die Fotos ahnen lassen.

Es fällt schwer, die Bilder anzusehen. Am liebsten würde sie das Buch gleich wieder zurücklegen und alle Gedanken verscheuchen, die an diese Apokalypse erinnern. Niemand konnte den unheilvollen Prozess stoppen. Ihr fällt die Ballade vom Zauberlehrling von Goethe ein. In Tschernobyl waren die Mitarbeiter im Atomkraftwerk davon überzeugt, dass sie die Atomkraft kontrollieren können ähnlich wie der Lehrling in der Ballade, der geglaubt hatte, die bösen Geister nach seinem Wunsch und Willen lenken zu können. Der Lehrling merkt ziemlich schnell, dass ihm die Sache total entgleitet. Die Katastrophe ist unausweichlich, sofern nicht der Meister erscheint, der das unheilvolle Geschehen beenden kann. In Tschernobyl ist der mächtige Meister ausgeblieben. Er hat auch nicht kommen können, denn es gab ihn nicht.

Die katastrophalen Folgen blieben nicht auf den Ort der Katastrophe und auch nicht nur auf einen kurzen Zeitraum beschränkt. Die hochradioaktive Strahlung breitete sich über andere Länder aus und kontaminierte die Böden. Nirgendwo sonst wurde so deutlich, dass Technik nicht nur eine produktive sondern auch eine zerstörerische Kraft in sich birgt, wenn sie nicht mehr kontrolliert werden kann. Doch nun ein Perspektivwechsel: Bald beginnen die Sommerferien. Alles ist organisiert: Die Kinder aus Tschernobyl können kommen.

Zur Psychologie

Der technische Unfall in Tschernobyl hat den Menschen in aller Welt gezeigt, was ein totaler Kontrollverlust für Folgen haben kann. Er erschütterte den Glauben an eine vollkommen beherrschbare Technik. Der Rationalismus als Leitvorstellung der westlichen Kultur des ausgehenden 19. und des beginnenden 20. Jahrhunderts, d. h. die Vorstellung, dass alles berechenbar und damit auch beherrschbar ist. Man war so weit fortgeschritten, dass man es nicht mehr nötig hatte, sich wie in früheren (vortechnischen) Zeiten auf mythische und magische Kräfte zu stützen (Heßler, 2012). Auch wenn Technisierungsprozesse immer mit Unfällen einhergegangen sind, was die Verletzbarkeit der technischen Kultur und die

Grenzen der Beherrschbarkeit offenkundig gemacht hat, so war der Unfall in Tschernobyl doch von einer anderen Größenordnung.

Unfälle sind Zeichen eines Kontrollverlusts, zu dem es aus unterschiedlichen Gründen kommen kann. Ein Grund ist, dass die Technik, die man geschaffen hat, störanfällig ist. Ohne Technik gäbe es keine technischen Unfälle. Hätte man die Eisenbahn nicht erfunden, hätte es auch keine Eisenbahnunfälle gegeben. Der erste Unfall einer Lokomotive im Jahr 1842 ereignete sich auf der Strecke zwischen Versailles und Paris. Der Unfall eines Hochgeschwindigkeitszuges im Juni 1998 in Eschede auf der Bahnstrecke Hannover–Hamburg ist die bislang schwerste Eisenbahnkatastrophe gewesen. „Die Auswirkungen von Unfällen wurden ... gravierender, als Gesellschaften immer enger mit Technik verwoben wurden" (Heßler, 2012, S. 178).

Es sind nicht nur äußere Einflüsse, denen der Mensch machtlos gegenübersteht. Auch sein eigenes Verhalten kann die Ursache sein. Er überschätzt sich oder er handelt falsch. Im Märchen vom Kalif Storch von Wilhelm Hauff verlieren der Kalif und sein Großwesir die Kontrolle über das Geschehen durch unüberlegtes Handeln. Sie kaufen von einem als Krämer verkleideten bösen Zauberer ein Pulver, mit dem sie sich in Tiere verwandeln und deren Sprache verstehen können. Es ist das Versprechen eines Kontrollgewinns. Sie dürfen aber auf keinen Fall bei diesen Aktionen lachen. Tun sie es dennoch, vergessen sie im Moment des Lachens den Zauberspruch, mit dem sie sich zurück verwandeln können. In Storchengestalt verstoßen sie gegen das Lachverbot. Das Lachen vergeht ihnen schnell, als ihnen klar wird, dass sie den Zauberspruch vergessen haben. Sie müssten ewig Störche bleiben, wenn es kein Märchen mit einem Happy End wäre.

Der Unfall in Tschernobyl ist der bislang größte GAU der Menschheitsgeschichte gewesen. „Die Katastrophe, den GAU wie in Tschernobyl, kann der Mensch wissend erfassen, doch er kann ihn nicht begreifen, nicht empfinden, nicht verstehen" (Heßler, 2012, S. 190). Es ist ein Unfall, der nicht durch äußere Umstände wie z. B. ein Erdbeben oder einen Vulkanausbruch zustande kam, sondern durch falsches Verhalten. Wie Heßler schreibt, befördert die Unfähigkeit des Vorstellens und des Fühlens das Paradigma des reibungslosen Ablaufs, das moderne technische Kulturen kennzeichnet. Die Fotos, die Informationen über das Geschehene liefern, lösen negative Emotionen aus, auf die Menschen unwillkürlich mit Vermeidungsverhalten reagieren (Mehrabian & Russell, 1974). Man sieht lieber weg oder „steckt den Kopf in den Sand".

Unfälle darunter Straßenverkehrs- und Eisenbahnunfälle, Deichbrüche, Grubenunglücke, Flugzeugabstürze und Nuklearkatastrophen sind jedoch nicht gänzlich zu vermeiden, sie sind ein Bestandteil technischer Kulturen. „It can be argued that …accidents … are not aberrant but are a part of the thing itself. To invent the train is to invent the train crash …. When breakdowns and malfunctions occur, it is not necessarily the case that they can be easily fixed.… especially as technological systems become more complex …" (Graham & Thrift, 2007, S. 4).

Kontrollverluste wiegen schwer, denn: „Kontrolle ist ein dem Menschen innewohnendes Bestreben, Ereignisse und Zustände seiner Umwelt beeinflussen, vorhersagen oder zumindest erklären zu können" (Fischer & Stephan, 1996, S. 166). Wer keine Kontrolle hat, kann Ereignisse und Zustände seiner Umwelt weder beeinflussen, noch erklären, noch antizipieren. In solchen Situationen fühlen sich Menschen hilflos und ausgeliefert. Die Erfahrung von Hilflosigkeit ist das Gegenteil einer technokratischen Hybris mit dem Anspruch, alles beherrschen zu können. Erlernte Hilflosigkeit bezeichnet eine auf Erfahrungen beruhende Haltung, Situationen oder Sachverhalte nicht beeinflussen zu können, und die Überzeugung, dass man nicht in der Lage ist, die Situation zu verändern (Seligman, 1975; Reichenbach, 2020). Apathie und Passivität sind die Folge. Je komplizierter technische Systeme werden, mit denen schließlich nur noch Experten umgehen können, umso mehr Menschen werden die Erfahrung machen, hilflos zu sein.

Die Fotografien von Ludwig in Tschernobyl vermitteln einen unmittelbaren Eindruck von der Nuklearkatastrophe. Visuelle Informationen springen ins Auge, weil sie salienter sind als verbale Informationen. Neben den Inhalten übermitteln sie durch die Art ihrer Präsentation auch noch zusätzliche Botschaften, z. B. durch Vergrößerung, durch Heraustrennen von Ausschnitten und durch zuspitzende Bildunterschriften (Lemme, 2020). Ein Bildband ist deshalb beeindruckender als es ein reiner Textband gewesen wäre.

Der Reaktorunfall wird während eines Spaziergangs an einem weit davon entfernten Ort körperlich gespürt. Hier findet eine Wechselwirkung zwischen körperlichen und kognitiven Prozessen statt. Schönhammer (2009) hat das Phänomen der Körperwahrnehmung anschaulich beschrieben: „Wenn wir etwas tun … ist unsere Aufmerksamkeit nach außen, auf unsere Umwelt gerichtet. Unser Körper kommt uns bei den alltäglichen Aktivitäten nur ausnahmsweise zu Bewusstsein" (S. 19). Dieses „ausnahmsweise" geschieht bei dem Spaziergang im Frühling 1989, als weit weg das Atomkraftwerk explodierte.

Inzwischen ist Tschernobyl für Touristen zugänglich. Warum reisen Menschen überhaupt dort hin? Ein Hauptgrund ist das Sensation Seeking, das Bedürfnis nach ganz und gar neuen, erregenden und intensiven Sinneseindrücken und Erlebnissen (Zuckerman, 1994). Es ist ein „Reizhunger", den man befriedigen will, ohne sich selbst einem Risiko auszusetzen. Das Schlimme liegt außerhalb der eigenen Lebenswelt. Man ist nicht selbst betroffen, sondern nur Zuschauer.

In dem Modell von Zuckerman treten zwei psychologische Prozesse miteinander in Beziehung: die Suche nach Stimulation und die Angst, dass man die damit verbundene Gefahr nicht mehr abwehren kann. Parallel zur Intensität der Reizsuche wächst die Angst, die bis zu einem kritischen Punkt schwächer ist als das Bedürfnis nach Spannung und „action". Nimmt die Angst zu, wird die Suche nach ungewöhnlichen, neuartigen Erlebnissen abgebrochen. Der kritische Punkt ist erreicht, wenn die Angst stärker ist als die Lust. Wo dieser Punkt liegt, ist individuell unterschiedlich. Als zuschauender Tourist hat man heute in Tschernobyl nichts zu befürchten. Man kann sich ohne Angst der Reizsuche hingeben.

Nicht alle Menschen zieht es nach Tschernobyl, was darauf schließen lässt, dass das Motiv des Sensation Seeking individuell unterschiedlich ausgeprägt ist: „Every individual has characteristic optimal levels of stimulation and arousal for cognitive activity, motoric activity, and positive affective tone" (Zuckerman, 1994, S. 17). Aufschlüsse hat die neurobiologische Forschung gebracht (Roth, 2021): Sensation Seeking geht mit einer erhöhten Ausschüttung des Neurotransmitters Dopamin einher. Die Suche nach intensiver Stimulation ist nicht lediglich ein augenblicklicher Zustand (state), sondern hängt auch von der Grundausrichtung der Persönlichkeit eines Menschen, nämlich seinem Temperament ab, das im limbischen System zu verorten ist. Ob ein Mensch offen oder verschlossen, unternehmungslustig oder vorsichtig, neugierig oder zurückhaltend ist, ist zum großen Teil eine Frage seines Temperaments. Es ist ein „trait".

Die Kirchengemeinde hat Kinder aus Tschernobyl in ein Feriencamp eingeladen. Dieses Handeln lässt auf ein hohes Ausmaß an Empathie schließen. Bierhoff (2002) hat den Begriff der Empathie erläutert mit „die Gefühle anderer nachempfinden". Nach der Empathie-Altruismus-Hypothese ist Empathie die Voraussetzung für altruistisches Verhalten. Gemeint ist dabei eine situationsbezogene Empathie, die durch die Notsituation anderer Personen ausgelöst wird.

7.2 Vorrückendes Eis

Es ist noch kälter geworden. Es fällt schwer, mit diesem massiven Kälteeinbruch fertig zu werden. Vielleicht könnten wir einiges von den indigenen Völkern lernen, die in den arktischen Regionen leben und mit Kälte umgehen können. Die Inuits bezeichnen eiskalte Winternächte als „Three Dog Night": man braucht mindestens drei Hundekörper, um einen Menschen unterwegs im Eis warm zu halten[1]. Doch diesmal ist es nicht nur eine vorübergehende frostige Zeit, auf die wieder ein Sommer folgen wird, sondern, was sich immer deutlicher abzeichnet, eine unaufhaltbare Entwicklung. So viele Hunde könnte man gar nicht auftreiben, um die Menschen vor dem Erfrieren zu bewahren. Der Golfstrom wird zunehmend schwächer, die Sonne, bislang ein verlässlicher Energielieferant, erwärmt die Erdoberfläche und die Atmosphäre nicht mehr. Es ist eine überraschende Wende, mit der – nach einer langen Phase der Erderwärmung – auch die Klimaforscher nicht gerechnet haben. Es hatte zahlreiche Initiativen gegeben und Programme waren ersonnen worden, um den Klimawandel zu verhindern. Doch jetzt beginnt sich eine Kältephase abzuzeichnen. Eine neue Eiszeit kündigt sich an, denn es ist direkt zu spüren, dass es immer kälter wird. Die Sonne verliert ihre Kraft, obwohl man noch mit Milliarden von Jahren mit ihren wärmenden Strahlen gerechnet hatte. Es bilden sich ungeheure Eismassen, die sich unaufhaltsam von beiden Erdpolen in Richtung Äquator voran schieben. Wissenschaftler in aller Welt entwickeln Theorien über die unerwartete „sun fatigue", doch bislang gibt es zwar viele theoretische Überlegungen, aber darunter noch keine, die wirklich überzeugt. Deshalb ist auch noch keine Erfolg versprechende Strategie in Sicht, um die sich anbahnende gewaltige Kaltzeit aufzuhalten. Damit sich die Angst nicht noch weiter ausbreitet und Panik auslöst, verbreiten Politiker flankiert von Wissenschaftlern die frohe Botschaft, dass die ungeheure Kälte eine vorüber gehende Phase ist, wie es sie ja schon immer, seit die Erde existiert, gegeben habe. Doch man glaubt diesen Beschwichtigungen immer weniger, denn es ist unübersehbar, dass es sich nicht um eine lokal begrenzte und zeitlich überschaubare Eiszeit handelt.

Zum Glück ist das alles nur Fantasie. Lena ist so vertieft in die 1967 geschriebene Erzählung „Eis" von Anna Kavan, dass sie das Buch in einem Zug liest. Die Autorin schildert darin, wie die gewaltigen Eismassen voran rücken und es absehbar ist, dass sie alles Leben auf der Erde auslöschen werden. Nichts kann sie aufhalten. Die Hauptpersonen in der Erzählung sind der Ich-Erzähler und der Wächter, beide sehr aktiv und bemüht, irgendetwas zu tun, und ein hilfloses Mädchen. Ringsum herrschen Anarchie und Krieg. Der Ich-Erzähler rettet das Mädchen vor den heran

---

[1] „Die Schrecken des Eises und der Finsternis", FAZ vom 25.2.2021, S. R4.

nahenden Eismassen. Er ist im Besitz einer Pistole, mit der er seinem und dem Leben des Mädchens ein selbstbestimmtes Ende setzen kann, bevor das unaufhaltsame heran kriechende Eis sie beide zermalmt. Es ist ein Rest von Kontrolle, der dem Menschen bleibt, nämlich sich selbst und seine Schützlinge umzubringen, bevor es das Eis tut.

Lena, die sich die Schrecken des Eises und der Finsternis bildhaft vorstellt, fragt sich, ob sie sich in einer solchen Situation auch so verhalten würde wie das Mädchen, das nichts unternimmt, um sich zu retten. Aber vielleicht weiß das Mädchen als einzige von den drei Protagonisten, dass alle Versuche, sich gegen die Katastrophe zu stemmen oder ihr zu entkommen, vergeblich sind.

Zur Psychologie
Naturkatastrophen, die ohne Mitwirkung des Menschen zustande kommen, sind in vielen Fällen nicht vorhersagbar, sie brechen über die Menschen herein. Dennoch ist nicht immer klar, inwieweit der Mensch nicht dazu beigetragen hat (Heßler, 2012). So können wie in Fukushima Überschwemmungen als Folge eines technischen Unfalls auftreten. Ein aktuelles Thema ist der Klimawandel. Eine Eiszeit auf der Erde, die entsteht, weil die Sonne als Stern altert und die Grundvoraussetzung für die Wärme und das Leben auf der Erde nicht mehr wie bisher gegeben ist, ist eine Naturkatastrophe, bei der ein menschlicher Beitrag nicht auszumachen ist.

Naturkatastrophen, die außerhalb des Bereichs der alltäglichen Erfahrungen liegen, treten plötzlich in unerwarteter Stärke in Erscheinung. Erdbeben, Vulkanausbrüche, Gletscherabbrüche, Sturmfluten, Hurrikane und Orkane führen die Kraft der Natur vor Augen. Der Mensch kann nicht verhindern, dass ein Vulkan ausbricht und enorme Staubmengen in die Luft geschleudert werden, oder dass ein Erdbeben eine Stadt in ein Trümmerfeld verwandelt (Abb. 7.1).

Es gibt jedoch Versuche und ausgeklügelte Strategien, um die Katastrophe abzuwenden oder deren Folgen zu mildern. So kann man, wenn ein Vulkan gewaltige Staubmengen in den Luftraum geschleudert hat, den Flugverkehr einstellen. Der Mensch kann Erdbeben sichere Häuser entwerfen oder Städte an anderer Stelle errichten, an denen Erdbeben wenig wahrscheinlich sind. Auch auf jahreszeitlich bedingte Naturphänomene wie Lawinen im Winter oder Überschwemmungen im Frühjahr, wenn die Gebirgsbäche voller Schmelzwasser ins Tal rauschen, kann man sich einstellen, denn es sind wiederkehrende voraussagbare Ereignisse. Man kann Vorkehrungen treffen, um sich davor zu schützen.

Abb. 7.1 Durch ein Erdbeben zerstörte Stadt. (Eigenes Foto)

Bei einer weltweiten Eiszeit, die auf einer sun fatigue beruht, gibt es keine rettende Strategie. So ist es auch eine Illusion zu glauben, dass die Lebensverhältnisse auf der Erde stabil sind und es bis weit in die Zukunft hinein auch bleiben werden, und dass der Mensch es in der Hand hat, diese Stabilität zu erhalten. „War für die meisten vor noch nicht allzu langer Zeit ein wolkenloser Himmel Inbegriff wünschenswerten Wetters, wissen wir nun angesichts vertrockneter Pflanzen und sinkender Grundwasserspiegel das natürliche Nass wieder ganz neu zu schätzen. Anhaltende Dürreperioden erschüttern unsere Illusion der Selbstverständlichkeit, einer der zentralen Grundlagen unseres Lebens" (Anderl, 2020).

Bei unaufhaltsam vorrückenden Eismassen, wie sie Anna Kavan schildert, geht die Umweltkontrolle verloren. „Ich hatte mich verfahren", heißt es zu Beginn der Erzählung.

Es ist eine Odyssee, wobei das Mädchen in der Geschichte zum Zielpunkt wird, der aber immer wieder verloren geht. Das einzige, was noch kontrolliert werden kann, ist das eigene Leben, dem man selbst ein Ende setzen kann – sofern man eine Pistole besitzt.

Der Ich-Erzähler und der anfangs mächtige Wächter in der Erzählung sind aktive tatkräftige Männer, die bis zuletzt alles tun, um zu retten, was irgend möglich ist. Vollkommen hilflos ist dagegen die weibliche Person, das dünne Mädchen. Der weiblichen und den männlichen Personen werden hier unterschiedliche Eigenschaften und Fähigkeiten zugeschrieben. „Geschlechtsrollenstereotype sind subjektive Vorstellungen und Konzepte von Merkmalsausprägungen gekoppelt mit unterschiedlichen Auftretenswahrscheinlichkeiten in den Geschlechtsgruppen" (Lohaus & Vierhaus, 2019, S. 236). Mit diesen Stereotypisierungen verbunden sind Erwartungshaltungen in Bezug auf die eigenen und die Fähigkeiten anderer. Wer z. B. glaubt, sich in unvertrauten Gegenden nicht oder nur schwer orientieren zu können, kann es dann auch weniger. Die Einstellung etwas nicht zu können, entmutigt und verstärkt die Haltung der gelernten Hilflosigkeit.

Das Mädchen verkörpert den Menschen, der ohne Einfluss ist; der Wächter hat zunächst noch viel Macht, doch sie schwindet dahin; der Ich-Erzähler ist zwar sehr aktiv und unermüdlich unterwegs, aber er weiß, dass das Ende bevorsteht und dass er letztlich nichts mehr ausrichten kann. Die Menschen können nichts tun, um das Unheil abzuwenden. Die Naturkatastrophe ist zu gewaltig. Sie führt zu einem totalen Kontrollverlust. Die Haltung der Hilflosigkeit ist in diesem Fall keine *gelernte*, auf früheren Erfahrungen beruhende Hilflosigkeit (Seligman, 1975), sondern eine realistische Einschätzung der Situation, dass man nämlich den Naturkräften tatsächlich nichts entgegensetzen kann. Der ungeheure Stress kann nicht bewältigt werden. Die Apathie des Mädchens ist symptomatisch.

Die medialen Meldungen über Katastrophen überall auf der Welt unterstreichen die Wucht der Naturkräfte, weil irgendwo immer etwas Katastrophales geschieht. Auch wer räumlich weit davon entfernt ist, erfährt davon und sieht Bilder von den Verheerungen.

In der Erzählung „Eis" von Anna Kavan ist die ganze Welt von der Katastrophe betroffen. Man kann nicht die Augen davor verschließen und hat keine Chance zu entkommen.

7.3 Leere Plätze, leere Theater

Die Familie Metheus hat zwei Söhne. Der ältere Sohn hat den Namen Pro bekommen, weil die Eltern gefunden haben, dass der Name gut zu dem Familienname Metheus passt. Der jüngere wird Epi genannt, denn er ist der Nachgeborene. Die beiden Brüder wachsen zu stattlichen jungen Männern heran, wobei sich Pro Metheus zunehmend mehr als der Klügere und Umsichtigere und bei weitem auch Kreativere erweist. Er plant und denkt über die Folgen nach, die etwas haben könnte, bevor er handelt. Epi Metheus macht es genau umgekehrt. Er stürzt sich spontan in abenteuerliche Unternehmungen, ohne zu überlegen, ob das womöglich fatal enden könnte. Die nicht gerade seltenen Warnungen seines Bruders schlägt er in den Wind. Über mögliche Folgen nachzudenken, hält er für überflüssig, denn bislang war es ja immer gut gegangen.

Eines Tages kommt eine wunderschöne Frau des Weges, die eine fest verschlossene und offensichtlich ziemlich schwere Büchse trägt. Epi ist außerordentlich angetan und nimmt ihr die schwere Bürde ab. Als Belohnung stellt ihm die schöne Frau in Aussicht, die Büchse öffnen und einen Blick hinein werfen zu dürfen. Genau so geschieht es.

Doch die schöne Frau ist niemand anders als Pandora. Die Büchse, die sie dabei hat, enthält alle Plagen, die den Menschen das Leben schwer machen. Ganz unten in der Büchse befindet sich die Hoffnung. Nachdem Epi die Büchse geöffnet hat, werden alle Plagen auf die Menschheit los gelassen. Die Hoffnung bleibt drin, weil Epi vor Schreck die Büchse schnell wieder zumacht. Er ahnt ja nicht, dass es die Rettung gewesen wäre. Durch Epis Tat kommt das Übel in die Welt und zugleich die Hoffnungslosigkeit.

Es ist geschehen und es nützt nichts, dass Pro seinen Bruder Epi wegen seiner naiven Neugier lautstark ausschimpft. Dabei hat er ihn doch immer wieder eindringlich ermahnt, keiner fremden Person zu vertrauen – und sei sie noch so schön.

Das Unheil ist nicht mehr aufzuhalten. Eine der Plagen ist das bösartige Virus, das Krankheit und Tod mit sich bringt und sich mit ungeheurer Geschwindigkeit über die ganze Welt verbreitet. Viele Menschen sterben.

Auch die Stadt Venedig wird nicht ausgelassen. Ein menschenleerer Markusplatz – ein ungewohnter und zugleich erschreckender Anblick. Ein Mensch kommt aus einer Seitenstraße. Er trägt eine Maske. Aus einer anderen Seitenstraße kommt ein weiterer Mensch, ebenfalls mit einer Maske. Doch es ist kein Karneval in Venedig, sondern das Gegenteil. Das öffentliche Leben ist zum Erliegen gekommen. Die Cafes und Restaurants sind geschlossen, die Bänke auf den Plätzen wurden entfernt. Der öffentliche Raum ist menschenleer. Jetzt fällt auf, wie weitläufig der Markusplatz ist, wenn kein Mensch weit und breit zu sehen ist. Auch in anderen Städten und Ländern ist seit der Pandemie eine beklemmende Leere auf den öffentlichen Plätzen eingekehrt.

Kontakte sollen vermieden werden, Versammlungen sind untersagt. In die Theater und Konzerthäuser darf nur eine begrenzte Zahl an Zuschauern hinein. Es fehlt die übliche Dichte erwartungsvoller Zuschauer im Foyer und vor den Eingangstüren. Ein spärliches Publikum im Vergleich zu sonst, bei dem auch der Applaus nicht die gewohnte Lautstärke erreicht, was sich so anhört, als ob das Publikum nicht gerade begeistert ist. Das Ganze ist nicht stimmig. Etwas fehlt.

Doch dann, als die Pandemie Fahrt aufnimmt, werden die Theater und Konzertsäle ganz geschlossen. Wie gut, dass es das Internet gibt! Man kann sich Elektra in der Bayrischen Oper, eine Inszenierung von Fidelio aus dem Jahr 1968 in der Hamburger Oper, ein Konzert mit Werken von Arvo Pärt in der Elbphilharmonie anschauen, wobei man auf dem Bildschirm viel besser als aus einem realen Zuschauerraum Mimik und Gestik der Protagonisten und die Details des Bühnenbilds sowie die Musiker, Solisten und Dirigenten jeweils aus verschiedenen Blickwinkeln sehen kann. Man ist noch näher dran als man es auf einem realen Platz in den vorderen Reihen wäre. Doch all diese Vorteile können nicht wettmachen, dass man nicht mittendrin im realen Geschehen ist.

Zur Psychologie
Die beiden Brüder haben unterschiedliche Eigenschaften. Epi Metheus handelt aus dem Augenblick heraus und denkt nicht an etwaige negative Folgen, die sein Verhalten haben könnte. Wenn er eine schöne Frau sieht, traut er ihr nur Gutes zu. Pro Metheus ist dagegen eher misstrauisch, er ist der rational Handelnde, der stets die Konsequenzen seines Handelns mit bedenkt, auch wenn er manchmal seine Einflussmöglichkeiten überschätzt. Von den „Big Five", den fünf grundlegenden Persönlichkeitseigenschaften (vgl. Tab 2.2), ist es vor allem das Merkmal Gewissenhaftigkeit (ordentlich, beharrlich, organisiert, ausdauernd, planend, überlegt, verantwortlich, zuverlässig, zielstrebig; das Gegenteil ist: unbekümmert, nachlässig, spontan), das die Brüder unterscheidet.

Epi sieht die schöne Frau zum ersten Mal. Sie ist eine Unbekannte. Der erste Eindruck, den man hat, wenn man einem fremden Menschen begegnet, ist dessen körperliche Erscheinung. Wie wichtig diese ist, belegen zahlreiche Forschungsergebnisse wie zum Beispiel: Lehrer beurteilen attraktive Schüler als intelligenter und geben ihnen bessere Noten; schöne Menschen bekommen bei einer Spendensammlung mehr Geld in ihre Sammelbüchsen; Richter neigen dazu, attraktiven Menschen geringere Strafen aufzubürden; schöne Menschen werden für netter gehalten als nicht so schöne (Karremans & Finkenauer, 2014). Es ist deshalb überhaupt nicht verwunderlich, dass Epi der schönen Frau nichts Böses zutraut und sie für nett und redlich hält. Er vertraut ihr, ohne sich zu fragen, woher sie eigentlich kommt und ob man ihr vielleicht doch mit mehr Misstrauen begegnen sollte. Er ahnt nicht, dass sie Unheil über die Menschen bringt und dass sich in der Büchse, die sie mit sich schleppt, inmitten der vielen anderen Plagen auch Viren befinden, die tödlich für die Menschen sind.

Die Viren verbreiten sich in Windeseile über die ganze Welt. Die Reaktionen der Menschen sind Rückzug und Sich von anderen fernhalten, um die Verbreitung des Virus einzudämmen. Leere öffentliche Räume sind die Folge. Die drastische Reduzierung des Lebensraums verändert jedoch das soziale Leben. Der Mensch kann seine sozialen Bedürfnisse nach Kontakt, Kommunikation und Zugehörigkeit nicht mehr wie bisher befriedigen. Er vereinsamt. Eine Folge der Pandemie ist die Leere öffentlicher Plätze und das Herunterfahren des sozialen Lebens.

Ein theoretischer Ansatz, um diese Veränderungen zu beschreiben und deren Folgen zu erklären, ist das Behavior Setting Konzept, ein System, das sich aus drei Komponenten zusammensetzt (Bell et al., 2001):

- dem Ort (einem Setting bzw. Umweltausschnitt),
- dem Verhaltensprogramm (dem „standing pattern of behavior"),
- den anwesenden Personen (den Teilnehmern).

Es ist ein *System:* Wenn sich eine Komponente verändert, hat das Auswirkungen auf das gesamte System. Und es ist genau genommen kein psychologisches, sondern ein soziologisches Konzept, denn es wird nicht das Verhalten von Individuen betrachtet, sondern von Gruppen. „The behavior setting consists of the interdependency between the standing patterns of behavior and a physical milieu. Standing patterns of behavior represent the collective behaviors of the group, rather than just individual behaviors" (Bell et al., 2001, S. 125). Das Verhaltensprogramm lässt sich aus einer zu beobachtenden Gleichförmigkeit des Verhaltens in einem bestimmten Setting erschließen. In einem Seminarraum, einem Cafe, einem Theater, einem Wartezimmer oder einem Museum usw. legen die jeweiligen Teilnehmer ein unterschiedliches Verhalten an den Tag.

Verändert sich eine Komponente, hat das Auswirkungen auf das gesamte System. Dieses funktioniert, solange die Komponenten zueinander passen. Es wird instabil, wenn das nicht der Fall ist. So kann ein zu kleiner Raum oder ein unbestimmtes Verhaltensprogramm, das unterschiedlich verstanden wird, oder eine nicht passende Zahl an Teilnehmern das System destabilisieren. Wenn in einem Theater nur noch jeder dritte oder vierte Platz besetzt werden darf, um die Menschen auf Abstand zu halten, ist das wegen der verringerten Zahl an Zuschauern ein spürbarer Eingriff in ein bisher funktionierendes System.

Speziell mit der Komponente: der Zahl der Teilnehmer, befasst sich die Staffing Theorie (Bell et al., 2001). Mögliche Konstellationen sind:

- Die Zahl der Teilnehmer passt zum Raumangebot.
- Es sind zu wenige Teilnehmer, der Raum wirkt leer (Understaffing).
- Es sind zu viele Teilnehmer, der Raum ist überfüllt. Die Menschen fühlen sich beengt und können ihre Absichten nicht realisieren (Overstaffing).

Sowohl ein Overstaffing als auch ein Understaffing können ein Behavior Setting erheblich destabilisieren. „The minimum number of inhabitants needed to maintain a behavior setting is defined as the *maintainance minimum*. The maximum number of inhabitants the setting can hold is *capacity*" (Bell et al., 2001, S. 126). Das System funktioniert nicht mehr, wenn das maintenance minimum unterschritten oder dessen capacity überschritten wird.

Leere öffentliche Plätze und unterbesetzte Theater sind Beispiele für ein Understaffing, wobei entscheidend ist, ob das maintainance minimum bereits unterschritten ist. Ein Theater, in dem nur wenige Zuschauer zugelassen sind, ist unterbesetzt. Dennoch ist ein Spielbetrieb möglich, auch wenn die wenigen Zuschauer nicht mit einer vergleichbaren Lautstärke applaudieren können, wie es eine große Menge an Zuschauern vermag. Gefährlich nah am maintenance minimum ist eine Klinik, die architektonisch vorbildlich gestaltet sein kann, wenn die Zahl der Pflegekräfte nicht mehr ausreicht, um die anfallenden Aufgaben zu erfüllen.

Das Understaffing kann sich auf Räume unterschiedlicher Art und Größenordnung beziehen. Es kann eine leere Wohnung oder ein öffentlicher Platz sein, auf dem keine Menschen mehr anzutreffen sind.

Doch auch ein Overstaffing gefährdet das System. Wenn sich auf einem öffentlichen Platz zu viele Menschen einfinden, ist die entscheidende Frage, ob die Kapazitätsgrenze schon überschritten wurde. Bei einer zu großen Zahl der Teilnehmer nimmt die Bereitschaft jedes Einzelnen ab, sich prosozial zu verhalten und einer anderen Person zu helfen, die Hilfe benötigt. Dieses Phänomen wurde als „diffusion of responsibility" bezeichnet (Bierhoff, 2002, 2006). Jeder Einzelne von den vielen Anwesenden denkt, dass genügend andere da sind, die helfen könnten. In einem überfüllten Setting ist mit einem barmherzigen Samariter nicht zu rechnen.

Wenn man sich wegen der geschlossenen Theater und Konzerthäuser mit Bildschirm-Übertragungen begnügen muss, fehlt der Raumeindruck. Man ist nicht mehr umgeben bzw. mitten drin, sondern wird zum Zuschauer, der in eine Richtung guckt und etwas betrachtet. Es ist der Unterschied zwischen der Umwelt- und der Objektwahrnehmung. Diesen Unterschied hat Ittelson (1976, 1978) detailliert beschrieben, indem er das Besondere von Umwelten im Vergleich zu Objekten heraus gestellt hat: Umwelten

- sind zeitlich und räumlich unbegrenzt.
- umgeben den Menschen.
- werden mit allen Sinnen wahrgenommen.
- enthalten periphere und zentrale Informationen.
- liefern weitaus mehr Informationen, als der Mensch verarbeiten kann.
- können nicht von einem Punkt aus erfasst werden. Um sie zu begreifen, sind wechselnde Standorte und Blickwinkel erforderlich.

Es geht also einiges verloren, wenn man eine Aufführung nicht im realen Theater, sondern als (Live-) Stream auf dem Bildschirm sieht. Der Bildschirm ist begrenzt, die Umwelt wird zu einem Objekt, das nur noch mit zwei Sinnen: den Augen und Ohren, wahrgenommen wird. Die sensorische und informatorische Vielfalt ist reduziert, die Unterscheidung zwischen zentraler und peripherer Information erübrigt sich, es wird nicht mehr aktiv erkundet und damit auch der Blickwinkel nicht gewechselt. Es wird nur noch auf ein Objekt geschaut.

Nicht zugängliche Theater und Kulturorte, deren Angebote ins Internet verlagert werden, und verödete öffentliche Plätze ohne soziales Leben führen so zu einer sensorischen und sozialen Deprivation und vermehrter Inaktivität. Über kurz oder lang kann sich dadurch das Interesse an der realen Umwelt verringern. Bislang enge Mensch-Umwelt-Beziehungen können sich lockern. Wenn der Zugang zur realen Umwelt versperrt ist und das soziale Leben „herunter gefahren" wird, wird die Individualisierung kräftig gefördert (Flade, 2020; Beck, 2008). Eine kollektive Vereinzelung scheint dann unausweichlich zu sein.

8

Schluss

Geschichten aus dem Alltagsleben mit einigen Abstechern in die Welt der Märchen, zu denen sich leicht ein Bezug zum alltäglichen Leben herstellen lässt, sind zahlreich. Sie regen zu vielen Fragen an wie zum Beispiel: Warum findet man einen Menschen sympathisch, einen anderen nicht? Warum klappt es nicht sich zu verständigen? Wann fühlt man sich in öffentlichen Räumen ziemlich unsicher? Warum verspürt man mitunter den Drang „Raus aus dem Haus, ab ins Grüne"? Was zeichnet einen Ort aus, den man über alles schätzt? Warum scheuen Menschen keine Kosten und Mühen, um antike Stätten aufzusuchen, wo nur Reste von Tempelanlagen zu sehen sind? Warum lacht man? Wie gehen Menschen mit Kontrollverlusten um?

Psycho-Stories haben den Anspruch, zur Beantwortung dieser Fragen zu befähigen, wobei dieser Anspruch aber nicht so weit reicht, dass zu den aufgeworfenen Fragestellungen wissenschaftlich geforscht werden muss. Das machen die Wissenschaftler, die das Erleben und Verhalten des Menschen nicht nur beschreiben, sondern auch erklären wollen. Seit der Einrichtung des ersten experimentalpsychologischen Instituts 1879 in Leipzig durch Wilhelm Wundt (Abb. 8.1) hat sich viel empirisch fundiertes Wissen angesammelt, sodass man heute über eine tragfähige Basis verfügt, um Fragen zu beantworten, warum man etwas genauso erlebt und warum man so und nicht anders gehandelt hat.

Um das menschliche Erleben und Verhalten erklären zu können, kommt man nicht umhin, sich mit innerpsychischen Prozessen wie Lernen, Denken, Fühlen, Vorstellen, Erwarten, Erinnern und Vergessen, Planen, Abwägen und Entscheiden, Problemlösen usw. zu befassen. Eine Metapher,

Abb. 8.1 Gedächtniszimmer von Wilhelm Wundt in der Universität Leipzig. (Eigenes Foto)

die sich anbietet, wenn es um etwas Verborgenes geht, ist das aus der Kybernetik stammende Konzept der Black Box: ein Kasten, dessen innerer Aufbau und dessen Funktionsweise nicht sichtbar sind. Was sich darin abspielt, entzieht sich einer direkten Beobachtung. Es muss erschlossen werden. Das Prinzip der Black- Box-Methode besteht darin, dass man durch Variation der Eingangsbedingungen und der Registrierung der jeweiligen Ergebnisse die interne Struktur der Black Box zu erhellen versucht. Wenn diese interne Struktur jedoch sehr komplex ist, reicht ein Variieren der Eingangsbedingungen und ein Registrieren dessen, was dabei herauskommt, nicht mehr aus, denn ein bestimmtes Ergebnis kann auf unterschiedliche Weise zustande kommen. Hier benötigt man eine hypothetische Systemstruktur, die einer empirischen Prüfung unterzogen wird (Klix 1994).

Tab 8.1 Theoretische Grundlagen für ein „giving psychology away"[1]

Theorien und Konzepte (Auswahl)

Ähnlichkeits-Anziehungs-Effekt, Lerntheorie, kognitive Dissonanz, Theorie der sozialen Identität, Prospect-Refuge Theorie, psychologische Ästhetik, Theorie der geplanten Handlung, Behavior Setting, Staffing-Theorie, attachment, Allmende-Klemme, Kommunikationskompetenz, Macht-Motiv, Selbstwertgefühl, emotional response, Moralentwicklung, Informationsselektion, selektive Aufmerksamkeit, Aufmerksamkeitsspanne, soziokulturelles Paradigma, restorative environments, Umweltbewusstsein, Kindheitsfaktor, favourite places, Selbstbestimmung, Mystery, Gestimmtheit von Räumen, emotionale Ortsverbundenheit, Umweltaneignung, human enhancement, Landmarke, Umweltkontrolle, Stress, Social design, Aktivierungszirkel

Wenn die Rückmeldung nicht wie erwartet ausfällt, wird korrigiert. Die Konzeption von Systemstrukturen bzw. Theorien und Modellen und die Formulierung von Hypothesen und deren Verifizierung oder Falsifizierung ist Sache der Wissenschaftler. Das „giving psychology away" bezieht sich auf einen späteren Zeitpunkt, nachdem sich die hypothetischen Systemstrukturen bewährt haben oder korrigiert wurden. Man hat dann Theorien und Konzepte an der hand, mit denen man Fragen nach dem „Warum Menschen etwas so erleben" und dem „Warum sie sich so und nicht anders verhalten", beantworten kann. Ein „giving psychology away" bedeutet jedenfalls nicht, dass man die Menschen zu Forschern macht, die bemüht sind, die Black Box zu erhellen. Gemeint ist vielmehr, dass sie die Früchte der Forschung geboten bekommen.

Die Black Box ist gefüllt mit Theorien und Konzepten – Systemstrukturen, die sich als tauglich erwiesen haben. Einige davon, die in den Geschichten angesprochen wurden, sind in Tab. 8.1 aufgelistet.

Ein kurzer Rückblick auf den Psycho-Teil der erzählten Geschichten soll noch einmal vor Augen führen, wie Erleben und Verhalten erklärbar werden, wenn man sich auf die in Tab. 8.1 aufgeführten Theorien und Konzepte bezieht.

Der *Ähnlichkeits-Anziehungs-Effekt,* der besagt, dass man Menschen sympathisch findet, die ähnliche Einstellungen und Interessen haben wie man selbst, lässt sich mithilfe der *Lerntheorie* erklären: Wahrgenommene Ähnlichkeit wirkt als positive Verstärkung. Der Verstärkungseffekt beruht auf positiven Gefühlen, die durch die erlebte Übereinstimmung ausgelöst werden.

---

[1] Wie auch die Formulierung „giving psychology away" nicht übersetzt wurde, werden manche Konzepte direkt aus dem Englischen, in dem sie formuliert wurden, übernommen, um auf diese Weise nicht treffsichere Übersetzungen zu vermeiden.

Dass es neben der sprachlichen auch diverse nicht sprachliche Formen der Kommunikation gibt, ist bekannt. Man verständigt sich z. B. mit Gesten, wenn es ringsum zu laut oder die Entfernung zu groß ist oder wenn man unterschiedliche Sprachen spricht. Auch das räumliche Abstandsverhalten ist ein Kommunikationsmittel: Es bringt die Enge einer sozialen Beziehung zum Ausdruck. Die Frage ist jedoch, was geschieht, wenn die Botschaften nicht über einstimmen oder ein Sachverhalt falsch kommuniziert wird, zum Beispiel wenn der räumliche Abstand zu einer anderen Person nicht mit der Enge der Beziehung zu ihr übereinstimmt. Die Folge ist *kognitive Dissonanz*. Diese wird als sehr unangenehm empfunden, sodass man bemüht ist, Konsonanz herzustellen. Entweder ändert man sein Verhalten oder seine Einstellungen. Wenn man gezwungenermaßen einen nicht zu der engen Beziehung passenden größeren Abstand einhalten muss, lässt sich die Dissonanz durch eine Einstellungsänderung reduzieren – in diesem Fall einer Entpersönlichung der Beziehung.

Für Kleinkinder ist eine enge emotionale Verbundenheit – *emotional attachment* – mit einem anderen Menschen, an den man sich anschmiegen kann, für eine in normalen Bahnen verlaufende Entwicklung unverzichtbar. Doch die Bezugspersonen sind nicht immer präsent. Die Lücke wird dann mit Kuscheltieren oder Haustieren gefüllt. Die Oberfläche dieser Ersatzobjekte ist nicht beliebig. Die haptische Wahrnehmung spielt hier eine entscheidende Rolle: die Ersatzobjekte müssen sich „kuschelig" anfühlen. Es ist eine enge emotionale Beziehung, die keinen Abstand duldet. Man muss die andere Person oder das Ersatzobjekt körperlich spüren.

Vielfalt wird als gesellschaftlich wünschenswert gepriesen, die Diskriminierung anderer Gruppen wird geahndet. Doch dieser gesellschaftspolitische Leitspruch lässt sich nicht einlösen, was sofort einleuchtet, wenn man aus der Black Box die *Theorie der sozialen Identität* hervor holt. Das Bedürfnis nach Zugehörigkeit bewirkt, dass der Mensch sich einer Gruppe anschließt, die für ihn zur Bezugsgruppe (Ingroup) wird, mit der er sich identifiziert, die ihm Halt gibt und sein Zugehörigkeitsbedürfnis befriedigt. Dass die eigene Gruppe positiv bewertet wird, leuchtet ein. Sie steht noch besser da, wenn man die anderen Gruppen abwertet. Die Tendenz, die Outgroups als unterlegen anzusehen, um auf diese Weise auch sich selbst aufzuwerten, ist nichts Ungewöhnliches. Der Appell „Vielfalt ja, Diskriminierung nein" verkennt den Mechanismus der Bildung von Ingroup und Outgroup, der grundlegend für die soziale Identität grundlegend ist.

Eine gängige Metapher für ein Gemeingut, auf das alle Berechtigten zugreifen können, ist eine Weide, auf der alle Anwohnenden ihre Schafe weiden lassen können. Ein Problem entsteht, wenn jeder einzelne Schafsbesitzer einen höheren Anteil von der Allmende haben will, als diese insgesamt hergibt. Wenn es nicht gelingt, sich zu einigen und mit den verfügbaren Ressourcen planvoll umzugehen, werden aus freundschaftlichen über kurz oder lang feindliche Beziehungen. Und nicht nur das: Die Allmende hält den Ansturm nicht aus und geht zugrunde. Das Problem der *Allmende-Klemme* (tragedy of commons) gibt es in vielen Versionen. Der Appell, dass Gemeinnutz vor Eigennutz gehen sollte, verhallt.

Warum setzt sich der Klügere nicht ganz selbstverständlich durch? Warum gibt er stattdessen sogar nach, auch wenn es möglicherweise zum Schaden für alle Beteiligten ist? Das Stufen-Konzept der *Kommunikationskompetenz* liefert eine Erklärung. Die unterste Stufe ist ein egozentrisches Beharren auf dem eigenen Standpunkt bis hin zur Gewaltanwendung, um sich, koste was es wolle, durchzusetzen. Der Kompetente, der über die eigene Perspektive hinaus blickt, kann erfolgreich mit jemandem kooperieren, der sich auf der gleichen Kompetenzstufe befindet. Doch sein Weitblick nützt ihm wenig, wenn die andere Person taub für alle Argumente ist und stur auf dem eigenen Standpunkt beharrt und auch vor Gewalt nicht zurück schreckt.

Menschen streben nach Macht, denn Macht verheißt, dass man das Bedürfnis nach Selbstwirksamkeit und Autonomie befriedigen und Einfluss auf die Umwelt und andere nehmen kann. So kann man andere Menschen für die Durchsetzung der eigenen Ziele einspannen. Macht ist im Prinzip auf ein „Immer mehr" ausgerichtet, d. h. es gibt keinen definitiven Punkt, an dem das Bedürfnis erfüllt ist. Eine psychoanalytische Erklärung des *Macht-Motivs* ist, dass Menschen erlebte Unterlegenheit und ein geringes Selbstwertgefühl zu kompensieren versuchen, indem sie nach Machtfülle streben.

Das *Selbstwertgefühl* ist von elementarer Bedeutung für die Befindlichkeit und die psychische Gesundheit. Es ist der Wert, den man sich selbst beimisst. Man kann sich selbst unter- aber auch überschätzen. Ein eitler Mensch misst sich einen übersteigerten Wert zu. Das kann so weit gehen, dass die anderen Menschen für ihn nur deshalb wichtig sind, weil er sie als Bewunderer braucht. Auch wenn, wie Hannah Arendt gemeint hat, Eitelkeit der Erscheinungsdrang alles Lebendigen ist, und es den Menschen danach verlangt, von anderen anerkannt zu werden, was förderlich für sein Wohlbefinden ist, so kann sich dieses Verlangen bis zur Geltungssucht steigern.

Warum wird ein Ort immer wieder gern aufgesucht? Entscheidend ist die gefühlsmäßige Reaktion auf einen Ort bzw. der *emotional response*. Als primäre Reaktion ist die unmittelbare Reaktion eine Art Weichensteller. Denn ein positives Gefühl bewirkt, dass man eine angenehme Wahrnehmung erneut stattfinden lassen möchte. Man kommt gerne wieder. Das

Gegenteil ist der Fall, wenn ein Ort negative Gefühle ausgelöst hat. Man wird ihn künftig meiden.

Die Geschichte vom verlorenen Sohn wirft viele Fragen auf. Sind Sesshaftigkeit und Pflichtbewusstsein weniger wert als Weltoffenheit und eine egomane Selbstverwirklichung? Und ist der Vater gerecht? Übertreibt er nicht, als er für den verloren geglaubten Sohn ein Festmahl ausrichten lässt? Das Handeln des Vaters orientiert sich an universellen ethischen Prinzipien, indem er dem der Unterstützung bedürftigen Sohn hilft, weil er ihn liebt und nicht, weil er von ihm eine Gegenleistung erwartet, wie es in dem Stufenmodell der *Moralentwicklung* von Kohlberg (1995) einem Verhalten auf einer tieferen Entwicklungsstufe entspricht. Für den älteren pflichtbewussten Sohn ist das schmerzlich, doch letztlich muss er akzeptieren, dass moralisches Handeln nicht beim Prinzip der Gegenseitigkeit aufhört.

Was richtig ist, lässt sich umso weniger ausmachen, je größer die Informationsflut und je komplexer die Sachverhalte sind, weil es dem einzelnen Menschen nicht möglich ist, die Informationsmengen aus der Umwelt aufzunehmen und zu verarbeiten und die äußerst komplexen Zusammenhänge nachzuvollziehen. Man kommt um eine *Informationsselektion* nicht herum. Techniken des strategischen und politischen Framing in der medialen Berichterstattung sind darauf gerichtet, vorab, d. h. vor der individuellen Selektion, eine Auswahl zu treffen. Es wird aussortiert und hervorgehoben. Schließlich lässt sich nicht mehr sagen, was richtig und was falsch ist, denn es gibt unterschiedliche Perspektiven, die jeweils etwas anderes in den Blick nehmen, was unterschiedliche Antworten nach sich zieht.

Dass man alles daran setzen sollte, Unsicherheitsgefühle in öffentlichen Räumen zu vermeiden, hat zwei Gründe. Zum einen ist das Sicherheitsbedürfnis ein Grundbedürfnis, dessen Befriedigung erforderlich ist, um ein normales Leben führen zu können, zum anderen werden Orte, an denen man sich unsicher gefühlt hat, künftig gemieden. Sie werden für den Menschen, weil er sich dort geängstigt und unsicher gefühlt hat, zu „lost places". Eine Erklärung liefert die empirisch vielfach bestätigte *Prospect Refuge Theorie*. Um sich sicher zu fühlen, muss man die Umgebung überblicken können (prospect), und es muss einen erreichbaren Ort geben, der Schutz bietet (refuge). Spärlich beleuchtete lange Unterführungen bieten beides nicht.

Wie kommt es, dass man einen Klang nicht hört, obwohl er deutlich über der Hörschwelle liegt? Es liegt an der begrenzten *Aufmerksamkeitsspanne*. Worauf sich jeweils die Aufmerksamkeit richtet und was außen vor bleibt, ist individuell unterschiedlich. Darüber hinaus hängt es von der Salienz der Information ab. Würde die Windharfe, die an einem Baum im Park befestigt ist, laut tönen, würde man sie sehr wahrscheinlich bemerken. Die meisten Menschen, die in einem Park spazieren gehen, in dem prächtige Pflanzen zu sehen ist, achten nicht auf akustische Reize, sie richten ihre Aufmerksamkeit allein auf die Pflanzenwelt.

Warum wohnt ein König in einem Palast, der eigentlich viel zu groß ist? Der Palast des Herrschers ist ein Zeichen für einen hohen sozialen Status, für Reichtum und Macht. Das imposante Gebäude führt vor Augen, dass gebaute Umwelt mehr ist als nur materiell physischer Raum; sie ist mehr oder weniger auch Träger sozialer Information. Dieser Tatsache wurde als *soziokulturelles Paradigma* bezeichnet. Architekten werden bei ihren Entwürfen nicht nur an Stabilität, Funktionalität und das Erscheinungsbild denken, sondern auch daran, welche Botschaft das künftige Bauwerk übermitteln soll. So sollte man einem Regierungsgebäude ansehen, dass es ein Regierungsgebäude ist.

Man hat lange gearbeitet und fühlt sich müde und erschöpft. Das Verlangen, raus zu kommen im Sinne von „Aus grauer Städte Mauern ziehn wir durch Wald und Feld" und im Park oder im nahen Wald spazieren zu gehen, ist riesengroß. Man strebt dorthin, denn man weiß aus Erfahrung, dass Park und Wald *restorative environments* sind. Man kann sich dort erholen, Stress abbauen und sich nach Lust und Laune bewegen. Lebensfreude, Leistungsfähigkeit und Wohlbefinden werden wieder erlangt. Die natürliche Umwelt bietet ein being away vom Alltag statt das sattsam Bekannte, faszinierende Eindrücke statt Monotonie und befreiende Weite statt räumlicher Beengtheit. Being away, Faszination und Weite sind maßgebliche Erholfaktoren.

Umweltaktivisten greifen, um sich Gehör zu verschaffen und der Welt kund zu tun, dass es um ein wichtiges Anliegen geht, mitunter zu rabiaten Maßnahmen, sodass Polizei und Staatsanwaltschaft einschreiten. Sie warten nicht einfach ab, sondern sind politisch aktiv und sozial engagiert. Eine aktivistische Aktion ist z. B. der Schutz von Wäldern (Krauthausen und Schwarz 2021). Bezogen auf das Konzept des *Umweltbewusstseins*, das Umweltwissen, Betroffenheit, Wertorientierungen und Umwelt schützendes Verhalten umfasst, sind Aktivisten diejenigen, bei denen die Verhaltenskomponente hervorsticht. Sie warten nicht, wie es die „Attentisten" tun, ab, sondern setzen sich aktiv sichtbar für den Schutz der natürlichen Lebensgrundlagen ein.

Wer die Natur nicht kennt und auf keinerlei Erfahrungen mit der Natur zurückblicken kann, ist als Umweltschützer verloren. Auch Umweltaktivisten werden hier kaum etwas bewirken können, indem sie durch ihre Aktionen wachrütteln. Mit der Bezeichnung *Kindheitsfaktor* wird zum Ausdruck gebracht, dass für die Entwicklung von Umweltbewusstsein Erfahrungen in Kindheit und Jugend entscheidend sind.

Gelernt wird nicht nur intentional, sondern auch inzidentell. Das beiläufig erworbene Erfahrungswissen beruht größtenteils auf einem Lernen ohne ausdrückliche Lernabsicht. Das intentionale Lernen lässt sich steuern, wenn man die Erkenntnisse der *Lerntheorie* nutzt. So weiß man, dass es effektiver ist, erwünschtes Verhalten zu belohnen als unerwünschtes Verhalten zu bestrafen. Verbote wirken zwar für einen Augenblick, doch Belohnungen und die Aussicht darauf wirken langfristig. Man weiß aber auch, dass ein maßvolles gegenüber einem übermäßigen Belohnen sehr viel wirkungsvoller ist. Ausgehend von der *Theorie der geplanten Handlung*, die aussagt, dass Einstellungen, soziale Normen und die wahrgenommenen Handlungsmöglichkeiten das Verhalten bestimmen, lässt sich unerwünschtes Verhalten wie ein verschwenderischer Umgang mit Ressourcen durch Veränderung der sozialen Normen erreichen.

Bestimmte Orte sind für einen Menschen besonders wichtig. *Favourite places* spielen im Gefühlshaushalt eine große Rolle, denn ein Aufenthalt dort bewirkt, dass eine beeinträchtigte emotionale Stabilität wieder erlangt wird. Darüber können „Lieblingsorte" auch soziale Orte sein sowie Bereiche, in denen man seinen bevorzugten Aktivitäten nachgehen kann.

Zu einem besonderen Ort ist in den letzten Jahren das Home Office geworden, über das wegen dessen enormer Aktualität eingehend debattiert wird. Ein schlichtes Pro oder Contra ist nicht möglich, weil es von vielen Faktoren abhängt, wie gut Home und Office zusammen passen. Wer zum Arbeiten nur eine Laptop und einen Internetanschluss braucht, kann im Prinzip zeit- und orts-unabhängig arbeiten. Doch der Gewinn an Autonomie wird durch verschiedene Nachteile aufgezehrt: Man leidet unter eine Mangel an Anregungen aus der Außenwelt; die sozialen Bedürfnisse nach Kontakt und Kommunikation werden nicht ausreichend befriedigt; man muss sich selbst eine raumzeitliche Struktur des Alltags schaffen, was durchaus eine willentliche Anstrengung erfordert; die Wohnung ist kein *restorative environment* mehr; es wird enger in der Wohnung, und man bewegt sich weniger, wenn die Wege zur Arbeit entfallen. All das muss in die Wagschale geworfen werden, bevor man das Home Office als neue Errungenschaft preist, weil sie dem Menschen mehr Selbstbestimmung beschert.

Warum ist der Wald für viele Menschen ein besonderer Ort? Dass er es ist, zeigt sich bereits daran, dass er ein häufiger Schauplatz in den Märchen ist. Die *psychologische Ästhetik* liefert eine Erklärung. Der Wald ist ein Sinnbild für *Mystery*, für das Undurchschaubare, Dunkle und Geheimnisvolle. Mystery ist anregend und spannend, solange das Geheimnisvolle und Rätselhafte nicht zu etwas Unheimlichem wird, und sich die Lust am Entdecken bis hin zur Angstlust nicht in schiere Angst verwandelt. Ein mittleres Maß an Mystery ängstigt nicht, sondern fordert heraus, das Geheimnisvolle zu ergründen. Ein Waldweg am Tage ist geheimnisvoll. Derselbe Waldweg in tiefster Nacht kann ziemlich unheimlich sein.

Der ästhetische Eindruck wird im hohen Maße von der *Mystery-*Komponente bestimmt. Ein komplett wieder hergestellter griechischer Tempel oder eine mustergültig ausgeführte Rekonstruktion des antiken Theaters würde weitaus weniger begeistern und die Fantasie des Betrachters anregen, als es die geheimnisvollen steinernen Ruinen vermögen. Die Attraktivität antiker Stätten wird durch die einzigartige *Gestimmtheit* dieser Orte und heiligen Haine, einem Gesamteindruck einer mediterranen Landschaft, noch zusätzlich gesteigert. Anders als eine große Kathedrale sind antike Tempel viel weniger überwältigend. Bei ihrem Anblick fühlt sich der Mensch nicht klein und nichtig.

Das Heimweh ist ein Symptom, das bei einem Verlust der vertrauten Umwelt auftritt. Es lässt auf eine tief verankerte *emotionale Ortsverbundenheit* schließen. Diese speist sich aus einer Verbundenheit mit der physisch-räumlichen Umwelt und aus sozialen Bindungen. Der sesshafte Mensch ist verwurzelt. Doch in einer globalisierten Welt, in der Weltoffenheit als erstrebenswert gilt, ist Sesshaftigkeit weniger gefragt. Heute werden Mobilität und Ungebundenheit erwartet. Doch das könnte ein Verlust an Halt sein und zu einer faktischen und psychischen Heimatlosigkeit führen.

Der tätige Mensch verändert die Umwelt auf unterschiedliche Weise und in einem unterschiedlichen Ausmaß. Der Begriff für dieses Tun ist *Umweltaneignung*. In diese Kategorie gehören alle auf die Umwelt gerichteten Handlungen, darunter auch das Personalisieren: ein in Gebrauch nehmen, Möblieren, Dekorieren, Markieren, Verändern und Umbauen. Dass es sich bei der Umweltaneignung nicht nur um ein Oberflächenphänomen handelt, sondern dass diesem Handeln psychische Prozesse zugrunde liegen, zeigt sich daran, dass sich Menschen mit der Umwelt identifizieren, die sie sich zu eigen gemacht haben.

Wissenschaftliche Erkenntnisse und die Entwicklung der Biotechnologien ermöglichen weit reichende Eingriffe in den menschlichen Körper. Eingriffe, die in verbessernder Absicht stattfinden, sind Maßnahmen des *human enhancement*. Ziel ist, die körperlichen und kognitiven Fähigkeiten zu steigern, das Immunsystem und die Stress-Resilienz zu stärken und das aktive gesunde Leben zu verlängern. Selbstoptimierungsmaßnahmen gehen über eine Therapie, die auf die Beseitigung von Störungen und Defiziten ausgerichtet ist, weit hinaus. Neue Möglichkeiten der Selbstoptimierung, sich in einem sozialen Umfeld neu zu definieren und der zu sein, der man sein möchte, hat die Digitalisierung mit sich gebracht. Vorstellungen von einer perfekten Lebensführung und vollendeten Glücks werden zum Leitbild.

Wann lachen wir und warum? Erklärungen stammen nicht nur aus der Psychologie, sondern auch aus der Philosophie und der Psychoanalyse. Kant und Freud haben sich darüber Gedanken gemacht. Lachen hat mit einer Grenzüberschreitung zu tun. Man lacht beim Betrachten von Cartoons oder dem Lesen einer Satire-Zeitschrift über die Gesellschaft, der man angehört, d. h. über sich selbst. Das Konzept des *Aktivierungszirkels* bezeichnet den lustvoll erlebten Wechsel zwischen Spannung und Lösung; Spannung wird als lustvoll erlebt, wenn man weiß, dass unmittelbar darauf eine Entspannung folgen wird. Lachen ist Ausdruck einer sich auflösenden Spannung. Man lacht auch über Situationen, die überspitzen, wie eine übertriebene Gestik oder Mimik.

Wenn Mut die Bereitschaft ist, ein Risiko einzugehen, also in Kauf zu nehmen, dass man scheitern kann, dann wäre ein Architekt mutig, wenn er riskiert, dass das von ihm errichtete Bauwerk nicht haltbar oder nicht zweckmäßig ist oder dass es hässlich aussieht. Da jedoch Mut fehl am Platze ist, wenn es um Haltbarkeit und Funktionalität geht, meint mutige Architektur vor allem eine ungewöhnliche Gestaltung und ein in Kauf nehmen, dass viele Menschen das Bauwerk nicht schön finden. Während Mut in der Wohnbauarchitektur eher fehl am Platz ist, kann eine vom Üblichen abweichende Gestaltung öffentlicher Gebäude berechtigt sein, sofern diese als *Landmarke*n dienen, die es den Menschen erleichtern, sich räumlich zu orientieren und zu verorten. Hinzukommt, dass sie wegen ihrer Besonderheit die Stadt repräsentieren. Ein neueres Beispiel ist die Elbphilharmonie. Anders verhält es sich in der Wohnbauarchitektur. Hier ist das Leitbild das *Social design*, d. h. eine Gestaltung, die in erster Linie auf die Bedürfnisse der Nutzer bezogen ist.

Umweltkontrolle ist das Bestreben des Menschen, Ereignisse und Zustände seiner Umwelt beeinflussen, vorhersagen und beherrschen zu können. Wer keine Kontrolle über die Umwelt hat, ist äußeren Einflüssen ausgesetzt. Unfälle sind Zeichen eines Kontrollverlusts. Eine störanfällige Technik, die man nicht mehr beherrscht, sowie Nachlässigkeit, aber auch Selbstüberschätzung können einen Kontrollverlust zur Folge haben.

In den Naturkatastrophen manifestiert sich eine übermächtige Natur, die in einen totalen Kontrollverlust münden kann. Naturkatastrophen wie Erdbeben und Vulkanausbrüche sind nicht vorhersagbar, sie brechen über die Menschen herein. Sie erzeugen nicht nur ungeheuren *Stress,* sondern nehmen dem Menschen auch die Illusion, dass er alles beherrschen und mit allem, was sich auch immer ereignet, fertig werden kann.

8 Schluss

Eine Katastrophe besonderer Art ist eine schwere Erkrankungen und Tod bringende Pandemie. Maßnahmen, um die Ansteckungswahrscheinlichkeit zu verringern, sind Einschränkungen des Aufenthalts in öffentlichen Räumen und Einrichtungen. Die negativen Folgen lassen sich mit dem *Behavior Setting* Konzept beschreiben und erklären. Das Behavior Setting ist ein System, das funktioniert, wenn dessen drei Komponenten zueinander passen: Das Setting (ein Umweltausschnitt) passt zur Zahl der anwesenden Menschen und zum Verhaltensprogramm. Wenn in einem Theater nur noch jeder dritte oder vierte Platz besetzt werden darf, um die Zahl der anwesenden Menschen zu verringern und sie zugleich auf Abstand zu halten, ist das ein Eingriff in das System, der destabilisieren kann. Speziell mit der Komponente: der Zahl der Teilnehmer, befasst sich die *Staffing Theorie*. Sowohl ein Overstaffing als auch ein Understaffing können ein Behavior Setting außer Kraft setzen. Gefährlich nah am Minimum ist z. B. eine Klinik, wenn die Zahl der Pflegekräfte nicht mehr ausreicht, um die anfallenden Aufgaben zu erfüllen. Oder: Bei zu vielen Teilnehmern in einem Raum nimmt die Anonymität zu; mit einem barmherzigen Samariter ist in einer solchen Situation nicht mehr zu rechnen.

Abschließend sei noch einmal auf das weit- und hochgesteckte Ziel eines „giving psychology away" hingewiesen: die Vermittlung psychologischen Wissens mit der Absicht, Menschen in die Lage zu versetzen, ihr eigenes Denken und Handeln besser zu verstehen. Um das zu bewerkstelligen, wurde ein tiefer Griff in die Black Box getan, in der sich psychologische Theorien und Konzepte befinden, die sich in Experimenten und empirischen Untersuchungen als tauglich erwiesen haben. Manche Fragen lassen sich damit zumindest ansatzweise beantworten.

Literatur

Abdulkarim, D., & Nasar, J. L. (2014). Do seats, food vendors, and sculptures improve plaza visitability? *Environment and Behavior, 46,* 805–825.

Abels, N. (2008). *Benjamin Britten. Monographie.* Rowohlt Taschenbuch Verlag.

Allen, D. (2020). *Politische Gleichheit. Frankfurter Adorno-Vorlesungen 2017.* Suhrkamp Verlag.

Ajzen, I. (1991). The theory of planned behavior. *Organizational Behavior and Human Decision Processes, 50,* 179–211.

Anderl, S. (2020). Erdwasser. FAZ, Nr. 204 vom 2.9.20, S. N1.

Appleyard, D. (1970). Styles and methods of structuring a city. *Environment and Behavior, 2,* 100–117.

Appleyard, D. (1979). The environment as a social symbol. *Journal of the American Planning Association, 45,* 143–153.

Arendt, H. (1955). Elemente und Ursprünge totalitärer Herrschaft. Europäische Verlagsanstalt (Piper 2008).

Arendt, H. (1960). Vita activa oder Vom tätigen Leben. Kohlhammer (Piper 2007).

Asendorpf, J. B. (2019). *Persönlichkeitspsychologie für Bachelor.* Springer.

Bachmaier, H. (2005). Nachwort. In H. Bachmaier (Hrsg.), *Texte zur Theorie der Komik* (S. 121–134). Reclam.

Banyard, P., & Hulme, J. A. (2015). Giving psychology away: How George Miller's vision is being realized by psychological literacy. *Psychology Teaching Review, 21*(2), 93–100.

Barnett, R. (2007). Sacred groves: Sacrifice and the order of nature in ancient greek landscapes. *Landscape Journal, 26,* 252–269.

Beck, U. (2008). Jenseits von Klasse und Nation. Individualisierung und Transnationalisierung sozialer Ungleichheiten. *Soziale Welt, 59,* 302–325.

Becker-Carus, C., & Wendt, M. (2017). *Allgemeine Psychologie. Eine Einführung* (2. Aufl.). Springer.
Bell, P. A., Greene, T. C., Fisher, J. D., & Baum, A. (2001). *Environmental psychology* (5. Aufl.). Harcourt College Publishers.
Berto, R. (2005). Exposure to restorative environments helps restore attentional capacity. *Journal of Environmental Psychology, 25,* 249–259.
Bierhoff, H.-W. (2002). *Einführung in die Sozialpsychologie.* Beltz Verlag.
Bierhoff, H.-W. (2006). Sozialpsychologie zwischenmenschlichen Verhaltens. In K. Pawlik (Hrsg.), *Handbuch Psychologie: Wissenschaft, Anwendung, Berufsfelder* (S. 397–413). Springer.
Blümelhuber, C. (2005). Informationsüberlastung. In D. Frey, L. von Rosenstiel, & C. Graf Hoyos (Hrsg.), Wirtschaftspsychologie (S. 143–148). Beltz Verlag.
Blumen, O. (1994). Gender differences in the journey to work. *Urban Geography, 15,* 223–245.
Bollnow, O. F. (1963). *Mensch und Raum.* Kohlhammer.
Brosius, H.- B., & Dan, V. (2020). Framing im Nachrichtenjournalismus. In T. Köhler (Hrsg.), Fake News, Framing, Fact-Checking: Nachrichten im digitalen Zeitalter (S. 265–282). transcript Verlag (Sonderausgabe für die Bundeszentrale für politische Bildung).
Bruni, C. M., Fraser, J., & Schultz, P. W. (2008). The value of zoo experiences for connecting people with nature. *Visitor Studies, 11*(2), 139–150.
Brunstein, J. C., & Heckhausen, H. (2018). Leistungsmotivation. In J. Heckhausen & H. Heckhausen (Hrsg.), *Motivation und Handeln* (S. 163–221). Springer.
Bundeszentrale für politische Bildung. (Hrsg.) (2016). Der Neue Mensch. Aus Politik und Zeitgeschichte.
Busch, H. (2018). Machtmotivation. In J. Heckhausen & H. Heckhausen, H. (Hrsg.), Motivation und Handeln (S. 245–268). Springer.
Carles, J. L., Lopez Barrio, I., & de Luci, J. V. (1999). Sound influence on landscape values. *Landscape and Urban Planning, 43,* 191–200.
Chawla, L. (1998). Significant life experiences revisited: A review of research on sources of environmental sensitivity. *Environmental Education Research, 4*(3), 369–382.
Collado, S., & Corraliza, J. A. (2015). Children's restorative experiences and self-reported environmental behaviors. *Environment and Behavior, 47,* 38–56.
de Saint-Exupéry, A. (1956). Der kleine Prinz (50. Aufl.). Karl Rauch Verlag (französische Originalausgabe 1946).
Entman, R. M. (1993). Framing: Toward clarification of a fractural paradigm. *Journal of Communication, 43*(4), 51–58.
Evans, G. W., & McCoy, J. M. (1998). When buildings don't work: The role of architecture in human health. *Journal of Environmental Psychology, 18,* 85–94.
Evans, G. W., Saegert, S., & Harris, R. (2001). Residential density and psychological health among children in low-income families. *Environment and Behavior, 33,* 165–180.

Faber Taylor, A., Wiley, A., Kuo, F. E., & Sullivan, W. C. (1998). Growing up in the inner city. Green spaces as places to grow. *Environment and Behavior, 30,* 3–27.

Felser, G. (2005). Differentielle Wirtschaftspsychologie. In D. Frey, von L. Rosenstiel, & C. Graf Hoyos (Hrsg.), Wirtschaftspsychologie (S. 49–54). Beltz/PVU.

Fischer, M., & Stephan, E. (1996). Kontrolle und Kontrollverlust. In L. Kruse, C. F. Graumann, & E.-D. Lantermann (Hrsg.), *Ökologische Psychologie. Ein Handbuch in Schlüsselbegriffen* (S. 166–175). Psychologie Verlags Union.

Fisher, B. S., & Nasar, J. L. (1992). Fear of crime in relation to three exterior site features. Prospect, refuge, and escape. *Environment and Behavior, 24,* 35–65.

Flade, A. (2006). *Wohnen psychologisch betrachtet.* Hans Huber Verlag.

Flade, A. (2008). *Architektur psychologisch betrachtet.* Hans Huber Verlag.

Flade, A. (2020). *Wohnen in der individualisierten Gesellschaft. Psychologisch kommentiert.* Springer.

Frantz, C., Mayer, F. S., Norton, C., & Rock, M. (2005). There is no „I" in nature: The influence of self-awareness on connectedness to nature. *Journal of Environmental Psychology, 25,* 427–436.

Freud, A. (1936). *Das Ich und die Abwehrmechanismen. Nachdruck 1964.* Kindler Taschenbücher.

Freud, S. (1904). *Zur Psychopathologie des Alltagslebens. Über Vergessen, Versprechen, Vergreifen, Aberglaube und Irrtum. Nachdruck 2009.* Fischer Taschenbuch Verlag.

Freud, S. (1905). *Der Witz und seine Beziehung zum Unbewussten. Nachdruck 2020.* Fischer Taschenbuch Verlag.

Freud, S. (1931). *Das Unbehagen in der Kultur.* Internationaler Psychoanalytischer Verlag.

Fuhrer, U. (1996). Person-Umwelt-Kongruenz. In L. Kruse, C. F. Graumann, & E.-D. Lantermann (Hrsg.), *Ökologische Psychologie. Ein Handbuch in Schlüsselbegriffen* (S. 143–153). Psychologie Verlags Union.

Fuhrer, U. (2008). Ortsidentität, Selbst und Umwelt. In E.-D. Lantermann & V. Linneweber (Hrsg.), *Grundlagen, Paradigmen und Methoden der Umweltpsychologie* (S. 415–442). Hogrefe.

Fuhrer, U., & Kaiser, F. (1993). Ortsbindung: Ursachen und deren Implikationen für die Wohnungs- und Siedlungsgestaltung. In H.-J. Harloff (Hrsg.), *Psychologie des Wohnungs- und Siedlungsbaus* (S. 57–73). Verlag für Angewandte Psychologie.

Gammel, S. (2017). Eitelkeit. In B. Reiter (Hrsg.), Dr. B. Reiters Lexikon des philosophischen Alltags (S. 21–23). Metzler Verlag/Springer Nature.

Garrity, T. F., & Stallones, L. (1998). Effects of pet contact on human well-being. Review of recent research. In C. C. Wilson & D. C. Turner (Hrsg.), *Companion animals in human health* (S. 3–22). Sage Publications.

Gesler, W. M. (1992). Therapeutic landscapes: Medical issues in light of the new cultural geography. *Social Science and Medicine, 34,* 735–746.

Gifford, R. (2007). *Environmental psychology. Principles and practice* (4. Aufl.). Optimal Books.

Giles-Corti, B., & Donovan, R. J. (2003). Relative influences of individual, social environmental, and physical environmental correlates of walking. *American Journal of Public Health, 93,* 1583–1589.

Graham, S., & Thrift, N. (2007). Out of order. Understanding repair and maintenance. *Theory, Culture and Society, 24*(3), 1–25.

Graumann, C. F. (1996). Aneignung. In L. Kruse, C. F. Graumann, & E.-D. Lantermann (Hrsg.), *Ökologische Psychologie. Ein Handbuch in Schlüsselbegriffen* (S. 124–130). Psychologie Verlags Union.

Greitemeyer, T., Fischer, P., & Frey. D. (2005). Stress. In D. Frey & C. Grad Hoyos (Hrsg.), Psychologie in Gesellschaft, Kultur und Umwelt (S. 181–186). Beltz/PVU.

Griffin, R. S., & Gross, A. M. (2004). Childhood bullying: Current empirical findings and future directions for research. *Aggression and Violent Behavior, 9,* 379–400.

Gropius, W. (1956). *Architektur. Wege zu einer optischen Kultur.* Fischer.

Guski, R. (2013). Verkehrslärm. In A. Flade (Hrsg.), *Der rastlose Mensch. Konzepte und Erkenntnisse der Mobilitätspsychologie* (S. 162–171). Springer.

Haddock, G., & Maio, G. R. (2014). Einstellungen. In K. Jonas, W. Stroebe, & M. Hewstone (Hrsg.), *Sozialpsychologie* (S. 197–229). Springer.

Hall, E. T. (1966). *The hidden dimension.* Doubleday.

Hammitt, W. E. (2000). The relation between being away and privacy in urban forest recreation environments. *Environment and Behavior, 32,* 521–540.

Hardin, G. (1968). The tragedy of the commons. *Science, 162,* 1243–1248.

Harlow, H. F. (1958). The nature of love. *American Psychologist, 13,* 673–685.

Harlow, H. F., & Suomi, G. J. (1970). The nature of love-simplified. *American Psychologist, 25,* 161–168.

Hartig, T., Evans, G. W., Jamner, L. D., Davis, D. S., & Gärling, T. (2003). Tracking restoration in natural and urban field settings. *Journal of Environmental Psychology, 23,* 109–123.

Hartig, T., Mitchell, R., de Vries, S., & Frumkin, H. (2014). Nature and health. *Annual Review of Public Health, 35,* 207–228.

Heckhausen, H. (1964). Entwurf einer Psychologie des Spielens. *Psychologische Forschung, 27,* 225–243.

Heckhausen, H. (2014). Entwicklungslinien der Motivationsforschung. In J. Heckhausen & H. Heckhausen (Hrsg.), *Motivation und Handeln* (S. 13–48). Springer.

Heilinger, J.-C. (2016). Grenzen des Menschen. Zu einer Ethik des Enhancement. In Bundeszentrale für politische Bildung (Hrsg.), Der Neue Mensch. *Aus Politik und Zeitgeschichte, 66*(37–38), 22–26.

Hellbrück, J., & Kals, E. (2012). *Umweltpsychologie.* Springer VS.

Hellpach, W. (1924). Psychologie der Umwelt. In E. Abderhalden (Hrsg.), *Handbuch der biologischen Arbeitsmethoden* (S. 109–112). Urban & Schwarzenberg.

Herzog, T. R., & Kirk, K. M. (2005). Pathway curvature and border visibility as predictors of preference and danger in forest settings. *Environment and Behavior, 37,* 620–639.

Herzog, T. R., & Kropscott, L. S. (2004). Legibility, mystery, and visual access as predictors of preference and perceived danger in forest settings without pathways. *Environment and Behavior, 36,* 659–677.

Herzog, T. R., & Miller, E. J. (1998). The role of mystery in perceived danger and environmental preference. *Environment and Behavior, 30,* 429–449.

Heßler, M. (2012). *Kulturgeschichte der Technik.* Campus Verlag.

Hewstone, M., & Martin, R. (2014). Sozialer Einfluss. In K. Jonas, W. Stroebe, & M. Hewstone (Hrsg.), *Sozialpsychologie* (S. 269–313). Springer.

Hofstätter, P. R. (1959). *Einführung in die Sozialpsychologie* (2. Aufl.). Alfred Kröner Verlag.

Homburg, A., & Matthies, E. (2005). Umweltschonendes Verhalten. In D. Frey, L. von Rosenstiel, & C. Graf Hoyos (Hrsg.), Wirtschaftspsychologie (S. 345–352). Beltz/PVU.

Ittelson, W. H. (1976). Environmental perception and temporary perceptual theory. In H. M. Proshansky et al. (Hrsg.), Environmental psychology, 2. Aufl. Holt, Rinehart and Winston.

Ittelson, W. H. (1978). Environmental perception and urban experience. *Environment and Behavior, 10,* 193–213.

James, W. (1890). The principles of psychology. Holt (zit. nach Fuhrer 2008).

Jonas, K., Stroebe, W., & Hewstone, M. (Hrsg.). (2014). *Sozialpsychologie.* Springer.

Kahneman, D., & Tversky, A. (1984). Choices, values, and frames. *American Psychologist, 39*(4), 341–350.

Kals, E., & Müller, F. H. (2005). Gesunde Umwelt. In D. Frey & C. Graf Hoyos (Hrsg.), Psychologie in Gesellschaft, Kultur und Umwelt (S. 354–360). Beltz Verlag.

Kant, I. (1790). Kritik der Urteilskraft. Herausgegeben von G. Lehmann (1963). Auflösung gespannter Erwartung (S. 275–280). Abgedruckt in H. Bachmeier (Hrsg.), (2005). Texte zur Theorie der Komik (S. 24–28). Reclam.

Kaplan, R., & Kaplan, S. (1989). *The experience of nature. A psychological perspective.* Cambridge University Press.

Kaplan, S. (1995). The restorative benefits of nature. Toward an integrative framework. *Journal of Environmental Psychology, 15,* 169–182.

Karremans, J. C., & Finkenauer, C. (2014). Affiliation, zwischenmenschliche Anziehung und enge Beziehungen. In K. Jonas, W. Stroebe, & M. Hewstone (Hrsg.), *Sozialpsychologie* (S. 401–437). Springer.

Kaube, J. (2019). *Die Anfänge von allem.* Rowohlt Taschenbuch Verlag.

Kavan, A. (1967/2020). Eis. Verlag Diaphanes.

Keil, C. P. (1998). Loneliness, stress, and human-animal attachment among older adults. In C. C. Wilson & D. C. Turner (Hrsg.), *Companion animals in human health* (S. 123–132). Sage Publications.

Kistemann, T., Völker, S., & Lengen, C. (2010). Stadtblau. Die gesundheitliche Bedeutung von Gewässern im urbanen Raum. In Natur- und Umweltschutzakademie (NUA) (Hrsg.), Die Bedeutung von Stadtgrün für die Gesundheit. Dokumentation zur Tagung 2008 (S. 61–75). Recklinghausen.

Kitchin, R. M. (1994). Cognitive maps: What they are and why study them? *Journal of Environmental Psychology, 14*, 1–19.

Klix, F. (1994). Kybernetik. In R. Asanger & G. Wenninger (Hrsg.), *Handwörterbuch der Psychologie* (4. Aufl., S. 389–392). Beltz/PVU.

Koch, S. (2005). Werte und Wertewandel. In D. Frey, L. von Rosenstiel, & C. Graf Hoyos (Hrsg.), Wirtschaftspsychologie (S. 401–406). Beltz/PVU.

Kohlberg, L. (1995). *Die Psychologie der Moralentwicklung*. Suhrkamp.

Korpela, K. M. (1992). Adolescents' favourite places and environmental self regulation. *Journal of Environmental Psychology, 12*, 249–258.

Krahé, B. (2014). Aggression. In K. Jonas, W. Stroebe, & M. Hewstone (Hrsg.), *Sozialpsychologie* (6. Aufl., S. 315–356). Springer.

Krauthausen, R., & Schwarz, B. (2021). *Wie kann ich was bewegen? Die Kraft des konstruktiven Aktivismus*. Edition Körber.

Kruse, L. (1996). Raum und Bewegung. In L. Kruse, C. F. Graumann, & E. D. Lantermann (Hrsg.), *Ökologische Psychologie. Ein Handbuch in Schlüsselbegriffen* (S. 313–324). Psychologie Verlags Union.

Lamnek, S. (2018). *Theorien abweichenden Verhaltens. Klassische Ansätze* (10. Aufl.). Wilhelm Fink.

Lamparter, U. (2018). Das Dunkle – psychoanalytische Perspektiven. *Forum der Psychoanalyse, 34*, 113–115.

Lehmann, G. (Hrsg.) (1963). Immanuel Kant: Kritik der Urteilskraft (S. 275–280). Reclam (abgedruckt in „Texte zur Theorie der Komik", Reclam 2005).

Lemme, S. (2020). *Visualität und Zugehörigkeit. Deutsche Selbst- und Fremdbilder in der Berichterstattung über Migration, Flucht und Integration*. transcript-Verlag.

Leong, L. Y. C., Fischer, R., & McClure, J. (2014). Are nature lovers more innovative? The relationship between connectedness with nature and cognitive styles. *Journal of Environmental Psychology, 40*, 57–63.

Lichtenberger, E. (2002). *Die Stadt. Von der Polis zur Metropolis*. Wissenschaftliche Buchgesellschaft.

Loewen, J. L., Steel, G. D., & Suedfeld, P. (1993). Perceived safety from crime in the urban environment. *Journal of Environmental Psychology, 13*, 323–331.

Lohaus, A., & Vierhaus, M. (2019). *Entwicklungspsychologie des Kindes- und Jugendalters für Bachelor* (4. Aufl.). Springer.

Lohre, M. (2020). Das Opfer ist der neue Held. Warum es heute Macht verleiht, sich machtlos zu geben. Gütersloher Verlagshaus (Sonderausgabe für die Bundeszentrale für politische Bildung, Bonn 2021).

Ludwig, G. (2014). *Der lange Schatten von Tschernobyl. Bildband*. Edition Lammerhuber.

Lück, A.-K. (2013). *Der gläserne Mensch im Internet*. Kohlhammer.

Mangold, R. (2004). Infotainment und Edutainment. In R. Mangold, P. Vorderer, & G. Bente (Hrsg.), *Lehrbuch der Medienpsychologie* (S. 527–542). Hogrefe.

Martin, S. H. (2002). The classroom environment and its effects on the practice of teachers. *Journal of Environmental Psychology, 22*, 139–156.

Maslow, A. H. (1954). *Motivation and personality*. Harper and Row.

Matz, S. C., & Harari, G. M. (2021). Personality–place transactions: Mapping the relationships between Big Five personality traits, states, and daily places. *Journal of Personality and Social Psychology, 120*(5), 1367–1385.

Mayer-Schönberger, V., & Cukier, K. (2013). *Big Data. Die Revolution, die unser Leben verändern wird*. Redline Verlag.

Mehrabian, A., & Russell, J. A. (1974). *An approach to environmental psychology*. The MIT Press.

Milgram, S. (1974). *Obedience to authority: An experimental view*. Harper & Row.

Miller, G. (1969). Psychology as a means of promoting human welfare. *American Psychologist, 24,* 1063–1075.

Morf, C. C., & Koole, S. L. (2014). Das Selbst. In K. Jonas, W. Stroebe, & M. Hewstone (Hrsg.), *Sozialpsychologie* (S. 141–195). Springer.

Mueller, M. K. (2021). Human-animal interaction and child health and development. In R. M. Bures & N. R. Gee (Hrsg.), *Well-being over the life course incorporating human-animal interaction* (S. 53–67). Springer Nature.

Nasar, J. L. (1997). New developments in aesthetics for urban design. In G. T. Moore & R. W. Marans (Hrsg.), *Advances in environment, behavior, and design* (Bd. 4, S. 151–193). Plenum Press.

Neugebauer, B. (2004). Die Erfassung von Umweltbewusstsein und Umweltverhalten. ZUMA-Methodenbericht Nr. 2004/07.

Noelle-Neumann, E. (1974). The spiral of silence. A theory of public opinion. *Journal of Communication, 24*(2), 43–51.

Oerter, R. (1977). *Moderne Entwicklungspsychologie*. Verlag Ludwig Auer.

Oldenburg, R. (1999). *The great good place: Cafes, coffee shops, bookstores, bars, hair salons, and other hangouts at the heart of a community*. Da Capo Press.

Oldenburg, R. (2001). *Celebrating the third place. Inspiring stories about the „Great Good Places" at the heart of our communities*. Marlowe.

Oswald, M. (2019). *Strategisches Framing. Eine Einführung*. Springer VS.

Palmer, J. A. (1993). Development of concern for the environment and formative experiences of educators. *Journal of Environmental Education, 24*(3), 26–30.

Pfister, H.-R., & Böhm, G. (2005). Risikowahrnehmung. In D. Frey, L. von Rosenstiel, & C. Graf Hoyos (Hrsg.), Wirtschaftspsychologie (S. 310–315). Beltz/PVU.

Polce-Lynch, M., Myers, B. J., Kliewer, W., & Kilmartin, C. (2001). Adolescent self esteem and gender: Exploring relations to sexual harassment, body image, media influence, and emotional expression. *Journal of Youth and Adolescence, 30,* 225–244.

Probst, P. (2014). „Um den Bedürfnissen des praktischen Lebens entgegenzukommen" – Ein Einblick in Biografie und Werk William Sterns. In M. Spieß (Hrsg.), *100 Jahre akademische Psychologie in Hamburg. Eine Festschrift* (S. 87–115). Verlag der Staats- und Universitätsbibliothek Hamburg Carl von Ossietzky.

Purcell, T., Peron, E., & Berto, R. (2001). Why do preferences differ between scene types? *Environment and Behavior, 33,* 93–106.

Rapoport, A. (1969). *House form and culture.* Prentice Hall.

Reichenbach, R. (2020). *Grenzen der interpersonalen Verständigung. Eine Kommunikationskritik.* Psychosozial-Verlag.

Revers, M., & Traunmüller, R. (2020). Is free speech in danger on University Campus? Some preliminary evidence from a most likely case. *Kölner Zeitschrift für Soziologie und Sozialpsychologie, 72,* 471–497.

Riger, S., & Lavrakas, P. M. (1981). Community ties: Patterns of attachment and social interaction in urban neighborhoods. *American Journal of Community Psychology, 9,* 55–56.

Röcke, A. (2021). *Soziologie der Selbstoptimierung.* Suhrkamp.

Rossmann, P. (2004). *Einführung in die Entwicklungspsychologie des Kindes- und Jugendalters.* Verlag Hans Huber.

Roth, G. (2021). *Über den Menschen.* Suhrkamp.

Russell, J. A., & Snodgrass, J. (1987). Emotion and environment. In D. Stokols & I. Altman (Hrsg.), *Handbook of environmental psychology* (Bd. 1, S. 245–280). Wiley.

Sadalla, E. H., & Sheets, V. L. (1993). Symbolism in building materials: Self representional and cognitive components. *Environment and Behavior, 25,* 155–180.

Saegert, S., & Winkel, G. (1990). Environmental psychology. *Annual Review of Psychology, 41,* 441–477.

Schemel, H.-J. (2008). Das Konzept der Städtischen Naturerfahrungsräume und Thesen zu seiner Umsetzung. In H.-J. Schemel & T. Wilke (Bearb.). Kinder und Natur in der Stadt (S. 79–92). Bundesamt für Naturschutz, BFN-Skripten Nr. 230.

Schmidt, T. (2018). Tiere in der Stadt. In A. Flade (Hrsg.), *Zurück zur Natur? Erkenntnisse und Konzepte der Naturpsychologie, unter Mitarbeit von Gunter Mann, Hans-Joachim Schemel und Torsten Schmidt* (S. 218–229). Springer.

Schneewind, K. A., & Pekrun, R. (1994). Theorien der Erziehungs- und Sozialisationspsychologie. In K. A. Schneewind (Hrsg.), *Theorien der Erziehungs- und Sozialisationspsychologie* (S. 3–39). Hogrefe.

Schneider, G. (1996). Kognitive Karte und Kartierung: Orientierungsbezogene Umweltrepräsentation. In L. Kruse, C. F. Graumann, & E. D. Lantermann (Hrsg.), *Ökologische Psychologie. Ein Handbuch in Schlüsselbegriffen* (S. 268–277). Psychologie Verlags Union.

Schneider, H.-D. (1994). Macht. In R. Asanger & G. Wenninger (Hrsg.), *Handwörterbuch der Psychologie* (5. Aufl., S. 408–414). Beltz/Psychologie Verlags Union.

Schönhammer, R. (2009). *Einführung in die Wahrnehmungspsychologie. Sinne, Körper, Bewegung.* facultas.

Schönpflug, W. (1996). Umweltstress. In L. Kruse, C. F. Graumann, & E. D. Lantermann (Hrsg.), *Ökologische Psychologie. Ein Handbuch in Schlüsselbegriffen* (S. 176–180). Psychologie Verlags Union.

Schultz, P. W. (2002). Inclusion with nature: The psychology of human-nature-relations. In P. Schmuck & P. W. Schultz (Hrsg.), *Psychology of sustainable development* (S. 61–78). Kluwer Academic Publishers.

Schultz, P. W., Shriver, C., Tabanico, J. J., & Khazian, A. M. (2004). Implicit connections with nature. *Journal of Environmental Psychology, 24,* 31–42.

Schulz-Hardt, S., & Brodbeck, F. C. (2014). Gruppenleistung und Führung. In K. Jonas, W. Stroebe, & M. Hewstone (Hrsg.), *Sozialpsychologie* (S. 469–505). Springer.

Schwartz, B., & Barsky, S. P. (1977). The home advantage. *Social Forces, 55,* 641–661.

Scopelliti, M., & Tiberio, L. (2010). Homesickness in university students: The role of multiple place attachments. *Environment and Behavior, 42,* 335–350.

Selfhout, M., Denissen, J., Branje, S. J. T., & Meeus, W. (2009). In the eye of the beholder: Perceived, actual, and peer-rated similarity in personality, communication, and friendship intensity during the acquaintanceship process. *Journal of Personality and Social Psychology, 96,* 1152–1165.

Seligman, M. E. P. (1975). Helplessness: On depression, development, and death. Freeman (deutsche Ausgabe: Erlernte Hilflosigkeit. Urban und Schwarzenberg 1979).

Selman, R. L. (1984). Interpersonale Verhandlungen. Eine entwicklungstheoretische Analyse. In W. Edelstein & J. Habermas (Hrsg.), *Soziale Interaktion und soziales Verstehen* (S. 113–166). Suhrkamp.

Sherif, M. (1951). A preliminary experimental study of intergroup relations (zit. bei Hofstätter 1959)

Sherif, M., & Sherif, C. W. (1953). Groups in harmony and tension. Harper & Brothers (zit. bei Hofstätter 1959).

Skjaeveland, O., Gärling, T., & Maeland, J. G. (1996). A multidimensional measure of neighboring. *American Journal of Community Psychology, 24,* 413–435.

Smith, P. B. (2014). Sozialpsychologie und kulturelle Unterschiede. In K. Jonas, W. Stroebe, & M. Hewstone (Hrsg.), *Sozialpsychologie* (S. 565–605). Springer.

Sommer, R. (1983). *Social design. Creating buildings with people in mind.* Prentice Hall.

Sommer, R. (2002). Personal space in a digital age. In R. B. Bechtel & A. Churchman (Hrsg.), *Handbook of environmental psychology* (S. 647–660). Wiley & Sons.

Spada, H. (1996). Umweltbewusstsein: Einstellung und Verhalten. In L. Kruse, C. F. Graumann, & E.-D. Lantermann (Hrsg.), *Ökologische Psychologie. Ein Handbuch in Schlüsselbegriffen* (S. 623–631). Psychologie Verlags Union.

Spears, R., & Tausch, N. (2014). Vorurteile und Intergruppenbeziehungen. In K. Jonas, W. Stroebe, & M. Hewstone (Hrsg.), *Sozialpsychologie* (S. 507–564). Springer.

Stangl, W. (2021a). Stichwort: 'Interesse – Online Lexikon für Psychologie und Pädagogik'. Online Lexikon für Psychologie und Pädagogik. WWW: https://lexikon.stangl.eu/526/interesse Zugegriffen: 4. März. 2021.

Stangl, W. (2021b). Stichwort: 'Machtstreben – Online Lexikon für Psychologie und Pädagogik'. Online Lexikon für Psychologie und Pädagogik. WWW: https://lexikon.stangl.eu/23426/machtstreben. Zugegriffen: 26. Febr. 2021.

Stamps, A. E. (2007). Mystery of environmental mystery: Effects of light, occlusion, and depth of view. *Environment and Behavior, 39,* 165–197.

Stern, W. (1935). Allgemeine Psychologie auf personalistischer Grundlage. Zit. bei Probst P. (2014), a.a.O.

Stone, D. A. (1989). Causal stories and the formation of policy agendas. *Political Science Quarterly, 104*(2), 281–300.

Straub, J. (2020). *Vom Prothesengott zur Psychoprothese. Über Psychotherapie und Selbstoptimierung.* Psychosozial-Verlag.

Stroebe, W. (2014). Strategien zur Einstellungs- und Verhaltensänderung. In K. Jonas, W. Stroebe, & M. Hewstone (Hrsg.), *Sozialpsychologie* (S. 231–268). Springer.

Strüber, A. (2018). Am laufenden (Fitnessarm-)Band. In S. Bauriedl & A. Strüver (Hrsg.), *Smart City. Kritische Perspektiven auf die Digitalisierung in Städten* (S. 139–153). transcript Verlag.

Stryker, C. (2012). *Hacking the future. Privacy, identity, and anonymity in the web.* Overlook Duckworth.

Tajfel, H. (1982). Social psychology of intergroup relations. *Annual Review of Psychology, 33,* 1–39.

Tanner, T. (1980). Significant life experiences: A new research area in environmental education. *The Journal of Environmental Education, 11*(4), 20–24.

Tenngart, C. I., & Hagerhall, C. M. (2008). The perceived restorativeness of gardens. Assessing the restorativeness of a mixed built and natural scene type. *Urban Forestry & Urban Greening, 7*(2), 107–118.

Tognoli, J. (2003). Leaving home: Homesickness, place attachment, and transition among residential college students. *Journal of College Student Psychotherapy, 18,* 35–48.

Tuan, Y.-f. (1979). *Landscapes of fear.* Basil Blackwell.

Ulrich, R. S. (1984). View through a window may influence recovery from surgery. *Science, 224,* 420–421.

Voigt, W. (1998). *Atlantropa.* Dölling und Galitz Verlag.

Walden, R. (2009). Criteria for the judgment of the quality of school buildings. In R. Walden (Hrsg.), *Schools for the future. Design proposals from architectural psychology* (S. 169–188). Hogrefe & Huber Publishers.

Ward Thompson, C. W., Aspinall, P., & Montarzino, A. (2008). The childhood factor: Adult visits to green places and the significance of childhood experience. *Environment and Behavior, 40,* 111–143.

Watzlawick, P. (2016). *Man kann nicht nicht kommunizieren. Das Lesebuch* (2. Aufl.). Hogrefe.

Wehling, E. (2017). *Politisches Framing. Wie eine Nation sich ihr Denken einredet – und daraus Politik macht.* Bundeszentrale für politische Bildung.

Wehrheim, J. (2012). *Die überwachte Stadt. Sicherheit, Segregation und Ausgrenzung* (3. Aufl.). Verlag Barbara Budrich.

Williams, K., & Harvey, D. (2001). Transcendent experience in forest environments. *Journal of Environmental Psychology, 21,* 249–260.

Wohlwill, J. F. (1983). The concept of nature: A psychologist's view. In I. Altman & J. F. Wohlwill (Hrsg.), *Behavior and the natural environment* (S. 5–37). Plenum Press.

Wolfe, T. (1993). Mit dem Bauhaus leben. München: Knaur (amerikanische Ausgabe New York 1981: „From Bauhaus to our House").

Woolf, V. (1929). *Ein Zimmer für mich allein. Englische Erstausgabe. A room of one's own. Nachdruck 2001.* S. Fischer.

Yildirim, K., Akalin-Baskaya, A., & Celebi, M. (2007). The effects of window proximity, partition height, and gender on perceptions of open-plan offices. *Journal of Environmental Psychology, 27,* 154–165.

Zelenski, J. M., & Nisbet, E. K. (2014). Happiness and feeling connected: The distinct role of nature relatedness. *Environment and Behavior, 46*(1), 3–23.

Zimbardo, P. G. (2004). Does psychology make a significant difference in our lives? *American Psychologist, 59*(5), 339–351.

Zuckerman, M. (1994). *Behavioral expressions and biosocial bases of sensation seeking.* Cambridge University Press.

GPSR Compliance
The European Union's (EU) General Product Safety Regulation (GPSR) is a set of rules that requires consumer products to be safe and our obligations to ensure this.

If you have any concerns about our products, you can contact us on

ProductSafety@springernature.com

In case Publisher is established outside the EU, the EU authorized representative is:

Springer Nature Customer Service Center GmbH
Europaplatz 3
69115 Heidelberg, Germany

www.ingramcontent.com/pod-product-compliance
Lightning Source LLC
LaVergne TN
LVHW020330260326
834688LV00037B/957